墨香财经学术文库

U0656628

消费者感知零售商创新性
量表构建及其对消费者忠诚的影响

Consumer's Perceived Retailer Innovativeness
Scale Development and Its Impact on Consumer Loyalty

杨宜苗　著

东北财经大学出版社
Dongbei University of Finance & Economics Press　大连

图书在版编目（CIP）数据

消费者感知零售商创新性：量表构建及其对消费者忠诚的影响 / 杨宜苗著. 一大连：
东北财经大学出版社，2024.5
（墨香财经学术文库）
ISBN 978-7-5654-4994-9

Ⅰ.消… Ⅱ.杨… Ⅲ.零售业–营销策略 Ⅳ.F713.32

中国国家版本馆 CIP 数据核字（2023）第 202041 号

东北财经大学出版社出版发行

　　大连市黑石礁尖山街217号　邮政编码　116025

　　网　　址：http://www.dufep.cn

　　读者信箱：dufep@dufe.edu.cn

大连图腾彩色印刷有限公司印刷

幅面尺寸：170mm×240mm　字数：213千字　印张：15.25　插页：1
2024年5月第1版　　　　　　2024年5月第1次印刷
责任编辑：李　彬　龚小晖　　责任校对：刘贤恩
封面设计：原　皓　　　　　　版式设计：原　皓
定价：78.00元

资助项目：

国家自然科学基金面上项目
"消费者感知零售商创新性：结构测量及对感知价值和消费者忠诚的三重作用路径与边界条件研究（71872030）"

国家社科基金重大项目
"新时代流通服务业高质量发展的路径选择与政策体系构建（18ZDA058）"

国家社科基金重大项目
"'双微循环'新格局下现代流通体系创新及高质量发展路径研究（21&ZD20）"

前 言

　　从 2015 年开始，席卷全球的零售"关店潮"使传统实体零售企业的发展严重受阻。关闭门店虽然也可能是零售企业的一种业务收缩活动，财力雄厚的零售商选择通过关闭门店的方式来加强自己的业务，但是关闭门店会对顾客、员工和许多其他群体产生直接和广泛的负面影响。对于零售商来说，形成竞争优势的最重要方法是创新。为了应对"关店潮"，国务院、商务部等有关部门先后出台了一系列推动中国实体零售企业创新转型的政策措施及相应的规范性文件。在此背景下，本书希望通过对实体零售业的实证研究，揭示消费者感知零售商创新性对消费者忠诚产生影响的路径与边界条件，以期为推动零售企业创新提供指导。

　　从现有的相关研究来看，零售创新是国内外学者高度关注的一个热门话题。随着企业创新研究从企业视角拓展到消费者视角，零售创新的研究学者也尝试性地提出了消费者感知零售商创新性概念，关注消费者对零售商创新能力的整体评价及其与消费者行为之间的关系。然而，由于感知零售商创新性是一个复杂的多维度建构，整体层次的参考点较难确定，因此目前相关研究还非常少，且存在三个方面的欠缺：第一，现有量表主要是针对中国台湾的便利店而设计的，并不适用于地域分布广泛、业态多样化的中国大陆市场，也不能反映智能化、数字化、新零售等零售领域急剧变革的新趋势。第二，消费者忠诚包括再惠顾意图、钱包份额和口碑等不同构面，现有研究只从理论上解释了消费者感知零售商创新性对整体层面的顾客忠诚的影响，至于消费者感知零售商创新性对消费者忠诚不同构面的影响并没有探讨。第三，现有研究结果只表明消费者感知零售商创新性通过感知价值而影响消费者忠诚，但没有深刻揭示其影响的具体路径和条件。

本书主要研究消费者感知零售商创新性对消费者忠诚产生影响的三重路径和边界条件。具体而言，本书包括四个方面的研究内容：一是基于信号理论和线索理论，重新界定消费者感知零售商创新性概念，并重新开发了消费者感知零售商创新性量表。二是基于 S-E-D 理论和价格-感知质量模型和线索利用理论，探讨消费者感知零售商创新性对感知价值和消费者忠诚产生影响的经济路径。以假定昂贵、感知质量、感知牺牲和感知价值为中介变量，分析消费者感知零售商创新性对消费者忠诚三个构面的影响，并检验不同零售业态对消费者感知零售商创新性与假定昂贵关系的调节效应。三是基于认知-情感-行为理论和人际互动理论，探讨消费者感知零售商创新性对感知价值和消费者忠诚产生影响的情感路径，以消费者-零售商情感、感知价值为中介变量，分析消费者感知零售商创新性对消费者忠诚三个构面的影响，并检验销售员响应性对消费者感知零售商创新性与消费者-零售商情感之间关系所产生的调节效应。四是基于顾客感知归类模型和刺激水平理论，探讨消费者感知零售商创新性对感知价值和消费者忠诚产生影响的信息路径。以感知独特性、感知价值为中介变量，分析消费者感知零售商创新性对消费者忠诚三个构面的影响，并检验刺激寻求对消费者感知零售商创新性与感知独特性之间关系的调节效应。

基于"信号或线索刺激-感知特性"的逻辑，本书认为感知零售商创新性是"消费者对零售商创新性水平的一种主观感知或评价，这种主观感知或评价是消费者基于零售商各种创新的刺激而综合形成的"。由此开展实证研究而得出的结论有：

第一，消费者感知零售商创新性是一个多维度构念，包含消费者感知技术创新性、消费者感知产品和服务创新性、消费者感知体验创新性、消费者感知促销创新性以及消费者感知业态创新性5个维度,其测量量表由5个因子16个题项构成。

第二,消费者感知零售商创新性对再惠顾意图和口碑有直接的正向影响,并通过假定昂贵、感知质量、感知牺牲、实用价值这四个变量中的一个或多个中介变量对再惠顾意图、口碑和钱包份额产生间接影响;在这些变量关系中,感知零售商创新性正向影响假定昂贵,假定昂贵正向影响感知质量,假定昂贵正向影响感知牺牲,感知牺牲负向影响实用价值,实用价值对再惠顾意图、口碑和钱包份额产生显著的正向影响。此外,零售业态在感知零售商创新性对消费者忠诚作用路径的前半段(感知零售商创新性→假定昂贵)中有调节作用,百货商店影响最大,超级市场影响次之,便利店影响最小。

第三,消费者感知零售商创新性直接影响再惠顾意图、口碑和钱包份额;消费者感知零售商创新性通过消费者-零售商情感间接影响再惠顾意图和口碑;消费者感知零售商创新性通过享乐价值而影响钱包份额;消费者感知零售商创新性影响消费者-零售商情感,继而影响享乐价值,并最终影响钱包份额。此外,销售员响应性在感知零售商创新性对消费者忠诚作用路径的前半段(感知零售商创新性→消费者-零售商情感)中有调节作用,其中百货商店影响最大,超级市场影响次之,便利店影响最小。

第四,消费者感知零售商创新性直接影响再惠顾意图、口碑和钱包份额。同时,消费者感知零售商创新性通过感知独特性间接影响口碑;感知零售商创新性通过社会价值间接影响再惠顾意图、口碑和钱包份额;消费者感知零售商创新性影响感知独特性,继而影响社会价值,并最终影响再惠顾意图、口碑和钱包份额。此外,刺激寻求在感知零售商创新性对消费者忠诚作用路径的前半段(感知零售商创新性→感知独特性)中有正向调节作用。

根据上述研究结论,本书为推动零售企业创新提出四条营销建议:一是找准创新的方向、切入点或突破口,注重直接面向消费者的创新活动,实现不同的创新之间相互补充、相互配合;二是开展零售商创新行为追踪；三是重视三重顾客价值创造；四是综合考虑零售业态、销售员和消费者特征。

本书的创新之处主要表现在四个方面：第一，本书紧跟企业创新研究的变化趋势，即从企业视角转向消费者视角来关注零售商创新，有助于丰富零售创新研究的文献。针对"零售企业应推进哪些方面的创新"这个问题一直未达成共识，本书界定了消费者感知零售商创新性的主要内容，从消费者视角确认了零售商创新的主要方向，从而拓展和深化了零售创新的理论研究。第二，重新开发并检验了消费者感知零售商创新性量表，确认了新的零售背景下消费者感知零售商创新性的构成维度，为从消费者视角开展零售商创新的后续研究奠定了良好的基础。与现有量表相比较，一方面，本书开发的量表扩充了感知技术创新性、感知业态创新性两个维度。另一方面，为与已有量表相同的维度（感知产品和服务创新性、感知体验创新性、感知促销创新性）补充了新的要素。例如，感知产品和服务创新性中的"配送服务"和"配套服务"，感知体验创新性中的"装修风格独特""有趣的文艺娱乐活动""节日特别布置"，以及感知促销创新性中的"多种促销组合方式"等，这些内容更加贴近零售商的创新实践。第三，本书深化和拓展了感知差异化研究。本研究表明，感知零售商创新性是消费者对零售商特性的总体认知和评价，是消费者对零售商各种创新进行综合评价的结果，是消费者对零售企业感知差异化的一种体现，因而深化和拓展了零售企业感知差异化研究。第四，本书构建了从经济、情感和信息三条平行的中介路径，以深入揭示消费者感知零售商创新性对消费者忠诚产生影响的过程。同时，分别引入零售业态、销售员响应性和刺激寻求三个调节变量，进一步确认经济路径、情感路径和信息路径的边界条件。此外，本书将消费者忠诚细分为再惠顾意图、口碑和钱包份额三个构面，深入探讨消费者感知零售商创新性对这三个构面的影响效果。这些研究既丰富了零售企业创新和感知价值领域的研究，又拓展了感知企业创新性与消费者忠诚关系的研究成果。

杨宜苗

2024 年 4 月

▌目录

1　导论

1.1　问题提出

1.1.1　研究的现实背景

（1）"关店潮"：一个引人注目的零售现象

2015年全球掀起了零售"关店潮"，从零售连锁商到顶级奢侈品，纷纷宣布关闭部分门店。在美国，最大的连锁百货公司——梅西百货，2016年宣布关闭近100家实体店。美国知名连锁时尚品牌Forever21从2016年开始逐步退出欧洲多个国家的市场。2015—2016年间，澳大利亚有2 100多个零售企业倒闭。从2015年10月到2016年10月，在意大利，5 788家零售商店宣布破产关门。2015年7月，英国的玛莎百货宣布关闭本国9家门店。2016年英国共有896家城镇主街的零售店关闭，创下了2012年来关店数量的新高。2016—2019年间，日本四大便利店企业的一个共性问题是：闭店数高速增长。

2019年以来，"关店潮"继续席卷全球实体零售业。据美国地产数据商 CoStar Group 发布的统计数据显示，2019年美国大约有 10 000 家零售门店宣布关闭，2020年共关闭近 12 200 家门店。根据《华尔街日报》的数据，2022年1月，美国共有 5 994 家店铺关门，超过了 2021 年全年的数量（5 864 家）。瑞银集团（UBS）的一份新报告显示，预计到 2026年，美国将关闭 80 000 家零售门店。2019年，零售寒冬造成英国 16 073 家店铺关门。英国零售研究中心报告指出，2022年英国线下零售市场大约有 17 145 家商店停止营业。在日本，2019年排名前四的零售企业共关店 2 050 家。

零售"关店潮"在中国也不例外。2014年，关店潮在中国零售市场初步显现。《2014年主要零售企业关店统计》显示，截至 2014年12月31日，全国主要零售企业百货、超市共计关闭 201 家门店。2015年关店数量再创新高，共有 865 家传统零售企业倒闭，且在 2015年上市的零售企业财报中，有 47% 的企业营收下降，60% 的企业净利润下降，还有 15% 的企业出现了亏损的情况。据联商网零售研究中心不完全统计，2020年，中国各零售业态关店近 78 000 家。其中，永辉超市、步步高等 22 家超市企业至少关闭门店 835 家。2021年，20家超市上市企业共关闭门店 1 480 家。其中，苏宁易购以 674 家居首。2022年至少超过 7 400 家实体门店关闭，其中包括服饰门店 3 800 多家，34 家超市企业共关闭门店 680 多家，百货关闭至少 59 家、影院关闭 130 多家。

在"关店潮"背景下，传统实体零售企业发展严重受阻。在 2015年上市的零售企业财报中，有 47% 的企业营收下降，60% 的企业净利润下降，还有 15% 的企业出现了亏损的情况。图 1-1 反映了 2015—2021年间限额以上连锁零售企业四种零售业态的门店年增长率，其中超市和便利店的门店年增长率呈现明显的下降趋势；对于专卖店和百货店，除 2020 年以外，门店年增长率总体上也呈现下降态势。图 1-2 显示了 2015—2021 年间限额以上连锁零售企业四种零售业态的单个门店销售额变动情况，呈现下降趋势。

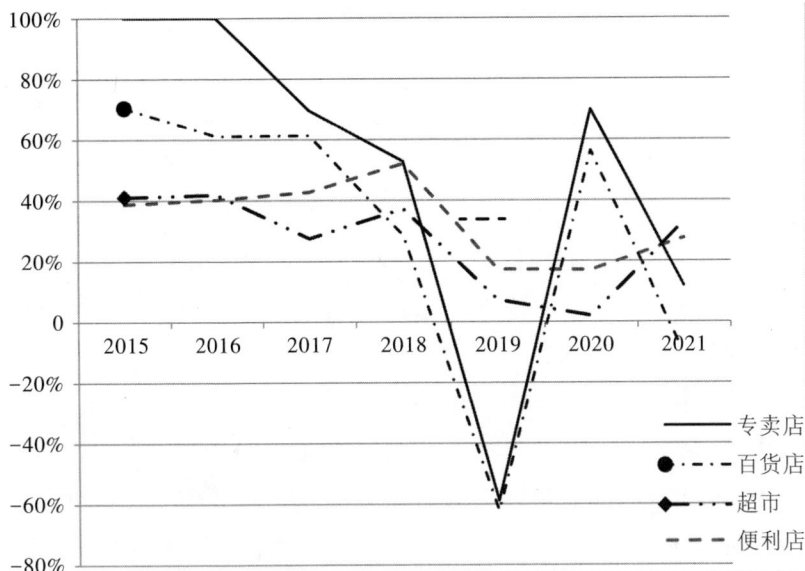

数据来源：根据《中国统计年鉴（2022）》相关数据计算。

图1-1 限额以上连锁零售企业的门店增长率（2015—2021年）

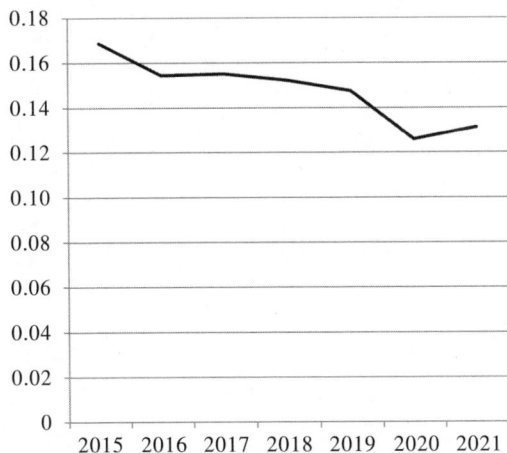

数据来源：根据《中国统计年鉴（2022）》相关数据计算。

图1-2 限额以上连锁零售企业的单个门店销售额（单位：亿元）

（2）创新：零售企业的现实选择和相关部门的政策推动

对于零售商来说，形成竞争优势的最重要方法是创新（Anselmsson 和 Johansson，2009）。许多大型零售商都是营销、组织和开放式创新者，他们不仅寻求产品和过程创新，而且寻求不同价值网络中的价值主张创新（Lin，2015）。创新能力是 IKEA、Walmart 等零售商领先于其他竞争者的关键因素，他们曾经推出很多创新举措，如交互式信息亭、智能镜、射频识别系统、虚拟小车、移动促销、线上购物程序、交互式语音服务和电子处理设备等（Grewal 等，2011）。国内零售相关企业负责人和专家也建议积极谋划转型创新，如引入机器人导购、3D 试衣、虚拟现实、定制 3D 打印等科技体验，以及开展多业态经营和全渠道融合等。许多创新尽管只是一些微小的改变或改进，但是对零售企业可能会产生长期的重要影响（Sparks，2000）。

关闭门店是零售企业的一种业务收缩活动（Hanner 等，2011）。虽然财力雄厚的零售商可能会通过关闭门店来优化自己的业务，但是关闭门店会对顾客、员工和许多其他群体产生直接和广泛的负面影响（Bichescu 和 Raturi，2015）。为了应对"关店潮"，2015 年以来，国务院、商务部等有关部门出台了一系列推动中国实体零售企业创新转型的政策措施及相应的规范性文件（见表 1-1）。

表1-1　零售企业创新转型的主要政策性文件（2015—2022年）

年份	政策文件	部分政策要点	备注
2015	《关于推进线上线下互动加快商贸流通创新发展转型升级的意见》	鼓励线上线下互动创新：推动实体店转型，大力发展线上线下互动，支持商业模式创新，鼓励技术应用创新，促进产品服务创新	国办发〔2015〕72号
2015	《国务院关于推进国内贸易流通现代化建设法治化营商环境的意见》	坚持以创新转型为引领：顺应"互联网+"的发展趋势，加快现代信息技术应用，完善促进创新的体制机制，推动内贸流通内涵式发展、可持续发展提升内贸流通创新驱动水平（强化内贸流通创新的市场导向：推动新兴流通方式创新，推动传统流通企业转型模式创新，推动绿色循环低碳发展模式创新，推动文化培育传播形式创新）；增强内贸流通创新的支撑能力；加大内贸流通创新的保护力度	国发〔2015〕49号

续表

年份	政策文件	部分政策要点	备注
2016	《国务部等13部门关于开展加快内贸流通创新推动供给侧结构性改革扩大消费专项行动的意见》	坚持创新驱动，引领消费全面升级：破除影响创新的体制机制障碍，营造鼓励创新的良好氛围，释放企业创新活力。引导企业加快技术创新、商业模式创新和组织方式创新，促进消费品质、消费结构和消费方式升级	商秩发〔2016〕427号
2016	《国务院办公厅关于深入实施"互联网+流通"行动计划的意见》	实施"互联网+流通"行动计划，有利于推进流通创新发展，推动实体商业转型升级，拓展消费新领域，促进创业就业，增强经济发展新动能 加快推动流通转型升级，积极推进流通创新发展	国办发〔2016〕24号
2016	《国务院办公厅关于推动实体零售创新转型的意见》	调整商业结构：坚持盘活存量与优化增量、淘汰落后与培育新动能并举，推动实体零售调整区域结构、调整业态结构、调整商品结构，满足居民消费结构升级需要 创新发展方式：鼓励企业创新经营机制、创新组织形式、创新服务体验，推动实体零售补短板、增优势，提高核心竞争力 促进跨界融合：促进线上线下融合，促进多领域协同，促进内外贸一体化，通过融合协同构建零售新格局	国办发〔2016〕78号
2016	《国内贸易流通"十三五"发展规划》	明确了"十三五"期间国内贸易流通的主要任务是推进实体商业创新转型，创新经营业态与模式，促进线上线下融合发展和加快品牌发展	商建发〔2016〕430号
2018	《国务院办公厅关于推进电子商务与快递物流协同发展的意见》	强化制度创新，优化协同发展政策法规环境；强化服务创新，提升快递末端服务能力；推广智能投递设施，鼓励快递末端集约化服务；强化标准化、智能化，提高协同运行效率；强化绿色理念，发展绿色生态链	国办发〔2018〕1号

续表

年份	政策文件	部分政策要点	备注
2019	《优化营商环境条例》	政府及其有关部门应当完善政策措施、强化创新服务，鼓励和支持市场主体拓展创新空间，持续推进产品、技术、商业模式、管理等创新	中华人民共和国国务院令第722号
2020	《商务部关于印发全面深化服务贸易创新发展试点总体方案的通知》《国务院关于同意全面深化服务贸易创新发展试点的批复》	全面探索服务贸易创新发展模式，拓展新业态、新模式：大力发展数字贸易，完善数字贸易政策，优化数字贸易包容审慎监管，探索数字贸易管理和促进制度	商服贸发〔2020〕165号国函〔2020〕111号
2021	《"十四五"服务贸易发展规划》	坚持技术创新与模式创新共同驱动：深入实施创新驱动发展战略，推进服务贸易体制机制创新、模式创新、技术创新，拓展服务贸易发展领域，助推服务贸易数字化进程，培育服务贸易发展新动能	商务部等24部门印发
2022	《国家发展改革委关于印发〈"十四五"现代流通体系建设规划〉的通知》	创新驱动、绿色低碳：加强数字赋能现代流通，加快流通领域数字化转型升级，大力发展流通新技术新业态新模式，推动关联领域协同创新、跨界融合，延伸现代流通价值链 培育优质创新现代流通企业：支持流通企业做大做强做优，增强创新创造力和核心竞争力 推动商贸流通业态转型升级：支持电子商务创新规范发展；推进实体商业转型融合发展；发掘商贸流通大数据应用价值 构建商贸流通企业发展生态：支持骨干商贸流通企业做大做强；鼓励区域特色商贸企业做优做精；推动中小微商贸企业转型升级	发改经贸〔2022〕78号

1.1.2　研究的理论背景

（1）零售创新：学术界广泛关注的热点话题

从英文文献来看，我们分别利用 EBSCO、Sage、ScienceDirect、Wiley、Web of Science 等数据库，分别采用以 Innovation、Innovativeness 为标题，摘要中分别包含 Retail、Retailer、Retailing 等主题词的高级检索方式进行文献查询，检索时间为 2023 年 2 月 28 日。首先进行具有包容性的宽泛检索，其次阅读正文并根据论文摘要删除无关文献，最后对不同数据库中收集的相同论文进行归并。图 1-3 显示，2010 年以来，零售创新的英文论文数量总体上呈增长趋势，其中 2019 年文献数量最多。

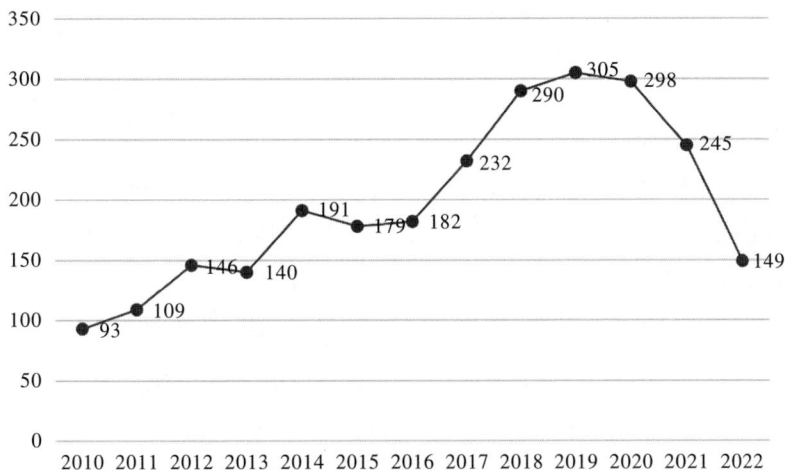

图 1-3　零售创新英文文献数量（篇）

从中文文献来看，我们主要利用中国知网（CNKI）学术文献总库，采用篇名分别为"创新""创新性"，摘要分别为"零售""零售商""零售业"等词语的高级精确检索方式进行文献查询，检索时间为 2023 年 3 月 1 日。同样，我们首先进行具有包容性的宽泛检索，其次阅读正文并删除无关文献，最后对相同论文进行归并。由图 1-4 可见，2010 年以来，国内学者对零售创新主题投入了越来越多的关注，发表的中文论文数量呈现不断上升的趋势，并于 2019 年达到最大值。

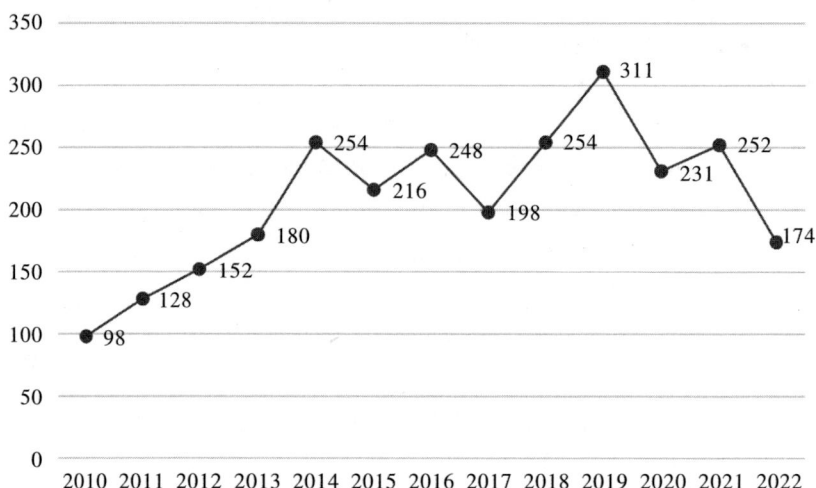

图 1-4 零售创新中文文献数量（篇）

上述文献统计分析表明，零售创新越来越成为国内外学者普遍关注的热门话题。

（2）零售创新研究：三个理论缺口

为了确保企业创新在市场上取得更大的成功，必须以消费者为中心（Kunz 等，2011），从消费者的角度研究零售企业创新十分必要。创新只有被消费者感知才更容易被接受，才能真正给零售企业带来价值，这是因为：第一，创新不仅来自企业内部（如战略），而且来自企业外部（如顾客），理解顾客观点是企业成功的关键；第二，引入顾客视角反映了市场导向；第三，创新促进企业不断创造和改进产品或服务，只有顾客认为这些产品或服务是创新性的，它们才能够转化为利润。从顾客视角评价创新能够促使公司超越经营管理的视角和坚持市场营销观念（Pullman 和 Thompson，2003）。反复呼吁形成了广泛的以消费者为中心的企业创新观念，并且 Kunz 等（2011）弥补了此类文献的不足，认为企业应在顾客心中把自己定位为创新性公司，他们提出了感知企业创新性概念的操作化定义，并实证检验了感知企业创新性对消费者忠诚的影响机制。类似地，零售企业/商创新虽然已被反复讨论，但是到目前为止，很少有学者关注消费者是怎样评价零售商创新性的，这可能是因为对创新进行整体评价的参考点较难确定。一个例外是 Lin 等（2013）、Lin（2015；2016）的系列研究，不过他们的研究还存在以下三个方面的欠缺：

第一，消费者感知零售商创新性量表缺少普适性和理论支撑。目前基于消费者视角的零售企业创新研究十分薄弱，一个可能的原因在于，缺乏成熟的消费者感知零售商创新性测量工具，而量表的研究是这一重要工作的起点。Lin（2015）虽然进行了有益的探索，首次开发了消费者感知零售商创新性量表，但是该量表是基于中国台湾零售市场的 7-Eleven 便利店和家乐福杂货大卖场而形成的，对于中国大陆零售市场上全家、全时、365 折扣广场等相同业态的其他便利店和杂货店，以及沃尔玛大型超市、上海市第一百货商店、国美电器等不同业态的零售商来说，未必具有适用性。同时，该量表也不能反映智能化、数字化、新零售等零售领域急剧变革的新趋势。此外，量表初始问项主要是通过访谈的形式提炼出来的，缺少必要的理论基础，这种做法不能在构念开发过程中很好地解释为什么将一些维度包含其中或排除在外。

第二，消费者感知零售商创新性与忠诚不同构面之间的关系不明晰。忠诚包括两个维度：态度忠诚和行为忠诚，其中行为忠诚以结果性行为为特征，如重复购买、钱包份额（Share of Wallet）和口碑（Day，1969）。随着以消费者为中心的企业创新观念被反复提出以及感知企业创新性被概念化和操作化，有些学者开始关注消费者对不同企业的创新性感知及其对消费者行为的影响。Lin（2016）发现消费者感知便利店零售商创新性影响惠顾意图，其他学者也针对不同企业探讨了消费者感知企业创新性与顾客忠诚之间的关系（Kim，2016；Kunz 等，2011；Lin 等，2013）。然而，在变量操作时，Kim（2016）、Kunz 等（2011）均将顾客忠诚视为单维度构念。Lin 等（2013）虽然将顾客忠诚概念化为购买意图、购买行为、满意度和口碑四个方面，但是他们仅建立了消费者便利店零售商创新性、价值、顾客忠诚三者关系的概念框架，并没有进行实证检验；而且他们对顾客忠诚的划分未必妥当，这是因为满意通常被认为是忠诚的前因，而非构成维度

（Olsen，2007）。可见，感知零售商创新性影响顾客忠诚虽然已有定论，但是感知零售商创新性引发了哪个层面的忠诚，或者说它对忠诚不同构面的影响有何不同，却不得而知。这可能导致人们对感知零售商创新性对消费者行为的意义的认识存在明显的局限性，即仅限于整体层面的顾客忠诚。

第三，未揭示消费者感知零售商创新性对感知价值的影响机制。Lin（2016）实证研究了感知便利店零售商创新性对消费者行为的影响机制，研究结果表明，消费者感知便利店零售商创新性影响感知价值，进而影响惠顾意图。这表明，消费者在对零售商创新性进行评价的过程中，感知价值会增强；如果不能创造价值，那么零售商的创新活动可能会失败。Lin（2016）虽然表明了消费者感知便利店零售商创新性和感知价值之间的因果关系，但是却没有深入分析以下两个问题：这种关系是怎样形成的？这种关系是否受到相关因素的干扰？如果不打开这种关系的"黑箱"，就不能准确地把握感知零售商创新性对感知价值产生影响的具体过程和边界条件，其结果可能会导致过分夸大感知零售商创新性的作用而忽视这种作用效果还取决于与其他要素之间的交互。

1.1.3 问题的提出

基于上述研究的现实背景和理论缺口，本书提出如下焦点问题：消费者感知零售商创新性是怎样影响感知价值，进而影响消费者忠诚的？由此衍生出以下三个具体研究问题：第一，消费者是怎样感知零售商创新性的，即如何测量感知零售商创新性？第二，消费者感知零售商创新性对再惠顾意图、口碑和钱包份额等消费者忠诚的三个构面会产生怎样的影响？第三，消费者感知零售商创新性对感知价值进而对消费者忠诚的影响机制如何？

1.2 研究意义

1.2.1 理论意义

第一，对消费者感知零售商创新性的结构维度和测量量表进行探讨和分析，从而为丰富零售企业创新理论做出贡献。企业创新研究已从企业视角拓展到消费者视角，Kunz 等（2011）提出感知企业创新性构念，关注消费者对企业创新性的整体评价。此后感知供应商创新性（Falkenreck 和 Wagner，2011）、感知餐馆创新性（Jin 和 Huffman，2015；Kim，2016）也相继被讨论。Lin（2015）首次对感知零售商创新性进行了概念界定和结构测量。然而，该量表存在三个缺陷：一是测量问项主要是通过访谈的方法而形成的，作者没有提供必要的理论基础。二是主要调查对象是中国台湾市场上 7-11 便利店和家乐福杂货大卖场的消费者，对地域广阔、业态多样的中国大陆市场上的零售商未必具有适用性。三是不能反映智能化、数字化、新零售等零售领域急剧变革的新趋势。本书基于"信号或线索刺激-感知特性"的逻辑，将感知零售商创新性概念化，并界定消费者感知零售商创新性理论维度的框架，这种做法不仅能够在构念开发过程中就很好地解释如何将不同维度包含其中或排除在外，而且还可以在理论上说明消费者感知零售商创新性的不同维度之间有何差异。同时，本书选取百货店、超级市场、便利店等多种零售业态开展研究，这能够较好地解决量表的普适性问题。

第二，将消费者忠诚细分为再惠顾意图、口碑和钱包份额三个子构念，分析消费者感知零售商创新性对每个子构念的影响效果，从而对感知企业创新性与消费者忠诚关系研究做出针对性的拓展。忠诚一直是零售业研究的主题。零售商的竞争日益激烈，增长速度不断变缓，从而迫切需要建立消费者忠诚（Yusof 等，2012），因此，一些学者努力从消费者感知企业创新角度来解释忠诚的前因，并发现二者之间正相关（Falkenreck 和 Wagner，2011；Kim，2016；Kunz 等，2011）。与这些学者将忠诚视为单维度构念的做法不同，Lin 等（2013）将顾客忠诚划分为购买意图、购买行为、满意度和口碑四个方面，解释了消费者感知便利店零售商创新性对消费者忠诚的影响机制，但并没有进行实证检验，而且这种划分是否得当值得推敲。本书根据 Day（1969）、Zeithaml 等（1996）对忠诚的解释，将消费者忠诚细分为再惠顾意图、口碑和钱包份额三个构面，具体探讨消费者感知零售商创新性对这三个构面的影响效果，从而更好地拓展现有的感知企业创新性与消费者忠诚关系的研究成果。

第三，从经济、情感和信息三个层面揭示消费者感知零售商创新性对感知价值的影响路径，从而为理解感知零售商创新性在感知价值形成中的作用机制提供证据。以往文献表明，感知零售商创新性会影响感知价值。然而，产生这种影响的内在机制是什么？这种影响是否受到其他因素的干扰？关于这两个问题，以往文献尚没有进行探讨和分析。本书基于 Raghubir 等（2004）的研究，构建了从认知、情感和信息三条平行的中介路径，以深入揭示消费者感知零售商创新性如何通过预期昂贵、感知质量和感知牺牲的连续中介，消费者−零售商情感的中介，以及感知独特性的中介对感知价值进而对消费者忠诚产生影响的过程。同时，在三条影响路径中，分别引入零售业态、销售员响应性和刺激寻求三个调节变量，力图分别从零售商、销售员和消费者三个层面探讨认知、情感和信息路径的边界条件。该研究结果将丰富零售企业创新和感知价值领域的研究。

1.2.2 实践价值

对于零售商来说，形成竞争优势的一个最重要方法就是创新（Anselmsson 和 Johansson，2009）。为了保证企业创新在市场上取得更大成功，必须以消费者为心（Kunz 等，2011）。那么，对于零售商的各种创新活动，消费者会形成怎样的感知？这种感知会怎样影响消费者行为？本书聚焦于此，主要研究消费者感知零售商创新性的结构测量及对忠诚的不同构面的影响，研究结论对于指导中国零售市场中正面临着

"关店潮"的零售商如何推动创新具有重要的实践意义。

第一，零售商怎样才能形成与竞争对手不同的创新性？消费者通过观察企业的特征和行为，并利用他们的观察结果来判断企业的创新性。这些特征和行为可能包括令人惊奇的市场提供物、新产品属性、新设计要素、新营销方法以及企业整体的创造力和动态市场行为等。对于零售商，消费者对其创新性的感知是利用什么样的、哪些方面的观察结果而做出的？本书提出的消费者感知零售商创新性的每个概念维度均能反映消费者观察的零售商创新特征和行为，因此能够为零售商创新提供可供参考的方向和切入点。

第二，零售商创新努力的重点是什么？零售创新如果不能创造价值或满足顾客需求，那么这些活动可能就会失败，因为最终决定创新成功的是消费者。本书从总体上建立了"感知零售商创新性→感知价值→忠诚"理论模型，这有助于使零售管理者认识到如何结合顾客价值创造和传递活动来进行零售创新进而建立忠诚。同时，本书将忠诚解构为再惠顾意图、口碑和钱包份额三个构面，这有助于帮助零售商更深入地认识感知零售商创新性驱动了哪种忠诚？此外，本书从经济、情感和信息三个方面构建了感知零售商创新性对感知价值影响的中介路径，这可以让零售管理者更深入地认识在创新中比较认知、情感和信息如何对感知价值进而对忠诚发挥作用，比较认知、情感和信息到底哪个要素更重要，从而为推进零售商创新提供指导。

第三，消费者对零售商创新性的评价形成之后，零售商还要做些什么？如果多数情况下创造性思想在市场上都遭遇失败，那么一个企业不可能被认为是创新的；相反，在市场上取得成功的想法也必须是创造性的和新奇的，否则这个企业也不可能被认为是创新的（Kunz 等，2011）。消费者对零售商创新性的评价形成之后，零售商还要采取哪些行动？本书在消费者感知零售商创新性和感知价值的关系中，分别从零售业态、销售员和消费者三个角度引入三个调节变量，即零售业态、销售员响应性和刺激寻求，这能够帮助零售管理者更好地认识消费者感知零售商创新性对感知价值作用的边界条件，从而在零售商创新实践中既能充分考虑零售业态和消费者特征，又能有效地引导销售员对消费者进行积极的响应。

1.3　分析框架和研究内容

1.3.1　分析框架

Pan 和 Zinkhan（2006）通过元分析法发现，在忠诚研究领域，忠诚的最常见的前因变量分为三类：第一，与产品特征相关的因素，如产品质量、多样性和价格；第二，与零售商相关的因素，如提供的服务；第三，与个人相关的因素，如购买者特征。本书关注与零售商相关的因素，即零售商创新性，并从消费者的视角来分析。同时，本书参考 Lin 等（2013）的研究，提出"消费者感知零售商创新性→感知价值→消费者忠诚"的基本框架。此外，Raghubir 等（2004）认为，销售促进通过经济路径、情感路径和信息路径影响交易评价、购买意图和/或销售。我们借鉴 Raghubir 等（2004）的观点，利用"三条路径"思想对"消费者感知零售商创新性→感知价值→消费者忠诚"的基本框架做进一步拓展。

经济路径与古典经济学边际效用理论相一致，主要理论依据为 S-E-D（Scarcity-Expensiveness-Desirability）理论和价格-感知质量模型（Monroe 和 Krishnan，1985）。我们认为，消费者一旦对零售商创新性形成较高评价，受"稀缺即昂贵"朴素观念的影响，就可能会形成预期昂贵的产品认知，预期昂贵既影响人们对产品的质量判断，又影响人们对为此可能要付出代价的判断，进而影响感知价值和消费者忠诚。情感路径体现了"认知→情绪→价值→行为"框架。我们认为，消费者因为喜欢零售商的某一个特性，也能够与零售商形成较为强烈的情感关系，进而影响感知价值和消费者忠诚。信息路径形成的理论背景是零售顾客感知归类模型（Babin 和 Babin，2001）和吴洒宗等（2011）的研究成果。我们认为，在消费者的购物评价中，他们会进行商店之间的比较，并根据这种比较结果做出判断（Oliver，1999）。当消费者感受到感知零售商创新性的信号刺激时，会形成感知零售商独特性，本书简称为感知独特性，进而影响感知价值和消费者忠诚。

在三条影响路径中，本书分别引入了零售业态、消费者响应性和刺激寻求三个调节变量。第一，零售业态是指全部零售营销要素组合而形成的店铺营业形态，其外延强调的是形成的营业形态类型，如百货商店、超级市场、便利店等（李飞等，2006）。消费者对不同业态的商店有着不同的刻板印象（Sirgy 等，2000），不同的零售业态代表着不同的消费行为和消费场所（王德章、朱正杰，2005），所反映的消费者需求层次也有所差异，如百货商店所代表的消费者需求层次要明显高于超市所代表的消费者需求层次，高价店的购物者比低价店的购物者对价格可能更敏感。因为这些差异的存在，消费者感知零售商创新性对预期昂贵的影响可能也会有所不同。因此，本书在"路径 1：经济路径"中引入零售业态这个调节变量。第二，销售员响应性（Salesperson Responsiveness）是指销售员为顾客提供服务的意愿和热情，它是服务质量的一个维度（Parasuraman 等，1988）。销售员响应性能为顾客带来心理上和时间上的利益，并影响消费者对零售商的认知（Naylor 和 Frank，2000）。服务接触中员工与顾客的人际沟通质量对顾客的情感反应和消费体验具有决定性影响，当销售员对顾客做出不同的响应时，感知零售商创新性对感知价值的作用效果也会不同。因此，本书在"路径2：情感路径"中引入销售员响应性这个调节变量。第三，Zuckerman（1979）首先提出刺激寻求（Sensation Seeking）概念，认为它是探索和新奇刺激反应的表现。刺激寻求作为一种特质，高刺激寻求者会追求一种多变化的、新奇的和复杂的经验，自愿去做冒险的事情。高刺激寻求者比低刺激寻求者拥有更明显的情绪起伏，喜欢追求富有冒险性和高度刺激的活动；反之，低刺激寻求者则喜欢安定、稳定、平静或熟悉的事物，会尽量避免冒险与刺激（Zuckerman，1979）。高刺激寻求者对信息会积极地参与和讨论，而低刺激寻求者则采取保守及观望的态度，也避免讨论（Zuckerman，1994）。在本书中，不同程度的刺激寻求者，对感知零售商创新性的关注度会不同，对其作用的认识可能也会存在差异。因此，本书在"路径3：信息路径"中引入刺激寻求这个调节变量。

综上所述，本书构建了如图1-5所示的分析框架，该框架揭示了感知零售商创新性对感知价值进而对消费者忠诚的影响机制，即通过经济路径、情感路径和信息路径来实现。这三条路径是并行的，可能单独形成，也可能同时发生；可能彼此独立，也可能相互作用。在这三条路径中，零售业态、销售员响应性和刺激寻求分别发挥了调节作用。

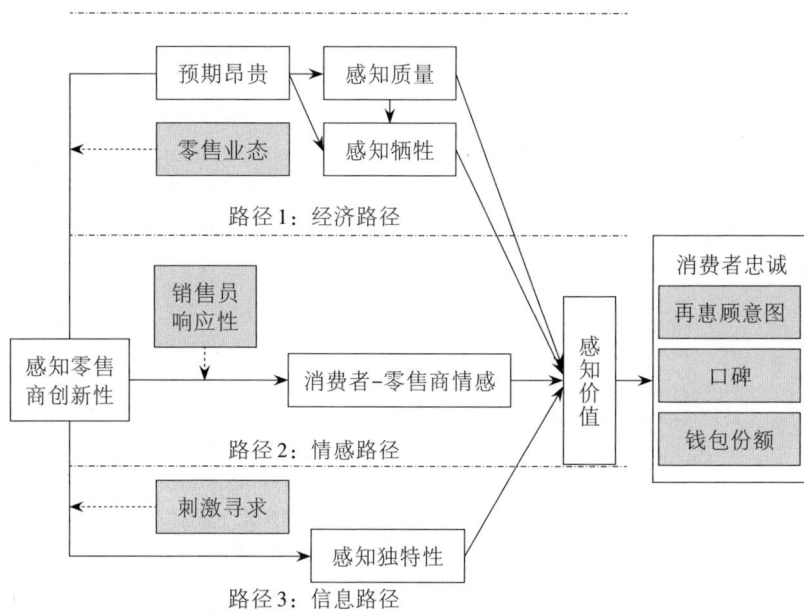

注：为减少研究的复杂程度，本书不考虑不同路径之间可能存在的相互作用。

图1-5　本书的分析框架

1.3.2　研究内容

根据本书的研究问题与图1-5所示的分析框架，本书主要包括四部分研究内容。其中，研究内容1是本书研究的逻辑起点；研究内容2至研究内容4是对分析框架的具体分解。

（1）消费者感知零售商创新性的内涵和维度研究

本研究内容是后续研究的基础。在本书中，我们参考 Kunz 等（2011）关于感知企业创新性的定义，基于"信号或线索刺激-感知特性"的逻辑，将感知零售商创新性概念化为：消费者对零售商创新性水平的一种主观感知或评价，这种主观感知或评价是消费者基于零售商各种创新的刺激而综合形成的。从该定义可见：第一，新颖性、创造性和有效性是感知零售商创新性不可或缺的三个条件。第二，感知零售商创新性不是客观评价，而是基于消费者信息、知识和经验的主观认知和归因。第三，从消费者角度，感知零售商创新性是消费者的整体感知，它不同于传统的反映期望差距的感知服务质量量表。第四，感知零售商创新性范围广泛，不只涉及对产品创新性和服务创新性进行评价，零售商的每一项创新活动都应包括在内并由消费者观察。

本部分主要包括两个方面的研究内容：第一，依据信号理论作为划分结构维度的基本框架，遵循严格的理论建构过程对消费者感知零售商创新性的概念特征和结构维度进行深入分析。第二，依照规范的量表开发程序，在预调研的基础上，根据消费者感知零售商创新性维度提出测量条目，通过三轮内容效度分析开发消费者感知零售商创新性的测量工具，并开展两轮问卷调查对其结构维度进行探索性因子分析和验证性因子分析，形成量表。

（2）消费者感知零售商创新性对感知价值和消费者忠诚的影响：经济路径

本部分的研究模型如图1-6所示，主要包括两个方面的研究内容：第一，以S-E-D理论、价格-感知质量模型为基本框架，以预期昂贵、感知质量、感知牺牲和感知价值为中介变量，分析消费者感知零售商创新性对消费者忠诚三个构面所产生的影响。第二，以零售业态为调节变量，检验不同零售业态对上述关系的前半段（即消费者感知零售商创新性与预期昂贵的关系）所产生的调节效应。

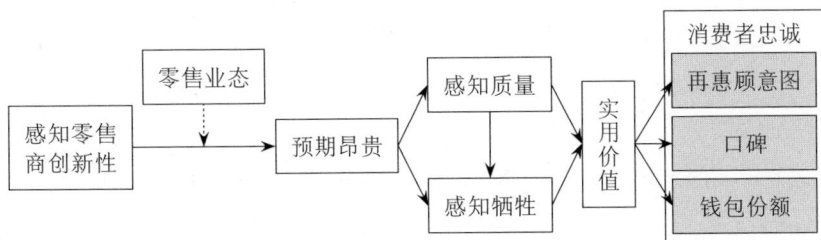

图1-6 消费者感知零售商创新性对感知价值和消费者忠诚的影响：经济路径

（3）消费者感知零售商创新性对感知价值和消费者忠诚的影响：情感路径

本部分研究模型如图1-7所示，主要包括两个方面的研究内容：第一，以消费者-零售商情感、感知价值为中介变量，分析消费者感知零售商创新性对消费者忠诚三个构面所产生的影响。第二，以销售员响应性为调节变量，检验销售员响应性对上述关系的前半段（即消费者感知零售商创新性与消费者-零售商情感之间的关系）所产生的调节效应。

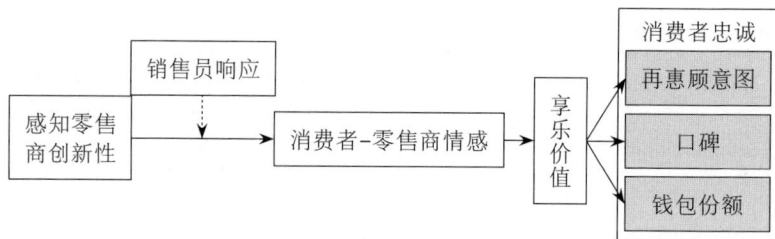

图1-7　消费者感知零售商创新性对感知价值和消费者忠诚的影响：情感路径

（4）消费者感知零售商创新性对感知价值和消费者忠诚的影响：信息路径

本部分研究模型如图1-8所示，主要包括两个方面的研究内容：第一，以感知独特性、感知价值为中介变量，分析消费者感知零售商创新性对消费者忠诚三个构面所产生的影响。第二，以刺激寻求为调节变量，检验刺激寻求对上述关系的前半段（即消费者感知零售商创新性与消费者-感知独特性之间的关系）所产生的调节效应。

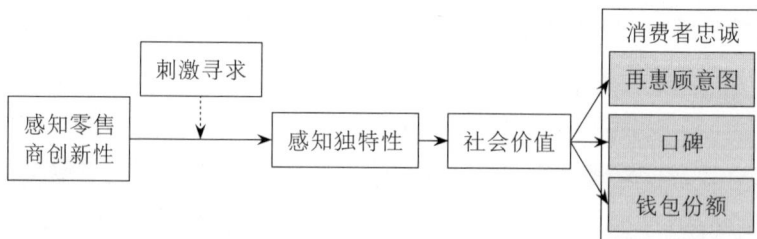

图1-8　消费者感知零售商创新性对感知价值和消费者忠诚的影响：信息路径

1.4　研究方法和技术路线

1.4.1　研究方法

本书综合采用文献研究、质性研究、问卷调查等多种研究方法，通过深度访谈、现场观察、问卷调查等多种技术手段开展研究，尽可能减少共同方法偏差，提高研究的信度和效度。

（1）文献研究

在项目设计阶段，文献研究有助于明确研究问题，确保研究的理论前瞻性；在项目实施阶段，文献研究有利于明确前行的方向和路径；在项目总结阶段，文献研究有助于与其他研究间对话，明确项目的贡献与缺憾。在本书中，文献研究将贯穿于研究的整个过程，特别是应用在消费者感知零售商创新性的结构维度和测量量表研究的条目生成过程中。

（2）质性研究

对于探索性研究来说，质性研究是对理论发展与假设建立相当有用的工具。在本书中，质性研究主要应用在消费者感知零售商创新性量表开发的预调研及问卷条目生成过程中。质性研究的核心是资料收集和分析的过程，而扎根于现实的资料通常来自访谈，因此本书拟开展半结构化系列访谈：①焦点小组访谈。讨论的主题为"哪个零售商最有创新性？为什么？"采用主题分析法对访谈结果进行内容分析（Boyatzis，1998），提出条目。②专家访谈。组织由研究流通经济、零售管理、市场营销和消费者行为等多人组成的专家小组对条目进行定性评估，对条目进行合并及增减，讨论并提炼出消费者感知零售商创新性原始问卷条目。

（3）问卷调查

问卷调查法是本书拟采用的核心方法。由于单纯基于小样本的访谈研究很难保证研究结果具有较高的外部效度，所以我们还将在更大的范围内通过问卷调查来获得一手经验数据，进而实现不同方法间的互补与印证。

在本书中，问卷调查法主要应用在以下两个方面：①消费者感知零售商创新性量表开发需要根据探索性因子分析和验证性分析结果开展多次小范围调查，不断对量表进行修正以保证量表的信度和效度。②验证本书提出的研究模型。根据研究模型，本研究进一步明确各个变量之间的关系，提出相应的假设，并通过大样本问卷调查统计分析的方法对各个假设进行检验。

本研究的问卷调查与访谈是交叉进行的，具体分为以下几个阶段：①编制消费者感知零售商创新性量表。对在访谈基础上形成的消费者感知零售商创新性初始条目进行小样本问卷测试，进行探索性因子分析，对初始条目进行修正，然后通过专家小组访谈和讨论后，对量表进行修正，最终确定消费者感知零售商创新性量表内容，形成预调查问卷。②预调查。其分两次完成：一次调查是为了对量表进行验证性因子分析；另一次调查是为了检验研究2至研究5中各个构念的信度和效度。通过预调查，完善调查问卷，优化测量条目并定稿，形成最终问卷。③正式调查。对各变量之间的因果关系进行确定性研究，验证本研究提出的各个模型和假设。

1.4.2　技术路线

根据研究问题和研究内容，结合研究方法和分析工具，本书拟采用如图1-9所示的技术路线。首先，通过对现实零售情境中"关店潮"现象的观察和现有相关文献的梳理，界定研究问题，即从消费者视角探讨零售创新问题。其次，建立研究框架，确定本书研究的四个方面内容，即消费者感知零售商创新性量表开发、消费者感知零售商创新性对消费者忠诚产生影响的经济路径、情感路径和信息路径。再次，针对四个方面的研究内容，分别提出问题，建立模型并提出相关假设，完成调查问卷、调查对象、调查方法和调查过程等研究设计工作，分析数据以对假设进行检验。最后，给出全书的研究结论，并对研究结果进行讨论；结合研究结论，为推动零售商创新提出参考建议；指出研究的局限性，提出未来研究的方向。

步骤1：研究问题聚焦

现实观察		文献研究
• "关店潮"	界定研究问题和研究意义	• 零售创新研究是热点话题
	确定研究内容和研究目标	• 现有研究存在理论缺口

步骤2：建立研究框架

消费者感知零售商创新性

影响路径	经济路径	感知价值
	情感路径	
	信息路径	消费者忠诚

步骤3：消费者感知零售商创新性量表开发

提炼初始条目 → 条目修正

量表信度和效度检验 ←

步骤4：各个构念的信效度检验

步骤5：理论模型和假设验证

经济路径模型	三条路径整合模型
情感路径模型	
信息路径模型	

步骤6：结论及成果应用

研究结论	零售商创新的方向何在
	零售商创新后如何行动

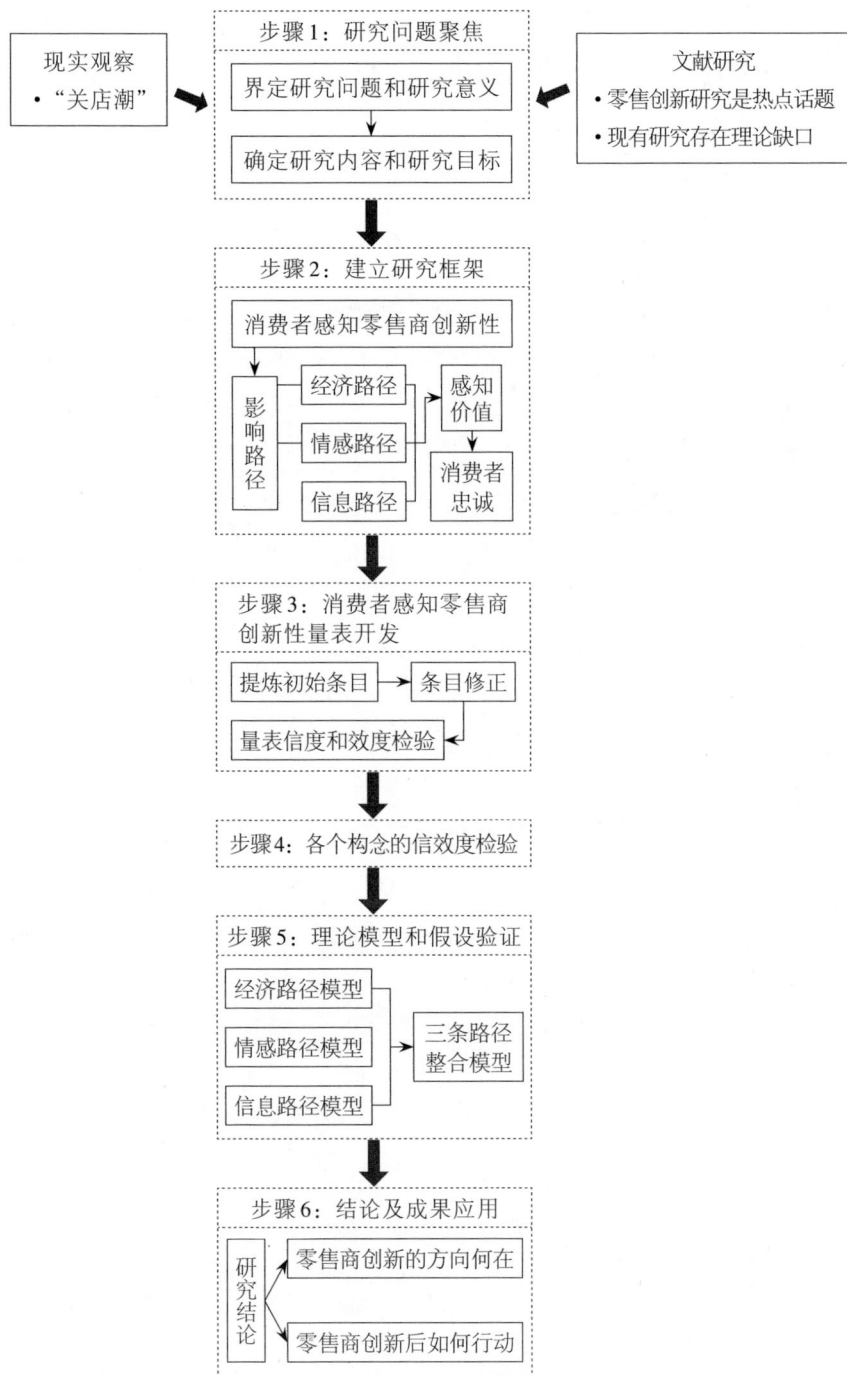

图1-9　技术路线

1.5 结构安排和创新之处

1.5.1 结构安排

本书共包括六章，各章的安排如下：

第一章：导论，共五节。第一节阐述研究的现实背景和理论背景，界定研究问题；第二节指出本研究的理论意义和实践价值；第三节阐明本书的分析框架和研究内容；第四节介绍研究方法和技术路线；第五节阐释总体结构安排和创新之处。

第二章：文献述评，共三节。第一节从企业创新性的两个视角，即企业视角和消费者视角，对企业创新性的研究文献进行梳理。第二节综述零售创新的文献，以"前因-行为表现-绩效"为分析框架，回顾以零售企业/商为导向的零售创新研究成果，并以感知零售商创新概念为切入点，系统分析以消费者为导向的零售创新研究脉络。第三节从测量量表、感知零售商创新性对忠诚的影响机制以及忠诚变量操作等三个方面对现有文献进行评述，并给出三个有价值的研究方向。

第三章：消费者感知零售商创新性的量表开发与实证检验，共三节。第一节按照"概念界定—收集资料—量表编制—预测试—正式施测"的过程，重新开发消费者感知零售商创新性量表，确认消费者感知零售商创新性量表的内容和维度构成。第二节对消费者感知零售商创新性量表进行实证检验：首先，根据零售顾客感知归类模型提出感知零售商创新性、感知价值和口碑推荐三者关系的理论模型和相关假设。其次，进行研究设计，主要涉及感知零售商创新性、感知价值和口碑推荐等核心变量界定和测量、问卷设计以及调查方法等。最后，实证结果分析，主要涉及信效度检验及感知零售商创新性、感知价值和口碑推荐关系结构模型验证。第三节对本章内容进行小结。

第四章：消费者感知零售商创新性对消费者忠诚的影响：经济路径，共六节。第一节阐述研究的现实背景和理论背景，提出研究问题。第二节基于S-E-D理论、价格-感知质量模型和线索利用理论，提出感知零售商创新性对消费者忠诚产生影响的经济路径模型。第三节基于研究模型提出相关假设。第四节进行研究设计，首先对假定昂贵、感知质量、感知牺牲、实用价值、再惠顾意图、口碑、钱包份额和零售业态等研究变量进行界定，并设计测量量表，然后描述本研究数据收集的方法和时间。第五节为实证结果分析，主要包括六个方面的内容：一是描述性统计分析，主要描述有效样本特征的分布情况；二是信度分析，主要检验量表的信度水平；三是效度分析，主要检验各量表的内容效度、收敛效度和区分效度；四是结构方程模型分析，以对模型和假设进行检验；五是中介效应检验，主要探讨假定昂贵、感知质量、感知牺牲、实用价值在消费者感知零售商创新性和消费者忠诚（再惠顾意图、口碑和钱包份额）关系中的中介作用；六是零售业态的调节效应，主要考查零售业态在消费者感知零售商创新性与消费者忠诚关系的前半段（消费者感知零售商创新性→假定昂贵）的调节效应。第六节对本章内容进行小结。

第五章：消费者感知零售商创新性对消费者忠诚的影响：情感路径，共六节。第一节阐述研究的现实背景和理论背景，提出研究问题。第二节基于认知-情感-行为理论和人际互动理论，提出感知零售商创新性对消费者忠诚产生影响的情感路径模型。第三节基于研究模型提出相关假设。第四节进行研究设计，首先对消费者-零售商情感、享乐价值、再惠顾意图、口碑、钱包份额和零售业态等研究变量进行界定，并设计测量量表，然后描述了本研究数据收集的方法和时间。第五节为实证结果分析，主要包括六个方面的内容：一是描述性统计分析，主要描述有效样本特征的分布情况；二是信度分析，主要检验量表的信度水平；三是效度分析，主要检验各量表的内容效度、收敛效度和区分效度；四是结构方程模型分析，以对模型和假设进行检验；五是中介效应检验，主要探讨消费者-零售商情感、享乐价值在消费者感知零售商创新性和消费者忠诚（再惠顾意图、口碑和钱包份额）关系中的中介作用；六是销售员响应性的调节效应，主要考查销售员响应性在消费者感知零售商创新性与消费者忠诚关系的前半段（消费者感知零售商创新性→假定昂贵）的调节效应。第六节对本章内容进行小结。

第六章：消费者感知零售商创新性对消费者忠诚的影响：信息路径，共六节。第一节阐述研究的现实背景和理论背景，提出研究问题。第二节基于自我归类模型和刺激水平理论，提出感知零售商创新性对消费者忠诚产生影响的信息路径模型。第三节基于研究模型提出相关假设。第四节进行研究设计，对感知独特性、社会价值、再惠顾意图、口碑、钱包份额和零售业态等研究变量进行界定，并设计测量量表，描述本研究数据收集的方法和时间。第五节为实证结果分析，主要包括六个方面的内容：一是描述性统计分析，主要描述有效样本特征的分布情况；二是信度分析，主要检验量表的信度水平；三是效度分析，主要检验各量表的内容效度、收敛效度和区分效度；四是结构方程模型分析，对模型和假设进行检验；五是中介效应检验，主要探讨感知独特性、社会价值在消费者感知零售商创新性和消费者忠诚（再惠顾意图、口碑和钱包份额）关系中的中介作用；六是刺激寻求的调节效应，主要考查销售员响应性在消费者感知零售商创新性与消费者忠诚关系的前半段（消费者感知零售商创新性→假定昂贵）的调节效应。第六节对本章内容进行小结。

第七章：研究结论、营销启示与未来展望，共三节。第一节研究结论，对本书的研究成果进行总结，并做进一步讨论。第二节营销启示，根据研究结论，提出若干营销建议：一是找准创新的方向、切入点或突破口；二是零售商创新行为追踪；三是重视顾客多重价值创造；四是综合考虑零售业态、销售员和消费者特征。第三节理论贡献和未来展望，阐明本书的学术贡献，并指出本研究的局限性及未来研究的方向。

1.5.2 创新之处

与前人研究相比较，本书的创新之处主要在于，构建了"消费者感知零售商创新性→感知价值→消费者忠诚"的三重作用路径与边界条件研究模型，具体表现在以下三个方面：

（1）消费者感知零售商创新性的量表开发和结构测量

本书重新开发了消费者感知零售商创新性测量量表，确认了新的零售背景下消费者感知零售商创新性的构成内容，为从消费者视角开展零售商创新的后续研究奠定了良好的基础。与现有量表相比较，一方面，本书开发的量表扩充了感知技术创新性、感知业态创新性两个维度。颠覆性的零售技术提高了生产力；业态创新对零售商至关重要，因为它是可见的，面向客户的，并被视为对品牌定位、增长和差异化有重大影响，但是关于零售技术创新和业态创新对消费者认知的影响的学术文献相对较少，本书引入感知技术创新和感知业态创新性等感知零售商创新性两个维度，既拓宽了消费者感知零售商创新性量表的维度，又弥补了从消费者角度研究零售技术创新和业态创新的不足。另一方面，为与已有量表相同的维度（感知产品和服务创新性、感知体验创新性、感知促销创新性）补充了新的要素。例如感知产品和服务创新性中的"配送服务"和"配套服务"，感知体验创新性中的"装修风格独特""有趣的文艺娱乐活动""节日特别布置"，以及感知促销创新性中的"多种促销组合方式"等，这些内容更加贴近零售商的创新实践。

本书深化和拓展了感知差异化研究。感知差异化是消费者对零售企业差异化行为的主观感知和评价，它分为两个层次：一是总体层次的感知差异化，即对零售商多因素差异化的综合感知或者对总体导向差异化的感知，消费者会从整体上感知服务场景；二是各个要素的感知差异化，即对商品、服务等零售要素差异化的感知。本研究表明，感知零售商创新性是消费者对零售商特性的总体认知和评价，是消费者对零售商各种创新进行综合评价的结果，是消费者对零售企业感知差异化的一种体现，因而深化和拓展了零售企业的感知差异化研究。

本书紧跟企业创新研究的变化趋势，即从企业视角转向消费者视角来关注零售商创新，有助于丰富零售创新研究的文献。零售企业可以从不同层面进行创新，研究者通常有着一定的"领域"偏好，从各自关心的维度探讨某个/些方面的创新，因而对"零售企业应推进哪些方面的创新"这个问题一直未达成共识。本书运用规范的量表开发方法，界定了消费者感知零售商创新性的主要内容，从消费者视角确认了零售商创新的主要方向，从而拓展和深化了零售创新的理论研究。

（2）揭示了消费者感知零售商创新性与再惠顾意愿、口碑推荐和钱包份额之间的关系

以往学者虽然努力从消费者感知企业创新性角度来解释忠诚的前因，并发现二者之间存在因果关系（Falkenreck 和 Wagner，2011；Kim，2016；Kunz 等，2011），但是这些学者均将忠诚视为单维度的构念。Lin 等（2013）将忠诚划分为购买意图、购买行为、满意和口碑四个方面，解释了消费者感知便利店零售商创新性对消费者忠诚的影响机制，但并没有进行实证检验，而且他们将满意度作为忠诚的构成维度这种做法未必得当。因此，总体而言，感知零售商创新性与忠诚不同构面之间的关系仍然是未知的。

本书根据 Day（1969）、Zeithaml 等（1996）对忠诚的解释，将忠诚细分为再惠顾意图、口碑和钱包份额三个不同构面，实证了消费者感知零售商创新性对这三个不同构面的影响效果。

（3）构建了消费者感知零售商创新性对感知价值进而对行为忠诚的三条影响路径

以往文献虽然已经证明感知价值在消费者对不同企业创新性的感知与消费者行为关系中的中介作用（Kim，2016；Kunz 等，2011；Falkenreck 和 Wagner，2011），尤其是 Lin（2016）发现，消费者感知零售商创新性通过感知价值间接影响惠顾意愿。然而，消费者感知零售商创新性对感知价值产生影响的内在机制是什么？这种影响是否受到其他因素的干扰？关于这两个问题，以往文献并没有进行探讨和分析。

本书基于 Raghubir 等（2004）的研究，构建了认知、情感和信息三条平行的中介路径，来深入揭示消费者感知零售商创新性对感知价值和消费者忠诚的影响过程。同时，在三条影响路径中，分别引入零售业态、销售员响应性和刺激寻求三个调节变量，实证检验了三条路径及其影响条件和作用边界。

创新之处：与5个密切相关研究成果的比较见表1-2。

表1-2 创新之处：与5个密切相关研究成果的比较

	Rubera 和 Kirca (2012)	Kunz 等 (2011)	Falkenreck 和 Wagner (2011)	Kim (2016)	Lin (2016)	本书 (2019—2022)
变量关系	①自变量：企业创新性 ②因变量：企业价值 ③中介变量：市场地位、经济地位 ④调节变量：创新性概念、广告强度、企业规模、国别、行业	①自变量：感知企业创新性 ②因变量：消费者忠诚 ③中介变量：功能能力、正向情感、认知满意、情感满意	①自变量：感知供应商创新性、关系质量、顾客关系期待 ②因变量：顾客忠诚 ③中介变量：感知价值、顾客满意、声誉	①自变量：感知餐馆创新性 ②因变量：顾客意动忠诚 ③中介变量：顾客价值共创行为、顾客满意	①自变量：感知便利店创新性、零售商创新性 ②因变量：惠顾意图 ③中介变量：感知价值 ④调节变量：顾客创新性	①自变量：感知零售商创新性 ②因变量：消费者忠诚 ③中介变量：消费者－零售商创新情、感知价值等 ④调节变量：零售业态、刺激寻求、销售员响应性
理论贡献	①企业创新性与市场地位、经济地位及企业价值的关系 ②企业创新性与绩效关系的调节变量	①感知企业创新性量表 ②感知消费者忠诚机制	①感知供应商创新性对顾客忠诚的影响机制 ②感知供应商创新性跨文化效应	①感知餐馆创新性量表 ②顾客价值量表 ③感知餐馆创新性与顾客价值共创行为的关系	①感知便利店创新性量表 ②感知便利店创新性对惠顾意图的作用机制 ③消费者感知创新性的作用	①感知零售商创新性量表 ②感知零售商创新性对消费者忠诚的作用机制 ③零售业态、刺激寻求、销售员响应性的调节作用

续表

	Rubera 和 Kirca (2012)	Kunz 等 (2011)	Falkenreck 和 Wagner (2011)	Kim (2016)	Lin (2016)	本书 (2019—2022)
研究情境	①以前关于企业创新性的研究集中于驱动因素的研究，且主要是基于产品层面的定量研究 ②企业创新性与绩效之间关系的研究存在三个缺陷	①美国 ②制造业和服务业（银行等7个行业）③大学员工和学生 ④许多创新在导入的头三年就遭遇失败	①芬兰、德国、西班牙和俄罗斯 ②医疗卫生 ③医院员工 ④创新性等无形特征有助于供应商将自己与竞争者区别开来并为顾客创造价值	①美国 ②餐饮业 ③大学生 ④服务主导逻辑强调价值共创，有必要揭示顾客共创行为的驱动因素及其结果	①中国台湾 ②零售业 ③消费者 ④便利店高度关注服务和产品创新，先进的服务和创新的自有品牌使7-11大获成功	①中国 ②零售业 ③消费者 ④中国零售市场出现"关店潮"，政府部门推动中国零售转型创新
理论基础	效应链模型	顾客满意理论	顾客满意理论	顾客价值理论	线索利用理论	①S-E-D模型 ②信号理论
资料收集	①元分析法 ②ABI/INFORM全球数据库 ③15本营销和管理学期刊（2010年前）④159篇论文	①半结构化访谈（10个学生）②3次问卷调查：83个学生；146个消费者学生，1690个学生和员工	问卷调查：每个国家50份，共200个样本	①半结构化访谈（47个学生）②2次在线问卷调查：1465个学生514个学生	①问卷调查：783个有效样本（13岁以上）②便利店	①半结构化访谈（6位专家、113位消费者）②5次问卷调查：2462个样本 ③百货店、超级市场、便利店等
研究视角	企业	消费者	供应商	消费者	消费者	消费者

2 文献述评

2.1 企业创新性研究：两个不同的视角

Innovation（创新）来自于拉丁语 innovare，意思是生成新事物（Tidd 等，2017）。按照 Damanpour（1991）的定义，创新是指产生、发展和实施新思想，如新产品、新服务、新生产过程、新结构和/或管理系统以及归属于公司成员的新方案。Dunn（1996）指出创新是采纳一种思想或行为，这种思想或行为包括系统、政策和方案、设备、过程、产品或服务等。Innovativeness（创新性）和 Innovation 是不同的，创新侧重于企业活动的结果，创新性强调企业追求新思想和新解决方案的热情（Alacrity），而且创新性不是在某个时点上取得成功，它具有持续性的内涵（Kunz 等，2011）。

创新性最早是在研究个体层面的创新推广时提出的。Rogers（1962）将其定义为系统中某一个个体相比其他个体成员而言，在采用新思想方面相对更早的程度。Hurt 和 Teigen（1977）认为创新性是更早采用新事物的相对程度。当组织被看作创新的个体时，出现了组织创新性的概念（张国良、陈宏民，2007）。Hurley 和 Hult（1998）认为企业创新性是指企业对新思想的接纳程度，即接受新思想的主动性。Garcia 和 Calantone（2002）认为企业创新性是指企业进行创新或采纳创新思想的倾向性。此外，企业创新性也被认为是企业创造新产品解决方案的能力（Roehrich，2004）。创新性是公司对创新的态度和公司从事创新的能力，即在组织中引入新程序、新产品或新思想的能力，自从 Hurley 和 Hult（1998）认识到企业创新性是企业竞争优势和绩效的一个关键因素以来，关于企业创新性的研究稳步增长，研究视角已从企业内部延展到企业外部的消费者。

2.1.1　从内到外：企业视角的企业创新性研究

这个视角的企业创新性研究主要是沿着三个方向展开的：企业创新性的维度、前因和结果。

在早期研究中，创新性经常被理解为单维度构念，包括观念形成和应用行为（Scott 和 Bruce，1994）。这种做法导致了创新研究的混乱，或者很难对不同的研究结果进行比较，或者导致有偏见的结论（Zaltman 等，1973）。创新可能表现为不同的形式，如产品创新或过程创新、激进式创新或渐进式创新、管理创新或技术创新。Subramanian 和 Nilakanta（1996）指出，以前研究结论相互冲突，可能是由于对创新性构念的定义过于狭隘。他们采用技术创新性和管理创新性来测量企业创新性，研究发现，组织因素、组织创新性和绩效之间存在复杂的关系，这些关系只有在对创新性进行多维度测量时才能发现。Capon 等（1992）采用了市场创新性、先锋战略倾向和技术先进性三个维度。Miller 和 Friesen（1982）提出以下四个维度：新产品或服务创新、生产或服务方法、重要高管冒险以及寻求不寻常的和新奇的解决方案。Wang 和 Ahmed（2004）通过广泛的文献梳理，确认了组织创新性的五个维度：产品创新性、市场创新性、过程创新性、行为创新性和战略创新性，这五个维度形成组织创新性构念的构成要素。Ruvio 等（2013）将组织创新性概念化为不同的五个维度的建构，即创造性、开放性、未来导向、冒险和主动性。Schumpeter（1934）提出一系列可能的创新方案，即开发新产品或服务，开发新的生产方法，确认新市场，发现新的供应来源以及开发新的组织形式。可见，关于企业创新性维度仍未达成共识。

组织创新性取决于人力资本、组织学习和外部网络资源（Hsu，2007），以往关于企业创新性前因的研究主要也是围绕这三个领域进行的。第一，在人力资本方面，领导、员工解决问题的风格与团队影响企业创新性（Scott 和 Bruce，1994）。管理者受教育程度越高，越有可能采纳创造性或创新性活动，其中男性对创新性的态度更积极（Mostafa，2005）。管理者直接介入创新能够增强企业创新性（Wang 和 Dass，2017）。精心变革的积极的领导者会增强组织创新性和绩效，并提高企业持久竞争力（Overstreet 等，2013）。CEO 组织认同和风险倾向影响企业创新性，对小型组织影响更大（Prasad 和 Junni，2017）。高管团队多样性会推进创新战略，增强企业新产品组合创新性（Talke 等，2010）。高管团队情感冲突负向影响企业创新性，而认知冲突与创新性存在负向曲线关系（Prasad 和 Junni，2017）。Hassan 等（2013）认为企业的创造力在企业创新进程中起重要作用，员工越具有创造力，越有利于企业进行创新，达到更好的绩效水平。员工对组织和领导的认同也会激发创新积极性（白云涛等，2008）。第二，在组织学习方面，市场导向和组织学习对创新有正向影响，为了提高组织创新性，组织学习比市场导向更重要（Raj 和 Srivastava，2016）。在文化、结构和技术子系统等与组织创新性高度相关的变量中，文化最重要，学习气氛是一个文化变量，对创新性影响最大（Mathew 等，2011）。第三，在外部网络资源方面，外部社会资本会通过知识获取影响企业创新性（Parra-Requena 等，2015）。即使对一般创新变量进行控制，这些变量包括企业一般特征、组织结构和组织文化、HR 战略、网络互动和外部知识获取，组织间合作与组织创新也正相关（Pouwels 和 Koster，2017）。信任、承诺和依赖正向影响小型供应商创新性（Matanda 等，2016）。除了人力资本、组织学习和外部网络资源之外，战略导向（张婧、段艳玲，2013；Shin 和 Lee，2016）、知识管理（Chen 等，2010）等也影响企业创新性。影响企业创新的外部因素主要包括政府补助、制度环境等（任海云、聂景春，2018）。政府补助与企业研发投入的关系呈现倒 U 型特征。曹琪格等（2014）认为，区域市场化水平越高，企业创新水平越高。

由于具有较强创新性的组织通过开发新的能力能够对他们面临的环境做出更快的反应，所以企业创新性会带来卓越的绩效（Shoham 等，2012）、赢利性（Geroski 等，1993）、市场价值（Cho 和 Pucik，2005）以及业务长期可持续性发展（Abdullah 等，2014）。企业创新性的影响效果会受到市场波动和竞争强度的调节，当市场波动和竞争强度大时，企业创新性对绩效的正向影响最大；当市场波动、竞争强度小时，创新性对绩效的正向影响最小；而在市场波动小、竞争强度大时，企业创新性对绩效没有影响（Tsai 和 Yang，2013）。

2.1.2 从外到内：消费者视角的企业创新性研究

为了保证创新在市场上取得成功，必须坚持消费者中心导向，这是继消费者创新和消费者创新性之后从消费者视角研究创新的"第三条路径"（陈姝、刘伟，2014）。尽管反复呼吁形成更广泛的消费者中心的企业创新观念，然而只有少数学者采用这个视角，而且每个研究均关注孤立的方面。Danneels 和 Kleinschmidt（2001）明确区分了企业视角和消费者视角的产品创新性，并且认为后者应成为后续研究关注的重点。在他们的倡导下，Rogers（2003）提出了感知产品创新性（Perceived Product Innovativeness）概念，并将其定义为消费者对某个产品在新颖性和实用性方面与其他同类产品区别程度的主观判断。类似的，Zolfagharian 和 Paswan（2009）在服务行业情境下提出了感知服务创新性（Perceived Service Innovativeness）概念，用以衡量消费者对服务创新程度的感知。由于消费者不仅利用逐个被导入市场的新产品或服务感知来判断一个公司是不是创新的，他们通常观察一系列公司活动来对企业的创新性进行评价，因此，Andrews 和 Smith（1996）从消费者角度提出营销方案创新性，认为包括感知新奇和感知有意两个基本维度。此后，Chuah 等（2016）认为，企业营销活动创新性（Innovativeness of a Firm's Marketing Initiatives）取决于嵌入在企业战略中的企业营销组合要素（产品、价格、促销和渠道）的新奇和有意义的程度。此外，还有一些学者从其他方面进行了探讨，如企业导入战略感知（Boone 等，2001）、先驱者地位感知（Niedrich 和 Swain，2003）或市场领导者感知（Kamins 等，2007）。

与上述研究不同，Kunz 等（2011）提出感知企业创新性（Perceived Firm Innovativeness）概念，以衡量消费者对企业整体创新行为或能力的感知。他们将感知企业创新性概念化为"消费者感知的产生新颖的、创造性的、有效的思想和解决方案的一种持久的企业能力"，并开发了感知企业创新性量表；他们还探讨了感知企业创新性对消费者忠诚的两条影响路径：功能-认知路径和情感-体验路径。

因为不同行业的每个产品/服务都有不同的特点和功能，所以创新的营销战略对企业成功的影响是没有标准化答案的，感知创新性的驱动因素和战略适应性也会因产品和服务类型的不同而有所差异（Ram，1989）。Jin 和 Huffman（2015）实证检验了消费者感知餐馆形象创新性（Perceived Image of Restaurant Innovativeness）的前因与后果理论模型，研究表明，感知食品创新性、感知环境创新性、价格公平是感知餐馆形象创新性的预测变量。感知餐馆形象创新性影响品牌可信度和品牌偏好，品牌可信度又影响品牌偏好和品牌忠诚。Kim（2016）利用服务主导逻辑，进一步分析了感知餐馆创新性（Perception of Restaurant Innovativeness）对顾客价值共创行为及其结果的影响，实证结果表明，感知餐馆创新性是一个包括菜单创新性、技术相关服务创新性、体验相关服务创新性和促销创新性四个维度的单因子二阶构念，感知餐馆创新性影响顾客价值共创行为，进而影响顾客满意和意动忠诚。Falkenreck 和 Wagner（2011）将研究范围延伸到医疗卫生行业的 B2B 市场，关注感知供应商创新性（Perceived Innovativeness of Supplier）对买者-卖者关系的影响，对芬兰、德国、西班牙和俄罗斯四个国家的跨文化比较分析表明，感知供应商创新性是十分重要的。类似地，基于消费者视角的企业创新性研究也引起了零售研究者的关注（Lin 等，2013；Lin，2015；2016）。

2.2 零售创新研究：从零售企业/商创新到感知零售商创新性

长期以来创新研究的对象集中在工业企业，而服务业创新研究一直处于"灰姑娘"状态……被忽视和边缘化（Miles，2000）。"逆向产品周期理论"的提出是服务创新研究的起点，进入21世纪后服务创新研究进入系统化阶段，零售业的创新研究也在这一时期开展起来（李飞等，2007），目前形成了两个基本的研究方向：以零售企业/商为导向和以消费者为导向。

2.2.1 以零售企业/商为导向的零售创新研究："前因-行为表现-绩效"框架

零售企业创新受到很多因素的影响，其研究在不断拓展和深化，已形成三种学术观点。第一种观点认为，影响零售企业创新的因素主要来自企业外部，即外部决定论。研究表明，零售业态创新既受零售行业新交易模式的影响，又受行业创新环境的影响（彭娟，2016）。零售业从一开始就属于供应商主导的产业，创新更加依赖于产业之外技术的突破（刘建兵、柳卸林，2008）。市场潜力和离创新扩散源的距离是影响零售企业创新扩散决策的显著因素，人口密度与城市零售企业创新扩散决策之间呈"U"型曲线关系（丁宁、王雪峰，2013）。零售业服务和产品创新的主要来源是不断变化的消费者行为、无店铺销售和新零售商等竞争者。政府规制和相关支持性政策以及经济发展也是零售业发展创新的动力因素（王德章、王艳红，2001）。在产业融合的趋势下，零售企业可以建立供应链战略联盟，通过与制造业的交叉渗透，实现创新发展（龚雪，2015），或者通过重新设计各构成模块来实现零售商业模式创新（郭守亭等，2016）。第二种观点认为，零售企业创新是企业内部要素引发的，即内部决定论。其代表性成果有：买方抗衡势力影响本土小型零售商的自主创新能力（李凯等，2016）；零售企业服务创新能力活化了企业核心能力结构中的不同要素，促进了企业核心能力的持续提高，这是零售企业服务创新的内在动力（贾平，2007）。第三种观点认为，零售企业创新是内、外部因素共同作用的结果，即融合论。Hertog 和 Brouwer（2000）认为，大部分零售企业的创新是对内降低成本和对外应对竞争的共同作用所致。Martin（1996）研究表明，外部顾客参与，内部的高层管理者、顾客接触人员和非接触人员以及顾客信息使用是零售业服务及产品创新的关键要素。王小艳（2017）认为，零售企业创新不仅存在来自外部的驱动因素（如技术、资本市场、消费者需求变化和市场竞争），还包括企业内部的驱动因素（如企业家能力、公司战略、公司组织学习能力和企业文化影响力）。李冠艺（2016）指出，流通组织创新、O2O 转型是社区便利店发展的内在动因，消费转型与竞争的交织演进是社区便利店发展的外在条件。零售创新并非都能成功，在创新的过程中会存在三种阻力：拒绝、拖延和反对（Szmigin 和 Foxall，1998）。Tehseen 和 Sajilan（2016）发现，高创新成本、资金短缺、过度感知的经济风险是中小零售商创新的主要障碍。

零售企业创新行为表现在哪些方面？或者说，零售企业开展的创新活动有哪些？针对这个问题的探讨基本上是沿着两个方向进行的：一个研究方向是围绕零售创新的某一项内容展开。李颖慧（2012）提出四种零售业服务创新模式。Grewal 等（2011）认为价格和促销创新为线上或线下有效瞄准顾客提供了相当大的机会。Shankar 等（2011）认为，技术、经济、管制和全球化影响零售商的营销实践创新，如数字活动创新、多渠道创新、商店气氛和设计创新、店内销售创新、购物者营销指标创新、购物者营销组织创新以及制造商-零售商合作创新。李飞等（2007）指出，零售业业态创新是商品品类、顾客服务、产品价格、店铺地理位置、购物环境和沟通方式等六个方面的创新。彭虎锋和黄漫宇（2014）指出，以云计算技术为代表的新技术应用于零售企业引发了零售商业模式的创新，零售商业模式创新包括零售业态、零售活动、治理机制等三个方面。另一个研究方向是同时关注零售创新的若干内容。Davies（2006）认为零售业创新是一种过程，该过程包括了产品和零售流程两个维度的创新。曹鸿星（2009）认为，发生在零售业内的创新包括创新产生和创新管理两个方面。Hristov（2007）认为，零售创新犹如金字塔一般，包括战略创新、与顾客相关的创新以及组织创新三个层次。黄嘉涛（2011）构建了零售企业创新行为模式，包括技术创新、管理创新，以及场景创新、传递创新和营销创新等三项服务创新行为，通过实证研究发现技术创新正向影响管理创新，而管理创新正向影响服务创新。盛亚等（2007）认为，按照研究的细分领域不同，零售创新可以分为零售组织创新、营销创新、服务创新和技术创新等四个方面。徐健和汪旭晖（2010）将零售企业创新活动划分为业态创新、服务创新、技术创新、组织与管理创新、营销创新、自有品牌等六个方面，并发现组织与管理创新、自有品牌、业态创新、服务创新这四方面的创新活动对企业自主创新能力有着显著的正向影响。Hipp 和 Grupp（2005）认为，零售创新包括了新服务的开发、新技术的引入、新知识和信息的产生、新流程和新方法的使用、零售服务人员的新行为、新的组织形式以及新的市场开拓等。

学术界对于零售创新绩效的定义还未达成一致，也很少有学者使用零售创新绩效这一概念。在文献中，许多不同的客观指标用来测量零售创新绩效，如销售收入、市场份额和净收入，不过主观测量法仍占主导地位，这是因为零售商一般不会公开财务信息（Moore，2002）。胡永铨和刘厚安（2015）尝试性地将顾客黏性作为零售企业创新绩效的评价指标。以往研究表明，零售创新能够增强零售生产力（Chang 和 Dawson，2007）、竞争力（李凯等，2016）、竞争优势（盛亚等，2007）和成长性（Anselmsson 和 Johansson，2009）。

2.2.2 以消费者为导向的零售创新研究：感知零售商创新性概念的提出

随着企业创新研究从企业视角拓展到消费者视角，尤其是 Kunz 等（2011）提出消费者感知企业创新性概念，关注零售创新的学者也尝试性地提出消费者感知零售商创新性，并进一步探讨感知零售商创新性与消费者行为之间的关系。这方面的研究集中体现在 Lin 等（2013）和

Lin（2015；2016）发表的系列论文上。

Lin 等（2013）提出消费者感知便利店零售商创新性，8个焦点小组（包括6个学生组，1个工人组以及1个高层经理和退休人员组）的半结构化访谈结果表明，感知便利店零售商创新性是消费者对便利店的整体性评价，消费者不仅通过新产品而且通过创造性的服务、新的沟通方案和有趣的环境来感知零售商创新性，所有这些方面能够为顾客创造价值进而产生顾客忠诚。本书对消费者感知零售商创新性进行了有益的探索，然而本书也存在以下三个方面的不足：第一，调查样本以学生为主，而其他群体的认知和行为与学生可能会有所不同；第二，研究对象仅限于便利店，未必适用于其他零售业态；第三，本书只提供了一个概念模型，对概念间的关系并没有进行实证检验。

为了克服 Lin 等（2013）研究的不足，Lin（2015）和 Lin（2016）分别开展了两项后续研究，其中 Lin（2015）将消费者感知零售商创新性概念化为消费者对零售商提供新的产品、服务和促销的能力的感知，并实证检验了感知零售商创新性量表的信度和效度。在 Lin（2016）的文献中，主要理论贡献在于揭示了感知便利店零售商创新性对消费者行为的影响机制，验证了感知价值在消费者感知零售商创新性和惠顾意图之间的中介作用，同时讨论了消费者创新性的调节作用。

然而，综观上述三个研究成果，它们在理论和操作方法上存在着三个方面的不足之处：第一，消费者感知零售商创新性量表缺少普适性和理论基础。以往研究的业态样本虽然从7-11便利店（Lin 等，2013；Lin，2016）扩展到7-11便利店和家乐福杂货大卖场（Lin，2015），但是未触及百货商店、超级市场等其他零售业态，研究的地域范围也仅限于中国台湾地区，其研究结果未必适用于地域分布广泛、业态多样化的中国大陆市场的零售创新研究。而且，消费者感知零售商创新性量表的初始问项主要是通过访谈的形式提炼出来的，作者并没有给出必要的理论依据。第二，消费者感知零售商创新性与忠诚不同构面之间的关系尚不清楚。忠诚包括两个维度：态度忠诚和行为忠诚，其中行为忠诚以结果性行为（例如，作为忠诚的结果）为特征，如重复购买、钱包份额和口碑（Day，1969）。Lin（2016）只证实了消费者感知便利店零售商创新性影响惠顾意图，Lin 等（2013）虽然探讨了消费者感知便利店零售商创新性与顾客忠诚之间的关系，但是在变量操作时，将顾客忠诚概念化为购买意图、购买行为、满意度和口碑四个方面，这未必妥当，因为满意通常被认为是忠诚的前因，而非构成维度（Olsen，2007；Jones 和 Sasser，1995）。而且，Lin 等（2013）仅对感知零售商创新性和顾客忠诚之间的关系进行了理论上的探索，而没有进行实证检验。因此，消费者感知零售商创新性对顾客忠诚，尤其是对再次惠顾、钱包份额和口碑等顾客忠诚不同构面的影响如何，无法从他们的研究中找到答案。第三，没有深入挖掘消费者感知零售商创新性对感知价值进而对消费者忠诚的影响机制。Lin（2015）研究发现，消费者感知便利店零售商创新性是感知价值的决定因素，感知价值进一步影响惠顾意图，而且这种影响在不同创新性的消费者之间存在差异。这表明，获得价值是最基本的购买目标，对交易成功至关重要。然而，在消费者对零售商创新性进行评价的过程中，感知价值是怎样形成的？其内在机制是什么？对这些问题的认识尚处于"黑箱"状态。

2.3 简评

企业视角的企业创新性研究主要是沿着企业创新性的维度、前因和结果这三个方向展开的，这些研究成果为消费者视角的企业创新性研究提供了有力的理论支撑。随着以消费者为中心的企业创新观念的提出，企业创新性的研究视角开始从企业内部延展到外部消费者。然而只有少数学者采用这个视角，而且大多研究均关注孤立的方面。Kunz 等（2011）提出感知企业创新性，强调消费者对企业创新能力的整体评价。此后，基于消费者视角的企业创新性研究也从对一般企业的关注转向关注餐饮业、医疗卫生业以及零售业等具体行业的企业。

零售创新研究是在服务创新进入系统化阶段而开展起来的，目前形成了两个基本的研究方向，即以零售企业/商为导向和以消费者为导向。以零售企业为导向的研究主要关注零售企业创新的影响因素、行为表现和后果。影响零售企业创新的因素复杂多样，其研究在不断拓展和深化，存在"外部决定论"、"内部决定论"和"融合论"三种观点，这些研究成果增加了人们对零售创新动因的理解。对不同的学者来说，零售企业创新的行为表现各不相同，但研究结果表明，零售企业可能进行某一项创新，也可能同时开展多个方面的创新。零售创新能够增强零售生产力、竞争力、竞争优势和成长性。

随着企业创新研究从企业视角拓展到消费者视角，零售创新的研究学者也尝试性地提出消费者感知零售商创新性概念，关注消费者对零售商创新能力的整体评价及其与消费者行为之间的关系。然而，由于感知零售商创新性是一个复杂的多维度建构，整体层次的参考点较难确定，因此目前相关研究还非常少。如上所述，现有研究还存在三个方面的欠缺：①消费者感知零售商创新性量表缺少普适性和理论依据。这不利于后续研究的开展，需要提供理论支撑，并针对中国台湾地区之外的其他国家或地区（如地域广阔、业态多样的中国大陆）中不同业态的零售商和消费者开展研究，重新进行消费者感知零售商创新性的维度确认和量表开发。②没有回答消费者感知零售商创新性与忠诚的不同构面之间的关系。忠诚包括再次惠顾、钱包份额和口碑等不同构面，现有研究只探讨了整体层面的顾客忠诚，而没有注意到消费者感知零售商创新性对这三个构面的影响可能是不同的，有待于在今后的研究中进一步讨论。③未阐释消费者感知零售商创新性对感知价值进而对忠诚的作用机制。现有研究只表明感知价值在消费者感知零售商创新性和消费者行为之间的中介作用，然而，在消费者对零售商创新性进行评价的过程中，感知价值是怎样形成的？其内在机制是什么？这些问题是现有研究所没有关注的，从而为未来研究提供了有价值的方向。

3　消费者感知零售商创新性的量表开发与实证检验

3.1　消费者感知零售商创新性的量表开发

本书遵循丘吉尔（Churchill）提出的量表构建框架和发展原则，按照"概念界定—收集资料—量表编制—预测试—正式施测"的过程，重新开发消费者感知零售商创新性量表。

3.1.1　概念界定

信号理论认为，企业可以通过一些可观察的特征（信号或线索），向消费者传达有关不可观察属性的信息（Babin 等，1994）。推论理论也表明，个人对未知事物的推论，是基于他们所掌握的信息。企业中存在着各种信号或线索，消费者会利用这些信号或线索形成对企业特性的认识（Srivastava 和 Lurie，2004）。在零售情境中，当消费者受到零售商所发出的信号刺激时，首先会将其与其他外部刺激进行比较，并形成感知特性（Lude 和 Prügl，2018）。因此，基于"信号或线索刺激–感知特性"的逻辑，本书将感知零售商创新性概念化为：消费者对零售商创新性水平的一种主观感知或评价，这种主观感知或评价是消费者基于零售商各种创新的刺激而综合形成的。

3.1.2　收集资料

本阶段主要涉及三项任务：文献研究、半结构化访谈和开放式问卷调查。

（1）文献研究

对消费者感知零售商创新性概念化要解决的一个基本问题是零售商创新表现在哪些方面。如果不明晰这个问题，即如果缺少零售商创新的刺激，那么消费者就很难形成零售商创新性感知和评价。因此，本书首先对零售创新文献进行跟踪，进而明确零售商创新的内容。

已有研究主要沿着两个方向展开。一类学者主要关注单项零售创新，如服务创新（黄雨婷、刘向东，2019）、营销创新（吴雨桐，2021）、业态创新（晁钢令，2013）、技术创新（赖红波，2020）和商业模式创新（江积海、阮文强，2020）等。另一类学者则同时关注多个方面的零售创新，Davies（2006）将零售创新划分为产品创新和流程创新2个维度，黄嘉涛（2011）构建了零售企业创新行为模式，包括技术创新、管理创新，以及场景创新、传递创新和营销创新等服务创新行为。盛亚等（2007）认为，零售创新可分为组织创新、营销创新、服务创新和技术创新等4个方面。徐健和汪旭晖（2010）提出业态创新、服务创新、技术创新、组织与管理创新、营销创新、自有品牌等6个维度零售创新框架。Hipp 和 Grupp（2005）认为，零售创新包括新服务开发、新技术引入、新知识和信息的产生、新流程和新方法使用、零售服务人员新行为、新的组织形式以及新的市场开拓等广泛的内容。Hristov 和 Reynolds（2015）基于"组织影响力"和/或"应用领域"两个轴构建了涵盖内容更为全面的零售创新矩阵。可见，零售创新文献比较碎片化，不同学者对零售创新内容的关注具有明显的"领域"偏好，缺少直接可供本书借鉴的分析框架。本书从消费者角度研究零售创新，主要参考

Hristov 和 Reynolds（2015）提出的提供物/顾客相关创新的分类形式，同时结合学者们对某项创新的关注度（国内外论文达 3 篇以上）和近 3 年零售上市公司年报中该项创新提及率（至少 1 次），整理出零售商创新的 8 个方面，分别为技术创新、商业模式创新、过程创新、产品创新、服务创新、体验创新、促销创新和业态创新，如表 3-1 所示。

表3-1　　　　　　　　零售商创新的维度、内容和文献来源

零售商创新的维度	内容	文献来源
技术创新	信息/产品展示技术：虚拟商品目录（电子书、电子杂志）、数码壁纸（展示店内产品的电子图片）、数码标志（电子广告牌、展示板，用来展示店内的服务和产品） 购物体验技术：虚拟试衣间、虚拟镜子、增强真实感（运用数字技术与消费者互动，增强真实感）、3D打印、手机App 信息搜寻技术：平板电脑查询、扫描二维码 支付技术：自扫描、自支付	Pantano 等（2019）
	新技术：大数据、人工智能、云计算技术	彭虎锋、黄漫宇（2014），马伟伟、依绍华（2019）
过程创新	供应链管理中制造商与零售商合作新形式，如有效顾客反应（ECR）和分类管理 新形式的市场研究和市场情报生成	Reinartz 等（2011）
商业模式创新	营销模式创新、采购模式创新、资源模式创新、运营环节创新 收入模式创新、价值创造模式创新、要素支撑体系创新 组织结构创新、操作程序创新、管理过程创新	李飞等（2013），冯华、陈亚琦（2016），Hristov 和 Reynold（2015）
产品创新	新产品、自己设计产品、自有品牌、多品类产品	
服务创新	自助服务、创新性服务、多样化服务、个性化服务	
体验创新	创新购物环境、创新店铺设计、营造节日氛围	Lin 等（2013）
促销创新	不同的折扣项目、创新性促销组合、更新颖的促销活动、动态定价	
业态创新	线上线下结合、智慧零售（无人商店）、业态小型化、新业态	李骏阳（2018），章冀等（2019）

技术创新主要包括数据处理技术（IMS、大数据、CIS）、近距离通信技术（二维码、RFID、NFC、Ibeacon）、便捷提高效率的技术（无人机、仓储机器人）、提高用户体验的技术（智能试衣、移动 APP、3D 打印、人工智能）等，这些技术主要是为了提高零售商的经营效率以及增强顾客的消费体验，使零售商能够更好地服务于顾客（Pantano 和 Vannucci，2019）。技术创新会影响消费者态度，进而对消费者购买意愿产生影响（Hwang 等，2020）。

商业模式创新是将价值创造和获取的逻辑进行根本性的改变，在新技术背景下提高价值创造和获取的效率（彭虎锋、黄漫宇，2014）。商业模式创新的路径包括由内向外和由外向内两种（丁宁、马宝君，2019）其实践趋势是从"模仿"网络零售转向"深度融合"，零售内容从"售卖"转向"体验 + 售卖"（李飞等，2013）。陈丽娟和刘蕾（2021）主张将零售业核心要素"场、货、人"的形态与功能重新组合，以创新出一个包含技术、社群和消费场景的新零售商业模式。

市场研究和供应管理等过程创新是零售商获取竞争优势的重要来源。在供应链管理中，制造商和零售商之间新的合作形式，如有效消费者反应（Efficient Consumer Response，ECR）和类别管理表明零售领域的重大创新。此外，新形式的市场研究和营销情报生成，如基于 UPC 扫描仪数据、基于客户忠诚计划和基于客户体验管理的活动代表了零售业的创新（Pilawa 等，2022）。

产品创新是指企业进入更加复杂的产品线中，开发新的产品。零售商可以通过提供新产品、自己设计的产品、比竞争对手更创新的产品、多样的商品选择以及自有品牌来吸引更多消费者（Lin，2015）。

服务创新可以概念化为服务场所、提供、交付和客户互动创新（Pilawa 等，2022），服务创新对顾客消费体验产生着巨大影响（李飞等，2010），已成为增强零售企业核心竞争力的重要驱动力（Lee 等，2022）。能够从创新服务概念、创新顾客界面、创新服务传递系统、创新零供关系、创新技术等五个方面推进服务创新（孙永波、杨洁，2014）。

体验创新是零售商通过打造新的环境、店内装饰，营造全新的购物氛围来实现的（Lin，2015），这也要求零售商更多地考虑除了产品之外零售商所应具备的功能。体验创新需要技术创新、流程创新的支持，基于互联网思维和信息技术，为顾客提供更好的购物体验，从商品导向转为体验导向（胡永铨、刘厚，2015）。

促销是市场营销的重要工具，零售商能够通过促销增加销售额和提高市场份额，并更好地定位消费者。促销创新为消费者带来实惠，提高了消费者的购物体验，从而吸引消费者购买更多的产品和服务，促销创新的重点是在商店中整合展示、组织和分销产品和服务的新形式（Fuentes-Blasco 等，2017）。

业态创新是指随着零售环境的变化，零售业态构成要素或其组合方式发生变化，从而带来零售业态的演进（李飞等，2007）。以大数据、云计算、人工智能等信息技术的应用，深刻地影响和重塑现有的零售业态，并催生新的零售业态（胡永仕，2020）。构建线上线下一体化销售体系，促使实体零售行业与线上资金流、商流与信息流相融合，是新零售背景下实体零售业态创新的主要路径（杨永芳等，2020）。

（2）半结构化访谈

为了对消费者感知零售商创新性的维度进行识别和确认，首先于2020年6月16日组织了2位零售管理方向的教授、3位市场营销方向的博士生对访谈主题和内容进行讨论，并形成访谈提纲，然后组织2位市场营销专业教授、3位零售商中层管理者进行半结构化访谈。访谈的主要问题包括："您认为消费者会从哪些方面对零售商创新性进行评价？""不同业态的消费者对零售商创新性认知和评价有何不同？"访谈结果表明，消费者主要从产品创新、服务创新、技术创新、体验创新、促销创新和业态创新等6个方面形成零售商创新性评价。

（3）开放式问卷调查

2020年6月20—25日现场调查了113位消费者，其中男性51位，女性62位，受访者来自大连市天兴罗斯福、百盛、麦凯乐、盒马鲜生、新玛特超市、大润发、罗森便利店、京东无人便利店、会有便利店、良运欧宝等零售商店的消费者。访谈问题主要包括："你觉得这家店哪些地方比较新颖？""你比较看重这家店哪些方面的创新？""这种创新会影响你做出什么决策?"主要访谈结果如表3-2所示。

表3-2　　　　　消费者感知零售商创新性的维度和题项访谈结果

维度	题项	编码	访谈结果示例
感知技术创新性	有先进的电子信息设备	PTI1	"这家店每一层都有电子地图,可以查询店铺位置""该店有导航设备,非常便捷""这个店有电子指引牌,很快就能找到我想买的东西""这家店的生鲜商品可以通过扫码溯源,了解相关信息"
	广泛利用互联网技术	PTI2	"这家店可以在APP上下单""该店有网络直播,可以在微信上扫码观看直播""这家店有自己的网上商城""这家店在网上会发布促销信息"
	充分利用大数据技术	PTI3	"这家店经常邀请消费者填写购物体验问卷""这家店不同门店的商品选择都不太相同""这个店会根据消费者投票情况提供商品"
	线上支付便利	PTI4	"这家店普遍采用线上支付了""在这家店我用手机就可以完成支付""我在这家店是通过他们自己的APP结账的""这家店在网上就能支付,不用带现金了"
感知产品创新性	产品种类更加齐全	PPSI1	"这家店产品种类特别全,一些电子产品都有售卖""这家店产品很多,既有食品也有服饰,还有电器""一般我想买的东西都能在这家店买到"
	定期更新产品	PPSI2	"这家店不断推出新的产品""这家店提供一些季节限定、节日限定的产品""每次到这家店,我都能发现新的产品""这家店上新品比其他店更及时"
	产品包装特色	PPSI3	"在这家店有的蔬菜是搭配起来包装的,吃起来很方便""这家店不少产品是大包装的,很适合大量采购""这家店的包装很有自己的特色"
	产品或产品包装有地方特色	PPSI4	"这家店有的产品上印有'我就喜欢××赢'等字样""这家店的产品包装很有地方特色"

续表

维度	题项	编码	访谈结果示例
感知产品创新性	倡导新的产品理念	PPSI5	"这家店内卖的食品很多都是健康轻食""这家店出售许多健康产品""这家店有很多方便食品，加热就可以吃""这家店不仅卖一般的食品，还有很多现做现卖的鲜食"
	提供众多自有品牌、自制产品	PPSI6	"这家店有自己品牌自制的食品""这家店有些商品是自己制作的""这家店有很多自己品牌的产品""听这家店的销售员说他们会委托一些工厂加工自己品牌的商品"
感知服务创新性	提供自助服务	PPSI7	"这家店是全程自助购物""这家店可以自助结账""在这家店购物全程基本是自己完成的""这家店几乎没有服务人员，全是自助的"
	提供配送服务	PPSI8	"这家店可以在美团和饿了么上叫外卖""在这家店的APP下单就可以送货到家""足不出户就能在该店买东西""这家店在网上下单就可以送货上门"
	提供配套服务	PPSI9	"这家店提供生鲜食品的加工服务，直接就可以在店内就餐""这家店消费满一定金额就提供3公里内免费送货服务""在这家店买电器类产品提供安装服务"
感知体验创新性	装修风格独特	PEI1	"这家店装修特别现代化""这家店看起来不像一个商场，更像博物馆""这家店的装修别具风格"
	节假日进行特别的布置	PEI2	"这家店圣诞节、元旦的时候店面前会有相应的节日装扮""这家店每逢过节就会有很多节日布置""这家店在节日期间特别有氛围"
	货架/店铺陈列很有秩序或很有新意	PEI3	"这家店把有关联的产品摆放在一起""这家店货架陈列很有序，采购起来很方便""这家店商品归类很明确，容易找到需要的商品"

续表

维度	题项	编码	访谈结果示例
感知体验创新性	经常举办有趣的文艺娱乐活动	PEI4	"这家店定期举办各种艺术展览""这家店会在店庆、节日的时候举办一些有趣的活动""这家店经常会有各种演出"
感知促销创新性	组织不同的促销活动	PPI1	"这家店促销活动很多，而且每周都有不同的优惠""这家店今年参与了购物节，可以使用购物券获得优惠""这家店经常有打折促销""这家店促销力度很大"
	提供多种促销组合方式	PPI2	"这家店的促销活动经常更新，会有不同的促销组合""这家店有搭配购买享优惠的活动""这家店经常有第二件1元的活动"
	有更新颖的促销活动	PPI3	"这家店的促销活动总是比其他店多""这家店的促销形式比较新颖""这家店最吸引我的就是它的促销活动"
	价格比较优惠	PPI4	"这家店商品的价格比别的店的商品价格低""这家店的口号是天天低价"
感知业态创新性	采用线上、线下结合模式	PFI1	"这家店线上线下都有店铺""这家店不仅有实体店，还有线上店铺""这家店有网上商城，和线下商品一致"
	有小规模、小业态趋势	PFI2	"这家店占地面积比较小，但是各种商品区域分类很明确""这家店一般都比较小""这家店不像传统超市那么大"
	采用新的零售形式	PFI3	"这种生鲜超市很新颖，以前没有体验过""这家店不仅卖东西还给你提供吃东西的地方，和以前的便利店完全不同""这家店全程自助购物结账，没有任何工作人员，很新颖""以前没见过这种类型的店"

选择3位博士生对访谈语句进行编码和归类，最后又分别征求1位零售学教授和1位营销学副教授对归类及其内容提出意见，并进一步修改和完善。结果表明，零售商商业模式创新和过程创新是消费者无法感知或评价的，这2个维度被剔除；消费者感知零售商创新性可归属于消费者感知技术创新性、消费者感知产品创新性、消费者感知服务创新性、消费者感知体验创新性、消费者感知促销创新性和消费者感知业态创新性等6个维度，并形成24个题项。

3.1.3　量表编制

为了保证研究的内容效度，同步组织6位专家（3位市场营销专业教授、3位大商集团负责人）对24个题项进行相关性评定，计算评定者一致性和内容效度指数（CVI）。计算发现题项PPI4的内容效度指数（I-CVI）为0.4，明显低于0.78（Lynn，1986），予以剔除；其他23个条目的I-CVI在0.8～1之间，予以保留。同时，评估量表水平的内容效度指数（S-CVI/UA）。专家评分一致的题项共19条，因此S-CVI/UA为19/23，约为0.83，高于参考值0.8（史静珺等，2012）。为了避免机会导致的不一致的评定结果，本书还计算了均值S-CVI即S-CVI/AVE，该值应高于0.9。量表的23个条目中有7个题项CVI为0.8，16个题项的CVI为1，均值为0.94。由此，初步形成包含6个维度23个题项的消费者感知零售商创新性量表。

3.1.4　预测试

预测试主要包括三个阶段：问卷调查、内部一致性信度分析和探索性因子分析。

2020年7月1—12日，采取便利取样、线上调查与线下调查结合的方式进行问卷调查，共收回209份问卷，有效问卷163份，问卷有效率为78%。其中，线上共收到问卷102份，有效问卷74份；线下共收到问卷107份，有效问卷89份。线上调查对象主要分布在大连、沈阳、北京、合肥、济南、石家庄等城市，线下调查主要在大连、合肥进行。样本性别、年龄、受教育程度和收入水平等描述性信息见表3-3。

表3-3 有效样本描述性统计

人口统计变量		频数	百分比	有效百分比	累计百分比
性别	男	61	37.4	37.4	37.4
	女	102	62.6	62.6	100
年龄	16~25岁	48	29.4	29.4	29.4
	26~35岁	22	13.5	13.5	42.9
	36~45岁	14	8.6	8.6	51.5
	46~55岁	61	37.5	37.5	89
	56岁及以上	18	11	11	100
受教育程度	初中（含中专）及以下	1	0.6	0.6	0.6
	高中或技校	2	1.2	1.2	1.8
	大专或本科	100	61.3	61.4	63.2
	研究生及以上	60	36.8	36.8	100
收入水平	2000元以下	37	22.7	22.7	22.7
	2001~4 000元	22	13.5	13.5	36.2
	4001~6 000元	27	16.6	16.6	52.8
	6001~8 000元	20	12.3	12.3	65.1
	8001~10 000元	27	16.6	16.6	81.7
	10 000元以上	30	18.4	18.3	100

　　利用SPSS23.0统计软件计算各测量指标的项目–总体相关系数（CITC）及各个变量的克隆巴赫系数（Cronbach's α），进行内部一致性判定。参照下列标准对题项进行删减：题项–总分相关<0.4且删除后的Cronbach's α值明显提高。由分析结果可见（见表3-4），感知零售商创新性量表整体信度系数Cronbach's α为0.855，各个维度的测量指标的Cronbach's α系数在0.537~0.872之间，基本达到了Nunnally和Bernstein（1994）提出的参考标准，这表明各个测量变量均具有良好的信度。在

各变量的测量指标中，大多数测量指标的 CITC 均大于 0.4，而感知技术创新性的最后一个题项（PTI4）CITC 系数为 0.126，低于 0.4 的标准，且在剔除这个题项后，感知技术创新性的 Cronbach's α 系数由 0.609 提高到 0.706，因此对这个题项予以删除。此外，感知业态创新性的一个题项 PFI1 与总分相关为 0.167，低于 0.4 的标准，且将其删除后 Cronbach's α 由 0.537 提升为 0.711，理应删除，但为了尽量保证每个维度至少有 3 个题项，暂且保留，在之后的检验中进行取舍。

表3-4　　　　　　感知零售商创新性前测问项信度分析

衡量维度	项目	项目-总体相关性	项目删除后Cronbach's α 值	Cronbach's α	整体Cronbach's α
感知技术创新性	PTI1	0.365	0.580	0.609	0.855
	PTI2	0.550	0.402		
	PTI3	0.551	0.414		
	PTI4*	0.126	0.706		
感知产品与服务创新性	PPSI1	0.658	0.855	0.872	
	PPSI2	0.630	0.857		
	PPSI3	0.652	0.854		
	PPSI4	0.648	0.855		
	PPSI5	0.527	0.865		
	PPSI6	0.589	0.860		
	PPSI7	0.557	0.864		
	PPSI8	0.609	0.858		
	PPSI9	0.651	0.854		
感知体验创新性	PEI1	0.497	0.725	0.753	
	PEI2	0.532	0.708		
	PEI3	0.635	0.660		
	PEI4	0.576	0.690		
感知促销创新性	PPI1	0.701	0.739	0.821	
	PPI2	0.763	0.661		
	PPI3	0.585	0.855		
感知业态创新性	PFI1	0.167	0.711	0.537	
	PFI2	0.394	0.368		
	PFI3	0.534	0.082		

注：标有*的题项为需要删除的题项。

将"垃圾题项"（PTI4）剔除后，对剩下的22个题项进行探索性因子分析，表3-5显示了22个题项的最大（小）值、均值和标准差等数值。提取因子的方法为主成分分析，旋转的方法为极大方差法，设定5个因子，同时选择特征根大于或等于1作为保留因子的标准，保留因子载荷大于0.5的题项。由表3-6可见，探索性因子分析的KMO值为0.861，巴特利特（Bartlett）球形检验的相伴概率为0.000，小于显著性水平0.05，表明适合做因子分析。分析结果表明，前5个因子的特征值大于1，累计解释了63.794%的信息，且前5个因子变动较大，从第6个因子开始变动趋缓，表明应该提取5个因子。接下来对相关题项进行删减，删减的主要标准是：因子载荷小于0.5；具有多重载荷且载荷值比较接近；归类不当。因子分析结果如表3-7所示，题项PPSI5、PPI3、PFI1、PPSI3、PPSI4存在多重载荷且载荷值比较接近应被删除；PPSI6出现归类不当情况，且载荷低于0.5，因此将其删除。此外，PTI1被归类到感知体验创新性维度，其原因是零售商提供电子信息设备提升了消费者的购物体验。

表3-5　　　　　　**感知零售商创新性指标描述性统计**

指标	最小值	最大值	均值	标准差
PTI1	1	5	3.46	1.321
PTI2	1	5	3.71	1.144
PTI3	1	5	3.56	1.037
PTI4	2	5	4.65	0.653
PPSI1	1	5	4.32	0.837
PPSI2	1	5	4.21	0.887
PPSI3	1	5	3.78	1.060
PPSI4	1	5	3.92	0.949
PPSI5	1	5	3.50	1.068
PPSI6	1	5	3.89	1.030

续表

指标	最小值	最大值	均值	标准差
PPSI7	1	5	4.01	1.186
PPSI8	1	5	3.92	1.066
PPSI9	1	5	3.80	1.076
PEI1	1	5	3.88	1.041
PEI2	1	5	4.17	0.879
PEI3	1	5	4.12	0.863
PEI4	1	5	3.33	1.206
PPI1	2	5	4.23	0.813
PPI2	1	5	4.01	0.923
PPI3	1	5	3.61	0.977
PFI2	1	5	2.64	1.489
PFI3	1	5	2.77	1.389

表3-6　　　　　感知零售商创新性因子分析总方差解释

因子	初始特征值			提取的因子负荷矩阵			旋转后的因子负荷矩阵		
	总数	方差贡献率	累积贡献率	总数	方差贡献率	累积贡献率	总数	方差贡献率	累积贡献率
1	8.588	39.035	39.035	8.588	39.035	39.035	3.679	16.721	16.721
2	1.899	8.630	47.665	1.899	8.630	47.665	3.394	15.428	32.149
3	1.442	6.554	54.219	1.442	6.554	54.219	2.710	12.319	44.468
4	1.076	4.892	59.110	1.076	4.892	59.110	2.495	11.340	55.808
5	1.030	4.683	63.794	1.030	4.683	63.794	1.757	7.985	63.794
6	0.918	4.175	67.968						
7	0.866	3.938	71.906						

续表

因子	初始特征值			提取的因子负荷矩阵			旋转后的因子负荷矩阵		
	总数	方差贡献率	累积贡献率	总数	方差贡献率	累积贡献率	总数	方差贡献率	累积贡献率
8	0.809	3.675	75.581						
9	0.687	3.123	78.704						
10	0.657	2.987	81.691						
11	0.528	2.400	84.090						
12	0.509	2.312	86.402						
13	0.461	2.095	88.497						
14	0.394	1.793	90.290						
15	0.379	1.725	92.015						
16	0.346	1.573	93.587						
17	0.317	1.440	95.027						
18	0.308	1.398	96.425						
19	0.245	1.113	97.539						
20	0.226	1.028	98.567						
21	0.186	0.847	99.414						
22	0.129	0.586	100.000						

表3-7　　　　　　　　旋转后的感知零售商创新性因子矩阵

	因子				
	1	2	3	4	5
PEI4	0.675				
PPSI5*	0.664			0.459	
PTI1	0.637				
PEI1	0.618				

续表

	因子				
	1	2	3	4	5
PEI2	0.590				
PEI3	0.576				
PPI3*	0.520		0.518		
PPSI8		0.749			
PPSI7		0.696			
PPSI1		0.662			
PFI1*		0.578		0.429	
PPSI2		0.578			
PPSI9		0.577			
PPI2			0.845		
PPI1			0.780		
PPSI6*			0.489		
PTI2				0.694	
PTI3				0.676	
PPSI3*	0.468			0.578	
PPSI4*	0.454			0.510	
PFI3					0.798
PFI2					0.795

注：标有*的题项为需要删除的题项。

通过进行信度分析和探索性因子分析对初始5个因子和22个题项进行删减和优化，最终形成5个因子，保留16个题项。根据公共因子包含的指标及其对应类目，将这5个因子分别命名为感知技术创新性、感知产品和服务创新性、感知体验创新性、感知促销创新性和感知业态创新性。

3.1.5 正式施测

本阶段的目的是验证预测试而得到的量表能否再简化。因此，采用包含16个题项的消费者感知零售商创新性问卷组织正式调查。问卷调查采取线上与线下相结合的方式，于2020年7月14—31日进行，共发放问卷381份，其中线下160份，有效问卷130份，线上221份，有效问卷196份，共回收326份有效问卷，有效率为85.56%。线上调查对象主要分布在大连、沈阳、北京、上海、杭州等城市；受疫情影响，线下调查主要在大连进行。有效样本描述性统计见表3-8。

表3-8　　　　　　　　　有效样本描述性统计

人口统计变量		频数	百分比	有效百分比	累计百分比
性别	男	97	29.8	29.8	29.8
	女	229	70.2	70.2	100.0
年龄	15岁及以下	1	0.3	0.3	0.3
	16~25岁	118	36.2	36.2	36.5
	26~35岁	38	11.7	11.7	48.2
	36~45岁	29	8.9	8.9	57.1
	46~55岁	96	29.4	29.4	86.5
	56岁及以上	44	13.5	13.5	100.0
受教育程度	初中（含中专）及以下	1	0.3	0.3	0.3
	高中或技校	6	1.8	1.8	2.1
	大专或本科	227	69.7	69.7	71.8
	研究生及以上	92	28.2	28.2	100.0
收入水平	2 000元以下	93	28.5	28.5	28.5
	2 001~4 000元	50	15.3	15.3	43.9
	4 001~6 000元	52	16.0	16.0	59.8
	6 001~8 000元	45	13.8	13.8	73.6
	8 001~10 000元	40	12.3	12.3	85.9
	10 000元以上	46	14.1	14.1	100.0

利用Cronbach's α系数判定问卷的信度。由表3-9可见，量表整体的 Cronbach's α 系数为 0.874，感知技术创新性、感知产品和服务创新性、感知体验创新性、感知促销创新性和感知业态创新性 5 个维度的 Cronbach's α 系数分别为 0.764、0.798、0.812、0.890 和 0.855，这表明各个测量变量的信度水平良好。在各变量的测量指标中，CITC 均大于 0.4，这说明量表具有较高的内部一致性信度。

表3-9　　　　　　　　感知零售商创新性预测试题项信度分析

维度	项目	编码	项目-总体相关性	项目删除后Cronbach's α	Cronbach's α	整体Cronbach's α
感知技术创新性	广泛利用互联网技术	PTI2	0.777	.a	0.764	
	充分利用大数据技术	PTI3	0.776	.a		
感知产品和服务创新性	产品种类更加齐全	PPSI1	0.588	0.758	0.798	
	定期更新产品	PPSI2	0.588	0.760		
	提供自助服务	PPSI7	0.520	0.781		
	提供配送服务	PPSI8	0.620	0.747		
	提供配套服务	PPSI9	0.608	0.751		
感知体验创新性	装修风格独特	PEI1	0.542	0.796	0.812	0.874
	节假日进行特别的布置	PEI2	0.639	0.763		
	货架店铺陈列很有秩序或很有新意	PEI3	0.631	0.767		
	经常举办有趣的文艺娱乐活动	PEI4	0.633	0.769		
	有先进的电子信息设备	PTI1	0.576	0.783		
感知促销创新性	组织不同的促销活动	PPI1	0.802	.a	0.890	
	提供多种促销组合方式	PPI2	0.802	.a		
感知业态创新性	有小规模、小业态趋势	PFI2	0.746	.a	0.855	
	采用新的零售形式	PFI3	0.746	.a		

注：.a表示由于题项之间的平均协方差是负的，该值为负。

　　效度分析主要包括收敛效度和区别效度检验。收敛效度通过验证性因子分析的拟合指数和因子载荷系数来检验，即因子载荷达到显著水平，且大于0.450。通过平均方差抽取量（Average Variance Extracted，AVE）来判断收敛效度，AVE越大，表示潜变量有越高的收敛效度。我们将样本数据输入AMOS21.0统计软件，进行验证性因子分析，并对整体模型进行评价，模型拟合指数为：CMIN=176.837，df=73，χ^2/df=2.422，GFI=0.937，NFI=0.928，CFI=0.955，RMSEA=0.066。可见，测量模型与样本数据拟合较好，验证了感知零售商创新性可划分为感知技术创新性、感知产品和服务创新性、感知体验创新性、感知促销创新性及感知业态创新性5个维度。表3-10为感知零售商创新性CFA模型的因子载荷水平，所有载荷均达到p< 0.001的显著水平，标准化因子载荷均大于0.450，表明量表具有较高的收敛效度。由表3-11可见，感知零售商创新性各维度间相关系数介于0.173~0.520之间，各维度变量的AVE值的平方根介于0.668~ 0.896之间，大于0.5的标准值，且均大于各维度间 的相关系数，可见各维度间具有较好的区别效度。

表3-10　　　　　感知零售商创新性CFA模型的因子载荷

路径	载荷	标准误差	C.R.	P
PTI2←PTI	0.729			
PTI3←PTI	0.840	0.116	9.930	***
PPSI1←PPSI	0.637			
PPSI2←PPSI	0.739	0.101	11.133	***
PPSI7←PPSI	0.603	0.146	7.854	***
PPSI8←PPSI	0.725	0.161	8.737	***
PPSI9←PPSI	0.623	0.130	8.326	***
PEI1←PEI	0.612			
PEI2←PEI	0.708	0.112	9.463	***
PEI3←PEI	0.724	0.101	9.865	***
PEI4←PEI	0.724	0.098	9.567	***
PTII←PEI	0.634	0.096	9.989	***
PPI1←PPI	0.876			
PPI2←PPI	0.916	0.063	16.150	***
PFI2←PFI	0.835			
PFI3←PFI	0.885	0.132	8.119	***

表3-11　　　感知零售商创新性各潜变量区别效度分析结果

潜变量	PTI	PPSI	PEI	PPI	PFI
PTI	0.787				
PPSI	0.520	0.668			
PEI	0.428	0.477	0.682		
PPI	0.337	0.480	0.497	0.896	
PFI	0.306	0.283	0.213	0.173	0.860

注：对角线为 AVE 值的平方根，对角线下为各维度间的相关系数。

图 3-1 是感知零售商创新性的构想模型，直观地呈现了感知零售商创新性的内容结构。

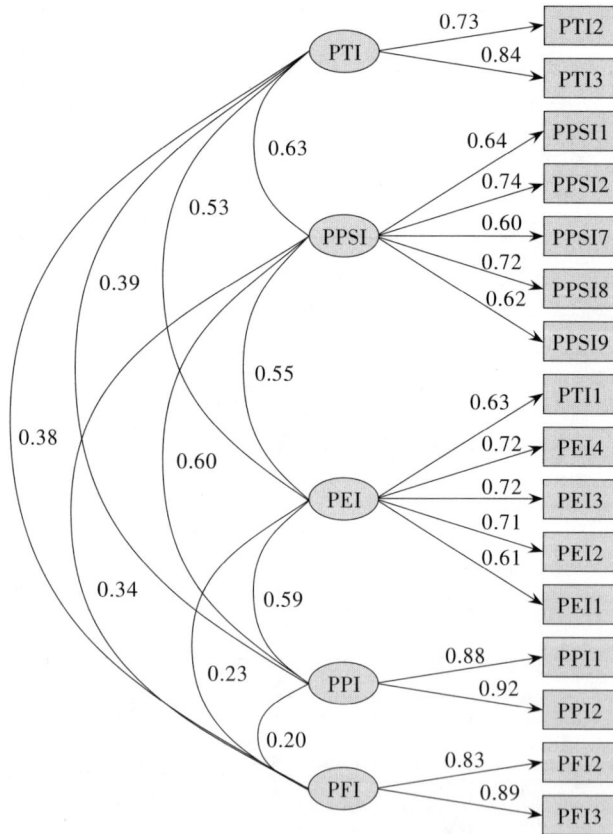

图 3-1　感知零售商创新性 CFA 模型

3.2　消费者感知零售商创新性量表的实证检验

3.2.1　模型构建

Babin 和 Babin（2001）提出零售顾客感知归类模型，如图 3-2 所示，该模型的基本逻辑是：当消费者受到零售商所发出的信号刺激时，首先会将其与其他外部刺激作比较，形成感知特性。然后，消费者将这些信号与自身知识、偏好进行比较归类。如果相匹配，就会吸收；相反则会产生抵触，这一过程会产生顾客价值。价值判断一方面直接影响惠顾意愿，另一方面将会引起喜欢、兴奋、依赖等情感进而间接影响惠顾意愿。在 Babin 和 Babin（2001）研究的基础上，吴泗宗等（2011）构建并实证检验了"感知差异化→价值和形象→场所依赖→顾客惠顾和支付意愿"关系模型。

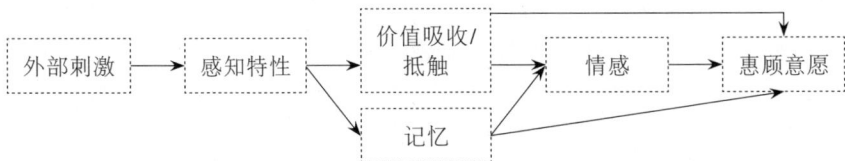

资料来源：吴泗宗，揭超. 感知差异化对零售店顾客惠顾与支付意愿的影响机理研究［J］. 经济与管理研究，2011（4）：86-95.

图 3-2　零售顾客感知归类模型

根据上述理论，在零售商创新活动中，当消费者接受到这些创新活动的信号刺激时，会将原有知识和在其他零售店铺的消费经历进行比较，形成感知零售商创新性，消费者进而对感知零售商创新性进行归类，形成感知价值。若与自己的偏好和需求相吻合，则产生价值吸收；相反，则产生抵触，顾客价值会直接影响口碑推荐。因此，本书形成"感知零售商创新性→感知价值→口碑推荐"因果关系框架。

综上所述，本书构建出如图 3-3 所示的感知零售商创新性、感知价值、口碑推荐关系模型，以对感知零售商创新性量表进行实证检验。

图3-3　感知零售商创新性、感知价值、口碑推荐关系模型

3.2.2　研究假设

根据信号传递理论，市场的基本特征是信息不对称或不完全。也就是说，与企业不同，消费者缺乏判断产品质量所需的全部信息（Stiglitz，2000）。消费者通常难以评估产品质量，而企业可能拥有更多信息。因此，企业试图利用信号向市场传递产品相关信息。信号是指用于传递信息的各种属性或活动，消费者根据广告、品牌名称、价格和保修等各种信号来推断产品质量。虽然质量是大多数信号模型的显著特征（Connelly 等，2011），但企业也可以发出战略意图等其他信号。

消费者不可能拥有决策所需的所有重要信息，即使能够得到其他信息，消费者有时也可能缺少搜寻动机（Zeithaml，1988）。作为消费者从企业中感知的一种信号，创新性预示满足预期效用（Stock 和 Zacharias，2011）、比替代选择更好（Mukherjee 和 Hoyer，2001）以及企业能够有效履行承诺任务的能力等信号（Kunz 等，2011），消费者可以调用启发法（如创新性-质量图式）来进行推断。零售商创新性作为一种外部信号，消费者一旦对其形成较高评价，那么会认为在该零售商处购物能够满足个人预期效用，做出更好的选择（Fornell，1992；Fornell 等，1996；Olsen，2002），感知价值更大。

由此，本书提出：

H₁：感知零售商创新性正向影响感知价值

消费者消费的最终目的就是获取价值，他们会更加偏好能够给他们带来更多价值的零售商（Lin，2015），根据感知价值可以对消费者可能的行为做出预判（陈明亮，2003）。Ranaweera（2017）也在此基础上验证了功能价值和价格价值对口碑推荐意愿的促进作用。消费者的感知价值高说明零售商能够较好地满足消费者的需求，带来更好的体验，而客户体验的提升对口碑推荐有显著的正向影响（张千帆等，2018）。甘春梅和许嘉仪（2020）研究发现，消费者感知价值的提高会促使消费者主动贡献与付出。而当某一供应商给消费者带来较高的感知价值时，他们会对该供应商有较高的认同感和归属感（李先国等，2017），让消费者产生心理所有权，在心理上对零售商及其产品有一种所有感。

消费者具有社会属性，这种社会属性需要通过人与人的互动来实现（宋思根、冯林燕，2019），因此当消费者认可某一供应商时，他们有较强的分享意愿，会主动向他人进行推荐。此外，消费者如果感知零售商创新性高，那么他们就会以积极的态度看待该零售商（Kunz 等，2011），而态度是预测消费者行为的一个关键要素（Glasman，2006），积极的态度会促进正面口碑行为（Stephen 和 Lehmann，2009）。

在银行业，Santos 和 Basso（2012）发现感知价值正向影响口碑推荐和忠诚。在保险业，Gera（2011）也证实感知价值对口碑推荐和忠诚有正向影响。在旅游业（Chen 和 Chen，2010；Sharma 和 Nayak，2019）、零售业、运输业或者餐饮业等其他服务业（Yang 和 Peterson，2004），感知价值与口碑推荐的这种关系也得到证实（Chen 和 Hu，2010）。

由此，本书提出：

H₂：感知价值对口碑推荐有正向影响

根据顾客感知归类模型，当消费者受到零售商所发出的信号刺激时，首先会将其与其他外部刺激作比较，形成感知特性。然后，消费者将这些信号与自身知识、偏好进行比较归类。如果相匹配，就会吸收；相反，则会产生抵触，这一过程中会产生顾客价值（Babin 和 Babin，2001）。消费者会根据零售商提供的一些信息来对其进行评价，评估该零售商能够给自己带来多大的价值。如果零售商能够提供更高质量、更低价格的产品，带来更多利益，那么消费者就会有更高的感知价值（Lin，2013）。一般情况下，零售商进行创新对于消费者来说是零售商的优势，零售商通过创新会为消费者提供更好的消费体验，会让消费者有更高的价值感知（Kim 等，2014），感知价值直接影响口碑推荐。

以往研究表明，感知价值在刺激对消费者行为的影响关系中有中介作用（李智慧等，2019；雷俊丽、蒋国银，2018）。Wu 和 Ho（2014）研究发现，消费者对创新的感知可以提升他们对新产品的感知价值，让他们更愿意接受新产品。Lin（2015）研究发现，感知零售商创新性能够提高消费者感知价值从而正向影响惠顾意愿。因此，消费者对零售商创新性感知会积极影响消费者对价值的评估，从而激发口碑推荐。

H₃：感知价值在消费者感知零售商创新性和口碑推荐关系中有中介作用

3.2.3 研究设计

（1）变量定义与测量

本部分主要涉及消费者感知零售商创新性、感知价值、口碑推荐三个测量变量。其中，消费者感知零售商创新性采用本书重新开发的包括5个维度、16个题项的测量量表。

尽管顾客价值的重要性得到了广泛认可，但越来越多的关于顾客价值的研究却相当零散，顾客价值的定义也存在分歧。Zeithaml（1988）认为价值是客户基于对所获得和所付出的感知而对产品效用的总体评估。Dodds 等（1991）认为，顾客感知价值代表了他们在产品中获得的质量或利益与他们在支付价格时感知到的牺牲之间的权衡。Woodruff（1997）将顾客价值定义为顾客对这些产品属性、属性性能和使用产生的后果的感知偏好和评估，这些属性、性能和后果有助于实现顾客的目标和目的。为了概念化感知价值的结构，实证研究得出了两种基于结构方程建模的常用方法。一种方法是，将感知价值观概念化为单一维度，并衡量顾客的整体价值感知。另一种方法是，将感知价值视为多维的，并利用各种获得（利益）和给予（牺牲）来衡量感知价值。多维方法考虑了从功能和情感方面来衡量感知价值，其中功能方面包括对机构、接触人员、服务质量和价格的评估；情感方面包括情绪（与感情和内部情绪有关）和社会（与购买的社会影响有关）两个方面。在实证研究中，由于单一维度的感知价值个人陈述量表假设每个人的理解是相同的而具有内在缺陷，所以研究者一般主张感知价值是一个多维度构念。Chandon 等（2000）将感知价值分为功能性价值和享乐性价值两个维度。Kotler（1999）认为，可以从产品价值、服务价值、人员价值和形象价值四个方面理解顾客价值。Sheth 等（1991）的不同之处在于，他们从顾客的角度提出了价值的五个维度，即社会价值、情感价值、功能价值、认识价值（epistemic）和条件价值（conditional），这为扩展价值结构奠定了基础。然而，并非所有这些维度在任何时候都具有同等意义，尽管它们在某种意义上是相关的。Sweeney 和 Soutar（2001）区分了功能价值的两个方面——质量和价格，并构建了所谓的"PERVAL"模型。在该模型中，将认识价值和条件价值排除在外，因为这两个维度不适用（或不重要）。Rintamäki 等（2006）沿用了 Sweeney 和 Soutar（2001）的做法，将消费者逛商店的感知价值分为实用价值、享乐价值和社会价值三个维度，其中，实用价值具有工具性和外在性，购物者在满足与任务相关的需求时则会体验到实用价值，货币节省和便利性有助于实现实用价值；享乐价值的特征是自我目的和自我导向，娱乐和探索被认为有助于实现享乐价值；社会价值是从产品以增强社会性的自我概念（如地位）中获得的效用。本书主要借鉴 Rintamäki 等（2006）、Moharana 和 Pradhan（2020）的观点，将感知价值划分为实用价值、社会价值和享乐价值，共 11 个测量问项。

口碑推荐是关于产品、服务、厂商或经历的非商业性的口头交流活动，如向别人介绍愉快、生动或新颖的经历和建议。关于口碑推荐的测量，本书参考 Hong 和 Yang（2009）量表，共 4 个问项。

（2）问卷设计

调查问卷共包含四部分内容：第一部分是导语，介绍了本调查问卷的目的、用途，并对调查者表达谢意。第二部分为两个开放式问题，"请想象一家自己最喜欢的零售商店""总体上评价零售商店"。第三部分是调查问卷主体部分，包括消费者感知零售商创新性、感知价值、口碑推荐三个核心变量的测量。第四部分为被调查者基本信息，包括性别、年龄、受教育程度及收入水平。具体问卷见附录1。

采取 7 级李克特量表对这些变量进行测量，其中"1"表示非常不同意，"2"表示很不同意，"3"表示稍不同意，"4"表示不确定，"5"表示稍同意，"6"表示很同意，"7"表示非常不同意。

（3）调查设计

问卷调查采取线上与线下相结合的方式，于 2020 年 11 月 20—31 日进行，共发放问卷400份，其中线下150份，有效问卷99份，线上250份，有效问卷218份，共回收317份有效问卷，有效率为79.3%。有效样本描述性统计见表3–12。

表3–12　　　　　　　　　　　　有效样本描述性统计

人口统计变量		频数	百分比	有效百分比	累计百分比
性别	女	205	64.7	64.7	64.7
	男	112	35.3	35.3	100.0
年龄	15岁及以下	29	9.2	9.2	9.2
	16~25岁	67	21.1	21.1	30.3
	26~35岁	89	28.1	28.1	58.4
	36~45岁	63	19.9	19.9	78.3
	46~55岁	38	12.0	12.0	90.3
	56岁及以上	31	9.7	9.7	100.0
受教育程度	初中（含中专）及以下	37	11.7	11.7	11.7
	高中或技校	99	31.2	31.2	42.9
	大专或本科	143	45.1	45.1	88.0
	研究生及以上	38	12.0	12.0	100.0
收入水平	2 000元以下	49	15.5	15.5	15.5
	2 001~4 000元	64	20.2	20.2	35.7
	4 001~6 000元	103	32.5	32.5	68.2
	6 001~8 000元	33	10.4	10.4	78.6
	8 001~10 000元	39	12.3	12.3	90.9
	10 000元以上	29	9.1	9.1	100.0
零售业态	百货商店	76	24.0	24.0	24.0
	超市	106	33.4	33.4	57.4
	便利店	95	30.0	30.0	87.4
	其他	40	12.6	12.6	100

　　线上调查对象主要分布在大连、沈阳、北京、上海、杭州、合肥等城市，包含大商、天兴罗斯福、百盛、麦凯乐、盒马鲜生、新玛特超市、大润发、罗森便利店、京东无人便利店、会有便利店、良运欧宝等零售商店的购物者。受疫情影响，线下调查主要在大连进行，主要是在大连商场、天兴罗斯福、新玛特超市、盒马鲜生、罗森便利店及会有便利店拦截消费者，邀请他们现场填写问卷。采取线上与线下结合的调查方式主要原因是：第一，线下调查难度较大，消费者配合程度低，通过线上调查以减少调查结果不准确程度；第二，研究范围尽可能涉及更多省、市，以减少地域限制对调查结果的影响，提高研究结果的普适性。

3.2.4　实证结果分析

（1）信度检验

　　信度分析结果如表3-13所示，各变量的Cronbach's α值均在标准值0.8以上，具有较高的可靠性。各问项的CITC均大于0.5，且删除后Cronbach's α值没有明显提升。因此，感知零售商创新性、感知价值、口碑推荐量表均具有较高的信度水平，通过检验。

表3-13　　　　　　　　　　　　　　各变量信度分析

变量	维度	项目	修正后项目-总体相关性	项目删除后Cronbach's α	Cronbach's α	整体Cronbach's α
感知零售商创新性（PRI）	感知技术创新性（PTI）	PTI	0.837	.	0.911	0.915
		PT2	0.837	.		
	感知产品和服务创新性（PPSI）	PPSI1	0.598	0.823	0.842	
		PPSI2	0.654	0.809		
		PPSI3	0.689	0.799		
		PPSI4	0.658	0.808		
		PPSI5	0.640	0.812		
	感知体验创新性（PEI）	PEI1	0.810	0.862	0.899	
		PEI2	0.798	0.865		

续表

变量	维度	项目	修正后项目-总体相关性	项目删除后 Cronbach's α	Cronbach's α	整体 Cronbach's α
感知零售商创新性（PRI）	感知体验创新性（PEI）	PEI3	0.775	0.871	0.899	0.915
		PEI4	0.667	0.893		
		PEI5	0.697	0.888		
	感知促销创新性（PPI）	PPI1	0.949	.	0.903	
		PPI2	0.949	.		
	感知业态创新性（PFI）	PFI1	0.704	.	0.824	
		PFI2	0.704	.		
感知价值（PV）	实用价值（UV）	UV1	0.628	0.746	0.801	0.892
		UV2	0.667	0.707		
		UV3	0.643	0.731		
	享乐价值（HV）	HV1	0.762	0.848	0.883	
		HV2	0.748	0.854		
		HV3	0.721	0.858		
		HV4	0.689	0.865		
		HV5	0.698	0.866		
	社会价值（SV）	SV1	0.676	0.735	0.814	
		SV2	0.692	0.718		
		SV3	0.630	0.782		
口碑推荐（WOM）		WOM1	0.724	0.863	0.885	
		WOM2	0.750	0.853		
		WOM3	0.702	0.876		
		WOM4	0.871	0.822		

注：本章及后续章节对变量重新编码，项目序号与第1章略有不同。

（2）效度检验

从内容效度、收敛效度和区别效度三个方面来对变量的效度进行检验。

①内容效度。内容效度是指测量工具内容的适当性，即测量工具能够充分涵盖研究主题的程度。内容效度意味着将概念分解成维度和指标的过程，通常通过访谈或者小组座谈的形式来证实（杨宜苗，2009）。本书的感知零售商创新性量表是严格按照量表开发过程形成的，感知价值、口碑推荐量表的问卷内容，系依据研究目的，并参考专家学者所提出的成熟量表，经过相关文献分析再加以修正，使问卷内容符合本书要求。因此，本书问卷在内容效度上应达到一定的水平，即问卷具有内容适当性。

②收敛效度。收敛效度是指相同概念里的测量问项，彼此之间的相关程度。可以从因素载荷、信度与平均萃取变异量（AVE）三个方面进行评估（Hair 等，2006）。Bagozzi 和 Yi（1988）认为因素负荷量（λ值）与平均萃取变异量（AVE）应大于 0.5。Jöreskog 和 Sörbom（1988）认为，可以从观测变量因子载荷的显著性程度（t值）判断，观测变量的因子载荷大于 0.45，并达到显著水平。因此，本书利用 AMOS23.0 软件，对所构建的模型进行验证性因子分析，以因子载荷＞0.45（达到显著水平），且 AVE＞0.5 为标准来判断概念的收敛效度。利用 AMOS27 软件分别对消费者感知零售商创新性、感知价值和口碑推荐进行验证性因子分析（CFA）。

在消费者感知零售商创新性 CFA 模型拟合指标中（见表3-14），卡方值 $\chi^2=249.961$，自由度 df＝94，$\chi^2/df=3.659$（P＝0.000），RMSEA＝0.073，GFI＝0.905，NFI＝0.872，CFI＝0.915，达到理想水平，表明模型拟合状况良好，模型拟合图如图3-4所示。由表3-15可见，感知零售商创新性各题项的因子载荷均在 0.6 以上，其 t 值均已达显著水平，平均萃取变异量（AVE）都在参考值 0.5 以上，组合信度大于 0.7，符合可接受标准值（Fornell 和 Larcker，1981），表明消费者感知零售商创新性量表的收敛效度在可接受的范围内。

表3-14　　消费者感知零售商创新性CFA模型拟合指标

拟合度	χ^2	df	χ^2/df	p	RMSEA	GFI	AGFI	NFI	CFI
拟合值	325.478	94	3.463	0.000	0.073	0.879	0.824	0.905	0.930

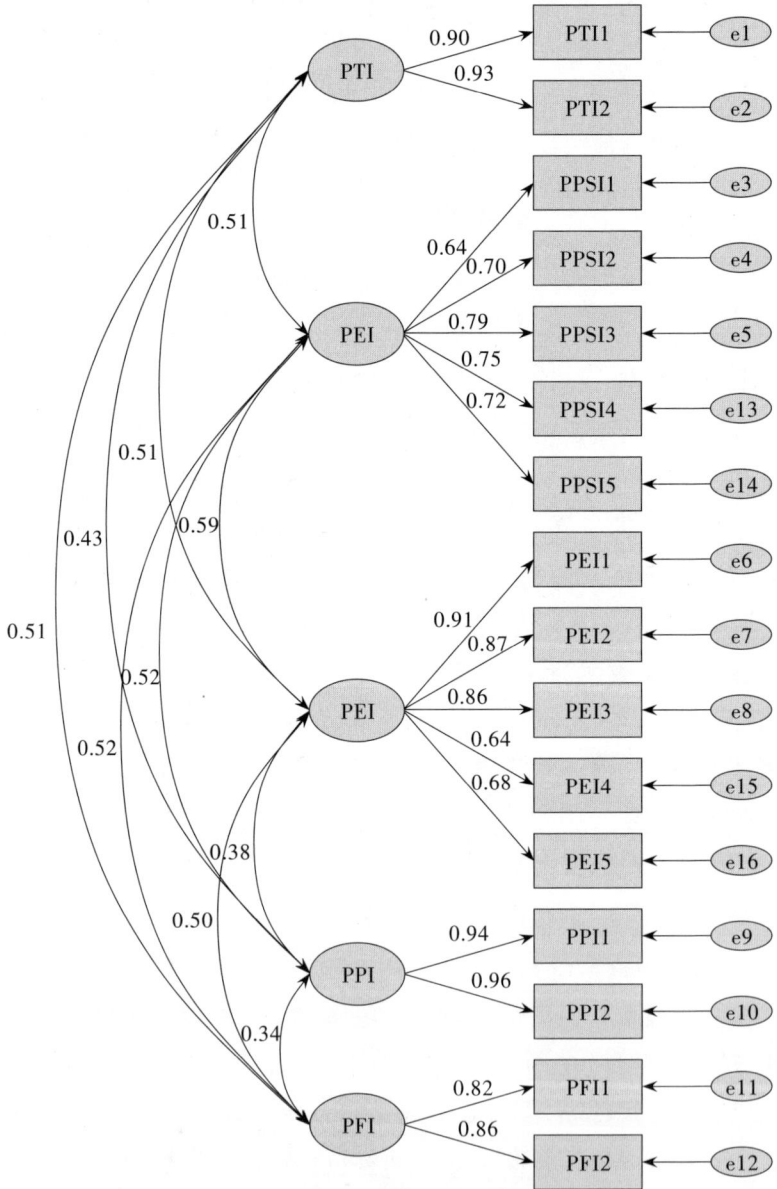

图3-4　消费者感知零售商创新性CFA模型拟合图

表3-15　　　消费者感知零售商创新性模型的因子载荷和AVE值

潜变量	问项	标准化因子载荷	标准误差	C.R.	P	AVE	组合信度
PTI	PT1	0.903				0.837	0.912
	PT2	0.927	0.057	17.557	***		
PPSI	PPSI1	0.639				0.518	0.843
	PPSI2	0.696	0.117	10.225	***		
	PPSI3	0.785	0.114	11.160	***		
	PPSI4	0.755	0.108	10.857	***		
	PPSI5	0.716	0.115	10.442	***		
PEI	PEI1	0.913				0.643	0.899
	PEI2	0.873	0.041	22.770	***		
	PEI3	0.862	0.040	22.173	***		
	PEI4	0.645	0.049	13.368	***		
	PEI5	0.680	0.050	14.467	***		
PPI	PPI1	0.937				0.903	0.949
	PPI2	0.963	0.050	20.302	***		
PFI	PFI1	0.822				0.704	0.826
	PFI2	0.856	0.098	11.578	***		

注：***表示P＜0.001。

在感知价值CFA模型拟合指标中（见表3-16），卡方值 $\chi^2=$ 249.961，自由度 df＝94，$\chi^2/df=1.543$（P＝0.014），RMSEA＝0.042，GFI＝0.967，NFI＝0.961，CFI＝0.986，达到理想水平，表明模型拟合状况良好，图3-5为感知价值CFA模型拟合图。由表3-17可见，感知价值各题项的因子载荷均在0.7以上，其t值均已达显著水平，平均萃取变异量（AVE）都在参考值0.5以上，组合信度大于0.7，符合理想标准（Fornell和Larcker，1981），表明感知价值量表的收敛效度在可接受的范围内。

表3-16   感知价值CFA模型拟合指标

拟合度	χ^2	df	χ^2/df	p	RMSEA	GFI	AGFI	NFI	CFI
拟合值	73.676	41	1.797	0.014	0.001	0.960	0.936	0.957	0.980

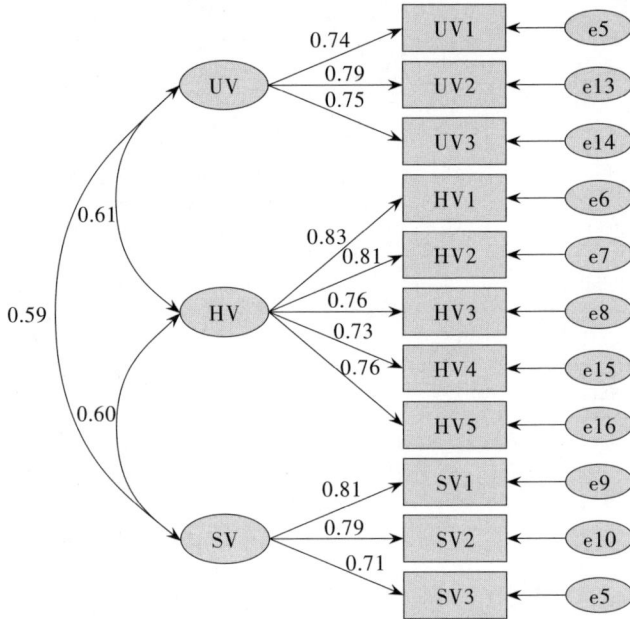

图3-5 感知价值CFA模型拟合图

表3-17   感知价值CFA模型的因子载荷和AVE值

潜变量	问项	标准化因子载荷	标准误差	C.R.	P	AVE	组合信度
UV	UV1	0.739				0.575	0.802
	UV2	0.786	0.085	12.030	***		
	UV3	0.748	0.090	11.671	***		
HV	HV1	0.831				0.610	0.886
	HV2	0.811	0.051	16.394	***		
	HV3	0.763	0.054	15.104	***		
	HV4	0.734	0.056	14.340	***		
	HV5	0.761	0.066	15.037	***		
SV	SV1	0.809				0.597	0.816
	SV2	0.795	0.105	13.323	***		
	SV3	0.710	0.101	12.169	***		

注：***表示P＜0.001。

在口碑推荐CFA模型拟合指标中（见表3-18），卡方值 $\chi^2=1.596$，自由度 df=2，$\chi^2/df=0.798$（P=0.450），RMSEA=0.000，NFI=0.998，CFI=1，达到理想水平，表明模型拟合状况良好，图3-6为口碑推荐CFA模型拟合图。由表3-19可见，口碑推荐各题项的因子载荷均在0.7以上，其t值均已达显著水平，平均萃取变异量（AVE）都在参考值0.5以上，组合信度大于0.7，符合理想标准（Fornell和Larcker，1981），表明感知价值量表的收敛效度在可接受的范围内。

表3-18　　　　　　　口碑推荐CFA模型拟合指标

拟合度	χ^2	df	χ^2/df	p	RMSEA	NFI	CFI
拟合值	1.596	2	0.798	0.450	0.000	0.998	1.000

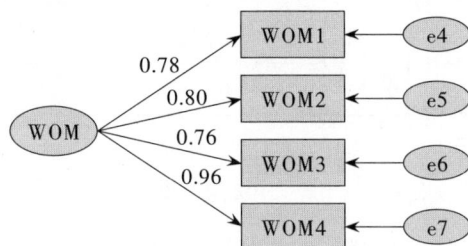

图3-6　口碑CFA模型拟合图

表3-19　　　　　　　口碑CFA模型因子载荷和AVE值

潜变量	问项	标准化因子载荷	标准误差	C.R.	P	AVE	组合信度
WOM	WOM1	0.782				0.687	0.897
	WOM 2	0.802	0.066	15.685	***		
	WOM3	0.757	0.073	14.572	***		
	WOM4	0.959	0.053	18.613	***		

③区别效度。区别效度是指不同概念里的测量问项，彼此相关度低。Fornell和Larcker（1981）建议比较变量的AVE与相关系数平方，每个构念的AVE要大于构面相关系数的平方，亦即AVE的平方根大于构面相关系数。表3-20的分析结果显示，各构念的平均萃取变异量（AVE）的平方根均大于变量间相关系数，表明本研究不同概念具有良

好的区别效度。

表3-20　　潜变量的相关系数和平均萃取变异量（AVE）平方根

变量	PTI	PPSI	PEI	PPI	PFI	UV	HV	SV	WOM
PTI	0.915								
PPSI	0.439**	0.720							
PEI	0.520**	0.547**	0.802						
PPI	0.402**	0.459**	0.391**	0.950					
PFI	0.444**	0.446**	0.470**	0.297**	0.839				
UV	0.337**	0.483**	0.573**	0.394**	0.384**	0.758			
HV	0.357**	0.592**	0.455**	0.445**	0.395**	0.469**	0.781		
SV	0.664**	0.608**	0.633**	0.599**	0.576**	0.523**	0.515**	0.773	
WOM	0.190**	0.228**	0.256**	0.264**	0.136*	0.260**	0.230**	0.280**	0.829

注：①**表示在0.01的水平下显著（双尾），*表示在0.05的水平下显著（双尾）。②对角线下方为相关系数矩阵。③对角线数字为各个潜变量的平方差萃取量（AVE）的平方根。

（3）模型验证

为了直观地显示消费者感知零售商创新性、感知价值与口碑推荐之间的关系，运用AMOS27.0软件对它们之间的影响关系进行结构方程模型分析。在变量设定时，以感知价值、口碑推荐为内生变量，这个变量在路径分析模型图中作为依变量，外生变量为消费者感知零售商创新性，这个变量在路径分析模型中作为自变量。由于本研究各个构面的信度、收敛效度及区别效度均达到可接受的范围，采用单一衡量指标取代多重指标是可行的，因此对消费者感知零售商创新性的各个维度，以衡量题项得分的均值作为其得分，感知价值、口碑推荐采用均值计算。如此操作可以有效地缩减衡量指标的数目，而使整体模式的衡量在执行分析时可行，否则若将所有的题项均纳入衡量指标，则会因变量太多而使得AMOS27.0软件无法执行。

表3-21呈现的是模型注解，模型的适配度卡方值 $\chi^2 = 26.074$，自由度 DF $= 14$，$\chi^2/df = 1.862$，显著性概率（p=0.025）达到显著性水平，达

到模型可以适配标准，即假设模型图与观察数据相契合。RMSEA＝0.052＜0.08，IFI＝0.986＞0.90，CFI=0.986＞0.90，NFI=0.970＞0.90，均达到模型适配标准，表示假设模型与观察数据能适配。感知零售商创新性、感知价值与口碑推荐关系结构方程模型图如图3-7所示。

表3-21　感知零售商创新性、感知价值与口碑推荐关系模型拟合指标

拟合度	χ^2	df	χ^2/df	p	RMSEA	IFI	NFI	CFI
拟合值	26.074	14	1.862	0.025	0.052	0.986	0.970	0.986

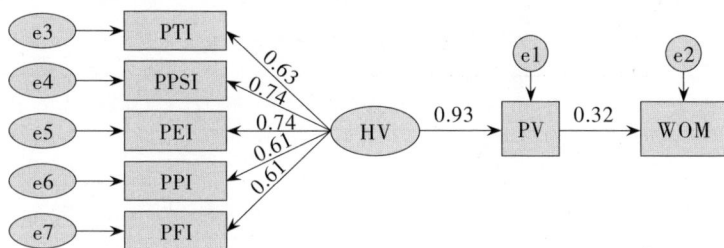

图3-7　感知零售商创新性、感知价值与口碑推荐关系结构模型拟合图

表3-22显示了感知零售商创新性、感知价值与口碑推荐关系的标准化回归系数。其中，感知零售商创新性正向影响感知价值，感知价值正向影响口碑推荐。此外，感知技术创新性、感知产品和服务创新性、感知体验创新性、感知促销创新性和感知业态创新性均是消费者感知零售商创新性的潜变量。

表3-22　　　感知零售商创新性、感知价值与口碑推荐关系
CFA模型的标准化回归系数

路径	标准化系数	标准误差	C.R.	P
PV←PRI	0.928	0.070	12.585	***
PTI←PRI	0.630			***
PPSI←PRI	0.737	0.071	10.960	***
PEI←PRI	0.739	0.085	10.984	***
PPI←PRI	0.615	0.092	9.486	***
PFI←PRI	0.607	0.081	9.386	***
WOM←PV	0.321	0.069	6.005	***

注：***表示P＜0.001。

接下来采用Bootstrap方法（5 000次）对中介效应进行检验，以消费者感知零售商创新性为自变量，感知价值作为中介变量，口碑推荐为因变量，运行SPSS软件的PROCESS插件，引入中介效应模型（模型4）。结果如表3-23所示，在感知价值的中介效应中，Bootstrap95%的置信区间为［0.0593，0.4428］，不含0，说明中介效应显著。进一步观察直接效应的Bootstrap95%的置信区间为［-0.1114，0.3590］，包含0，说明中介效应为完全中介效应，中介效应值系数为0.669（0.2503/0.3741）。

表3-23   感知价值中介效应Bootstrap检验

效应类型	效应值	标准误差	Boot CI下限	Boot CI上限
总效应	0.3741	0.0694	0.0000	0.2374
直接效应	0.1238	0.1196	−0.1114	0.3590
间接效应	0.2503	0.0978	0.0505	0.4408

3.3 　研究小结

本章遵循"概念界定—收集资料—量表编制—预测试—正式施测"量表开发的科学程序，在文献回顾的基础上，进一步凝练消费者感知零售商创新性概念内涵，开发了包含5个维度16个题项的消费者感知零售商创新性量表，这5维度分别是感知技术创新性、感知产品和服务创新性、感知体验创新性、感知促销创新性和感知业态创新性。

基于零售顾客感知归类模型和信号传递理论，构建出消费者感知零售商创新性、感知价值和口碑推荐之间关系的理论模型，进一步检验消费者感知零售商创新性量表的效用，探讨感知零售商创新性与口碑推荐的作用关系机制。研究表明，消费者感知零售商创新性对口碑推荐存在显著的正向影响，感知价值在其中起完全中介作用。

4 消费者感知零售商创新性对消费者忠诚的影响：经济路径

4.1 问题提出

2015 年以来，由于生产成本不断提高、新兴业态出现和网络购物兴起等多种因素影响，国内零售企业开始陷入效益下滑甚至关停门店的局面。以大商集团、重庆百货为例，2015—2022 年间，大商集团零售门店数逐年减少，从 2015 年的 166 家门店减少到 2022 年的 120 家门店（如图 4-1 所示），重庆百货关闭的门店数总体上呈现增长趋势（如图 4-2 所示）。

创新被认定为企业生存和发展的关键因素（Konuk，2019），提供创新是吸引新客户和保持良好长期客户关系的强大推动力（Kumar 和 Pansari，2016）。创新能力是一些世界排名前 50 名的零售商（如沃尔玛、宜家）领先于其竞争对手的关键因素，这些零售商将自己描述为创新公司，并声称创新是核心价值观之一（Freeman 等，2011）。关于创

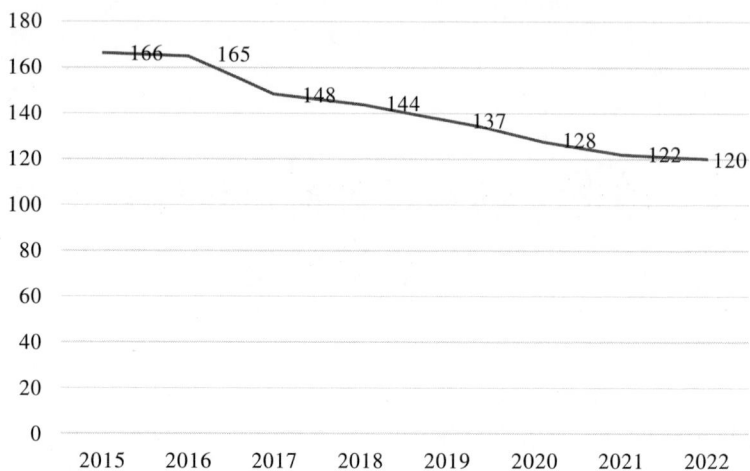

资料来源：根据上市公司年报整理（2015—2022 年）。

图 4-1　大商集团门店数量变动情况（2015—2022 年）

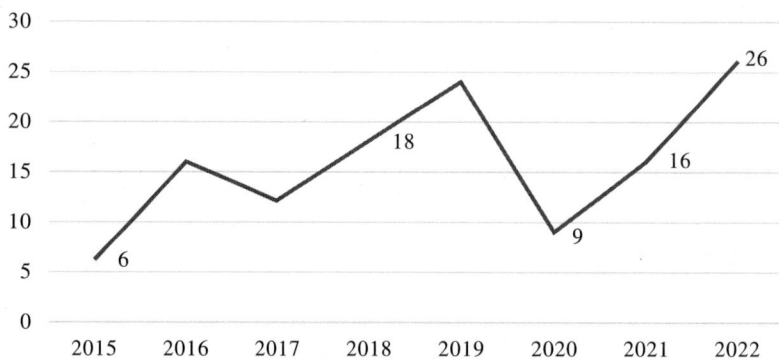

资料来源：根据上市公司年报整理（2015—2022 年）。

图 4-2　重庆百货门店关闭情况（2015—2022 年）

新研究，学者们已不再局限于从企业角度分析，而开始关注消费者视角，因为最终决定创新是否会成功的是消费者（Lin 等，2013）。创新不足一直是传统零售商发展的问题（王海波、马金伟，2018），为了确保零售创新能够在市场上获得更大的成功，以消费者为中心至关重要（Kunz 等，2011）。然而，消费者关心的并不是零售商的新商业模式或先进的技术，而是这些新技术为他们创造了什么价值（Wu 和 Hu，2014）。为了提高顾客黏性和忠诚度，企业不仅要向消费者提供价值，还要使其察觉到价值（陈小悦，2001）。如果零售商能够为消费者提供更多的利益（如高质量的产品）或降低价值的成本（如低价商品、节省时间和精力），那么消费者就会感受到更高的功能价值（Lin 等，2013）。

Lin（2015）虽然提出了"感知零售商创新性-感知价值-忠诚"作用路径，但没有回答以下四个问题：第一，感知零售商创新性是怎样影响感知价值的？第二，感知价值影响了什么价值？第三，忠诚是一个多维度构念，包括重复购买、钱包份额（Share of Wallet）和口碑等（Day，1969），感知零售商创新性驱动了哪个层面的忠诚？或者说，感知零售商创新性对忠诚各个维度的影响是否存在差异？第四，零售业态不同，这种作用效果是否被强化或削弱了？

因此，本章基于S-E-D（Scarcity-Expensiveness-Desirability）理论、价格-感知质量模型（Monroe 和 Krishnan，1985）和线索利用理论（Cox，1964），主要探讨消费者感知零售商创新性对消费者忠诚（再惠顾意图、口碑和钱包份额）产生影响的经济路径，并在这种作用路径中引入零售业态调节变量。

4.2 理论基础和研究模型

S-E-D理论表明，稀缺的东西会产生预期昂贵，预期昂贵将提高感知产品的属性质量和感知地位，因而人们渴望得到（Lynn，1991）。其中假定昂贵（Assumed Expensiveness）是指消费者感知价格较高，感知质量（Perceived Quality）是指消费者对产品或服务的整体卓越性或优势的主观判断。创新性强的零售商一方面向消费者提供了一种自然的差异化和稀缺性信号，另一方面通过推出限量版、对购物渠道进行限制、营造有趣的购物氛围和富有设计感的店面设计等创新性活动让消费者在购物过程中感受到其高贵感和稀缺性（耿黎辉、姚佳佳，2020）。

Monroe 和 Krishnan（1985）提出价格-感知质量模型，指出价格、感知质量、感知牺牲、感知价值和购买意图之间的关系，认为消费者偏好或选择取决于他或她怎样对感知产品质量和感知牺牲进行评价。感知牺牲（Perceived Sacrifice）是指为了完成一个特定的行为必须放弃或付出的东西，包括货币价格以及搜寻成本、时间成本和心理成本等非货币价格。感知价值（Perceived Value）是指消费者在感知获取与付出的基础上对于产品（或服务）效用的整体评价（Zeithaml，1988）。Dodds 等（1991）认为，消费者的实用价值认知是感知质量和感知牺牲权衡下的结果，即感知质量和实用价值之间正相关，而感知牺牲和功能价值之间存在负向联系。

零售业态为特定配置的零售营销组合，是对不同的消费需求的响应（王德章、朱正杰，2005）。零售商的业态形式不同，其价格定位往往也不同。因此，消费者对不同零售业态的价格水平期望也不同。不同业态的店铺提供的利益组合对顾客感知效用的影响是不同的。因此，不同零售业态的消费者在感知零售商创新性后对店铺的昂贵性感知可能存在差异。

基于上述分析，本章提出如图4-3所示的理论框架。

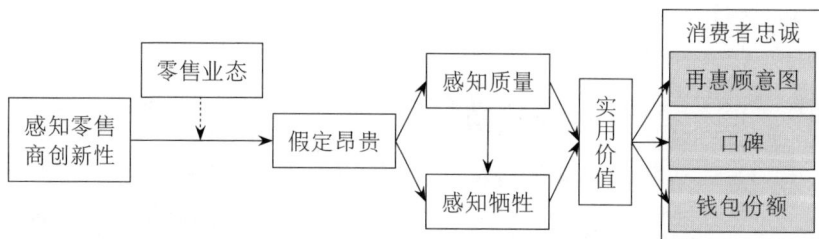

图4-3　消费者感知零售商创新性对感知价值和消费者忠诚的影响：经济路径

4.3　研究假设

4.3.1　感知零售商创新性对消费者忠诚的影响

消费者会将创新性视为企业的积极特征，从而有助于对企业产生积极评价（Niedrich 和 Swain，2003）。根据线索利用理论，目标物体的一些特征如果具有预测性和可信性，那么可以成为判断目标其他属性的线索（Olsen，1972）。此外，以前的实证研究表明，当一些属性

信息缺失时，消费者会使用联想来推断这些属性特征（Brown 和
Dacin，1997）。例如，公司名称可以是质量和可信度等企业属性的信
号（Walsh 和 Beatty，2007）。感知零售商创新性也可以作为其他属性
的信号，因为随着时间的推移，创新性强的企业有成功和有意义的解
决方案的"记录"，消费者可能会推断，企业将能够有效地完成所有
任务。

创新性水平是主观的，因为它取决于消费者基于他们对企业创新活
动的信息、知识和经验的感知。创新性的主要特征包括新颖性、独特性
和消费者心目中的差异性。因此，当企业给消费者提供刺激，提供新体
验，并影响他们的消费模式时，消费者更有可能认为它是创新的。消费
者感知企业创新性强，他们将刺激视为一种有意义的体验，从而对企业
及其服务持积极态度，这最终会影响行为（Choi 和 Kim，2020）。

Ajzen 和 Fishbein（1977）也认为，对某个物体的态度可以由主观
价值观和信仰产生。因此可以推断，感知创新性反映了消费者的主观
价值观和信念，它在态度的形成中起着重要作用。先前的研究也表
明，感知创新性与态度之间存在正相关关系。例如，
Watchravesringkan 等（2010）研究发现，感知创新性会对使用科技时
尚产品的态度产生积极影响。Boisvert 和 Ashill（2011）通过 664 个服
务业样本的实证研究表明，感知到的创新性是态度的重要预测变量。
其他类似研究发现，感知创新性与行为意图之间存在正相关关系。例
如，O'Cass 和 Carlson（2012）利用 370 位消费者调查了消费者对网站
创新性的看法如何影响网站忠诚度。他们发现，消费者对网站创新性
的认知有助于形成网站忠诚度。Slade 等（2015）使用 268 个消费者样
本来确定创新性和行为意图之间的关系，研究结果表明，在远程移动
支付的背景下，感知创新性对使用远程移动支付的行为意图有正向影
响。Jin 和 Huffman（2015）研究发现，感知餐馆创新性正向影响顾客
忠诚。Lin 等（2013）基于便利店的访谈资料，构建了感知便利店零
售商创新性-感知价值-顾客忠诚的理论模型。此外，根据 Day
（1969）、Zeithaml 等（1996）对忠诚的解释，忠诚可以细分为再惠顾
意图、口碑和钱包份额三个维度。

基于上述分析，提出：

H$_1$：感知零售商创新性对消费者忠诚有正向影响。

H$_{1a}$：感知零售商创新性对再惠顾意图有正向影响。

H$_{1b}$：感知零售商创新性对口碑有正向影响。

H$_{1c}$：感知零售商创新性对钱包份额有正向影响。

4.3.2 消费者感知零售商创新性对假定昂贵的影响

稀缺性分为自然的稀缺和人为的稀缺，由于自然稀缺的局限性较大，企业更倾向于选择营造一种虚拟的稀缺性（Rajneesh 等，2007），零售商可以通过整合营销来建立消费者对企业稀缺性的联想（刘建新等，2017）。耿黎辉和姚佳佳（2020）指出，企业通过对产品可得性做出限制，从而使消费者产生感知稀缺性。刘花和刘琰（2021）认为，零售商采用的虚位效应营销方式会使消费者对产品产生感知稀缺性。

在"S-E-D"模型中，Lynn（1992）将稀缺性与假定昂贵联系起来。假定昂贵的前因一般是感知稀缺性，由于供不应求，稀缺性会导致价格上涨，市场经验也传达了这一信息（Wann-Yih 和 Ying-Yin，2011）。Lynn（1988）指出，稀缺性增强了消费者对商品的渴望，并且在购买前已经考虑到商品的昂贵性。本书中假定昂贵是消费者对零售店铺价格形象的看法，因为店铺的价格形象通常被描述为昂贵或廉价（苏武江，2020）。在零售环境下，创新的产品、有创意的商店设计、独特的促销和服务提高了消费者对商店声誉的认识（Pantano 和 Vannucci，2019），消费者对食品杂货零售商创新活动的感知对商店价格形象会产生积极影响（Hwang 等，2020）。而且，零售商创新性的一个重要表现是独特性，而感知独特性可以解释稀缺效应。因此，消费者对零售商店创新性的认知可能会增强零售商店的价格形象，即认为价格自然会昂贵。

基于上述分析，提出：

H$_2$：消费者感知零售商创新性对假定昂贵有正向影响。

4.3.3　假定昂贵对感知质量的影响

假定昂贵是消费者的感知价格，而不是实际支付的价格（Zeithaml，1982），因此，消费者形成了一种价格信念（Erickson 和 Johansson，1985）。消费者行为相关研究表明，当消费者不能或缺少加工产品属性信息的动机时，他们将把价格当作产品质量的信号（Rao 和 Monroe，1989），产品信念正向影响产品质量（Siems 等，2008）。而且，稀缺效应为产品的声望定价提供了依据（Lynn，1991）。高价是高质量的象征（Rao 和 Monroe，1989），因此在现实生活中，人们更期望获得高价产品（Groth 和 McDaniel，1993）。感知质量是消费者对产品绩效的总体评价，高质量属性的信号包括内部线索和外部线索，外部线索与产品有关，但不是有形产品的一部分，如价格、品牌名称和广告水平（Teas 和 Agarwal，2000）。大量的理论和实证结果支持这种价格外部线索效应。此外，感知质量模型（Monroe 和 Krishnan，1985）和 S-E-D 模型（Lynn，1992）也为假定昂贵和感知质量的正向关系提供了依据。优越的性能往往通过高价来体现（Bornemann 和 Homburg，2011），昂贵也暗示了零售商优越的性能。因此，假定零售商的价格形象越昂贵，对零售商的感知质量会越高。

基于上述分析，提出：

H_3：假定昂贵正向影响感知质量。

4.3.4　假定昂贵对感知牺牲的影响

价格的角色并不唯一，不仅仅是消费者判断质量的关键外部线索，还是衡量牺牲的指标（Zeithaml，1998）。牺牲表明获得一个目标是要付出成本的，这种获取稀缺目标的感知成本预示着实现障碍。拥有那些稀缺目标的障碍会从心理上被唤醒，因此增强了人们实现难以拥有目标的欲望（Wright，2004）。因此，为了满足稀缺目标的欲望，消费者愿意做出更多牺牲。此外，价格-感知质量模型指出，价格认知会对消费者感知货币牺牲产生影响（Monroe 和 Krishnan，1985）。换句话说，高价格会导致更大的货币牺牲（黄鹏，2015）。这一观点也得到 Couchen 和

San-san（2006）的认同。因此，当消费者认为零售商产品价格昂贵时，由于受预算约束，高价对于消费者而言是一种限制，会导致感知更大的货币牺牲。

基于上述分析，提出：

H_4：假定昂贵正向影响感知牺牲。

4.3.5　感知质量对感知牺牲的影响

感知牺牲既包括价格之类的货币成本，又包括与购买有关的精力、风险和不安全（Zeithaml，1988）。在购买决策过程中，消费者根据内外部线索判断商品质量，然后根据他们付出的成本衡量牺牲（Sweeney 等，1999）。也就是说，消费者会首先判断感知质量，然后衡量牺牲。如果消费者认为高价产品的质量高，他愿意支付溢价获得优质产品，且对质量的认知会加强溢价支付的意愿（Rao 和 Monroe，1989），因而感知牺牲较低。按照 Wood 和 Scheer（1996）的观点，风险是感知非货币牺牲的一个要素，因为风险被认为是消费者为了得到产品而必须付出的成本。此后，Snoj 等（2004）构建了一个模型，考察了手机感知价值、感知质量和感知风险之间的关系，结果表明，感知质量对感知风险有负向影响。

基于上述分析，提出：

H_5：感知质量对感知牺牲有负向影响。

4.3.6　感知质量、感知牺牲对实用价值的影响

Zeithaml（1988）将价值定义为消费者基于感知获得和给予的产品效用的整体评价。这个定义表明，消费者在进行购买决策前会进行成本-收益权衡，评价竞争产品的价值。价格具有双重作用，一方面可以反映质量，另一方面可以作为消费者为获得产品而做出的舍弃或牺牲，因此消费者在评估产品价值时，希望同时判断价格-质量关系和价格-牺牲关系。也就是说，随着价格的提高，消费者对价值的感知会减少，而随着产品质量的提高，他们对价值的认知会增加（Wu 和 Wu，2012）。Sweeney 等（1999）、Teas 和 Agarwal（2000）、张鹤冰等（2020）的实证研究表明，感知质量正向影响感知价值。

Sinha和Verma（2020）研究了价格和感知价值之间的关系，研究结论表明，如果价格给顾客带来缺失感，那么会降低消费者对功能价值的认知。此外，非货币成本包括绩效风险、财务风险等心理成本（Wood和Scheer，1996），这些心理成本对感知价值有负面影响。例如，为了降低不确定性，消费者通常会在购物前搜集有关零售店铺及其所售商品的信息，信息搜索方式包括内部搜寻和外部搜寻，外部搜寻主要指浏览平台上的评论和留言（钟琦等，2022），这需要付出一定的时间和精力。

价格-感知质量模型涉及感知质量和感知牺牲之间的认知权衡，这导致感知质量和感知价值之间存在正向关系，而感知牺牲和感知价值之间存在负向关系（Monroe和Krishnan，1985）。Dodds等（1991）指出，感知质量、感知牺牲对品牌名称、商店名称、价格和感知价值之间的关系有中介作用。

基于上述分析，提出：

H_6：感知质量对实用价值有正向影响。

H_7：感知牺牲对实用价值有负向影响。

4.3.7 实用价值对消费者忠诚的影响

消费者忠诚对于任何商店的生存和成功都至关重要。零售企业应该将提高消费者忠诚作为营销工作的重点，以使顾客接受更高的价格，购买更多的产品和服务以及更积极地进行口碑传播。研究表明，感知价值对购前决策（Zeithaml，1988）和购后意图会产生影响，如惠顾意愿（Arora和Singer，2006）、口碑推荐（Abdolvand和Norouzi，2012）和顾客忠诚（McDougall和Levesque，2000）。这些行为结果可能会影响企业的盈利，因此被视为顾客忠诚的行为表现（Söderlund，1998）。Yang和Peterson（2004）发现满意的顾客多数伴随着高的实用价值认知，并且愿意与企业保持互动、向他人宣传，对价格的敏感度也更低。因此，当企业帮顾客建立更高的实用价值时，消费者会对企业产生依赖。Mencarelli和Lombart（2017）发现，实用价值认知不仅能提高消费者满意度，而且对实用价值的感知高，还可以直接促进消费者忠诚的产生。

再惠顾意愿包括心理和行为两个层面，心理层面表现为消费者对商家的满意及信任程度，行为层面是指连续光顾的购物表现。消费者的再惠顾意愿体现了顾客对商家的忠诚（崔占峰、陈义涛，2020）。消费者在体验过程中，衡量获得的服务质量和感知牺牲，产生对实用价值的认知，从而影响再惠顾意愿（Cronin 等，1997）。涂荣庭等（2008）指出，消费者在商场购物时感知实用价值对未来意愿有积极影响。

口碑推荐是指消费者传播商家的正面信息，并向其他潜在顾客推荐的行为（Dubois 等，2016）。正面口碑既引导顾客购物消费，又积极影响顾客忠诚度（张红宇等，2014）。Sirdeshmuku 等（2002）指出，感知功能价值对口碑推荐有正向影响，并将口碑推荐作为消费者忠诚的一个行为结果。

Kim 和 Lee（2010）将钱包份额定义为特定零售商在产品类别中获得的客户业务份额。相比于顾客满意度等传统指标，消费者忠诚更适合用钱包份额来进行衡量（Pophal，2021）。Eggert 和 Ulag（2010）注意到商业市场中感知价值和钱包份额之间的相关性，发现顾客感知价值可以预测购买意图、口碑，以及减少对替代品的搜索和钱包份额等结果变量。在买卖双方的背景下，Hughes 等（2013）证实了顾客感知价值会对钱包份额产生强有力的正向影响。

基于上述分析，提出：

H_8：实用价值对消费者忠诚有正向影响。

H_{8a}：实用价值对再惠顾意愿有正向影响。

H_{8b}：实用价值对口碑有正向影响。

H_{8c}：实用价值对钱包份额有正向影响。

4.3.8 零售业态对消费者感知创新性和假定昂贵关系的调节作用

不同零售业态的价格定位不同，即使是同一件商品，不同业态的店铺对其定价也不相同，这是由于它们的进货渠道不同，营销方式也存在差异（黄翼，2020）。Siomkos（1985）研究发现，消费者在高档次的店铺中对某一品牌香水的评价，要比在中低档次店铺中同一品牌香水的评价高。假定昂贵是消费者的一种价格感知，Omid 等（2017）认为，不同零售业态提供的产品和服务不同，这些差异以不同的方式影响顾客的预期价值和产品效用。因此，零售业态可能会调节感知创新性对假定昂贵的影响，因此需要针对多种业态形式的店铺进行讨论。

超级市场主要是满足消费者日常生活必需品的需求。邓婉莹和杨秀刚（2015）研究发现，超市通过进行服务创新活动，使消费者感知到高质量服务水平。商店提供的服务水平越高，产品定价也会越高（Sant，2020）。基于"S-E-D"模型，消费者感知超市创新性后会假定商品或服务价格上涨，但由于超市的销售战略是薄利多销，面向中低收入消费者，价格是影响销售的主要因素，消费者价格敏感性高（朱强、王兴元，2016）。因此，超市必须采取低价格、低利润率的销售策略才能在竞争激烈的市场中生存下去（张群，2015）。

便利店开发和销售创新以及拥有高质量的自有品牌，已成为便利店的主要竞争策略。比如7-11便利店的"自有产品"和"独有产品"就是立足于年轻消费者对独特性的追求推出的产品创新（Lin，2016），且便利店的产品和服务创新是在建立在深刻理解国内消费者生活和口味的基础上的，融入了当地的文化，其模仿性和可替代性大大降低。根据"S-E-D"理论模型，消费者在感知便利店创新性后会假定店铺商品昂贵，并且便利店的商品价格比一般超市要高，便利性价值大。黄翼（2020）也指出具有便利性价值是便利店商品价格高于超市商品价格的原因之一。因此消费者感知便利店创新性后会假定产品或服务定价提高，价格涨幅要大于超市，对假定昂贵的影响较大。

与便利店和超市相比，百货店目标顾客价格敏感性较差，相比较于价格更关心品质和服务（Koistinen 和 Jarvinen，2009）。百货店的产品定价较高，一般是出厂价格的3~5倍。其原因主要是：第一，经营成本高。目前零售业饱和，百货店为了占据更大的市场，商业布点越来越密集，从而增加了人工成本、物流成本和管理成本。第二，人口红利正在消失，为了争夺市场，不断增加营销力度，加大广告投入，营运成本高（依绍华、郑斌斌，2021）。百货店增加的经营成本和营运成本会转嫁给消费者，导致顾客在百货店购物时会感到价格昂贵。

根据"S-E-D"理论模型（Lynn，1992），消费者在感知到百货店创新后会假定产品或服务定价提高，又由于百货店高端的市场定位，使这种影响更为显著。

基于上述分析，提出：

H_9：消费者感知创新性对假定昂贵性的影响会受到零售业态的调节，三种业态的作用大小排序为：百货商店>便利店>超市。

4.4 研究设计

4.4.1 变量测量和编码

本章的测量变量主要包括消费者感知零售商创新性、假定昂贵、感知质量、感知牺牲、功能价值、再惠顾意愿、口碑和钱包份额。此外，还包含性别、年龄、收入、职业、受教育程度等社会人口统计变量。其中，消费者感知零售商创新性变量采用本书第1章开发的量表，共5个维度16个问项。其他核心变量的测量问项均参考以前的研究，并根据零售情境进行了微调。

（1）假定昂贵

假定昂贵变量的测量主要参考 Couchen 和 San（2006）、Wu 和 Wu（2012）的量表，共5个问项，问项和编码如表4-1所示。

表4-1 假定昂贵测量项目

变量	测量题项
假定昂贵 （AE）	我预期这家零售商店产品或服务的价格普遍比较高（AE1）
	我预期这家零售商店产品或服务的价格会超出我的能力范围（AE2）
	我预期这家零售商店产品或服务的价格会比一般店铺高（AE3）
	我预期这家零售商店产品或服务的价格会比同类店铺高（AE4）
	我预期这家零售商店产品或服务的价格会比同类店铺高，且价格差异较大（AE5）

（2）感知质量

感知质量测量主要参考 Dodds 和 Monroe（1991）、Rao 和 Monroe（1989）的量表，包含 7 个问项，问项和编码如表 4-2 所示。

表4-2　　　　　　　　　　　**感知质量测量项目**

变量	测量题项
感知质量（PQ）	这家零售商店可以提供比较齐全的商品和服务（PQ1）
	这家零售商店提供的大多数商品都是做工精细的（PQ2）
	这家零售商店提供的大多数商品都是材质良好的（PQ3）
	这家零售商店提供的大多数商品都是让人放心的（PQ4）
	这家零售商店提供的大多数商品都是耐用的（PQ5）
	这家零售商店的服务人员能提供有效的服务（PQ6）
	这家零售商店的结账速度很快（PQ7）

（3）感知牺牲

感知牺牲变量的测量主要参考 Lapierre（2000）的观点，从货币牺牲和非货币牺牲两个维度，从价格、时间成本和精力成本（精神和体力成本）三个方面测量，共包含 4 个问项，测量问项和编码如表 4-3 所示。

表4-3　　　　　　　　　　　**感知牺牲测量项目**

变量	测量题项
感知牺牲	在这家零售商店购物我投入了较多的时间（PS1）
	在这家零售商店购物我投入了较多的精力（PS2）
	如果我以预期价格在这家零售商店消费，我将在一段时间内减少我在其他方面的花费（PS3）
	如果我以预期价格在这家零售商店消费，我将无法购买我现在想买的其他商品（PS4）

（4）实用价值

实用价值是指感知价值的功能方面，是消费者做出的理性和经济的评价（Carlson 等，2019）。功能价值包括质量价值和价格价值，质量价值是指消费者从感知质量中获得的效用，价格价值是指感知成本降低带来的效用（Sweeney 和 Soutar，2001）。质量价值体现产品效用、品质和竞争优势（崔占峰、陈义涛，2020）以及顾客需求的满足程度，常被作为消费是否成功的指标（沈鹏熠等，2021）。实用价值的测量主要参考 Sweeney 和 Soutar（2001）、王永贵（2005）的量表，共 6 个问项。实用价值测量问项和编码如表 4-4 所示。

表4-4 实用价值测量项目

变量	测量项目
实用价值（UV）	这家零售商店的产品或服务的预期价格是可以接受的（UV1）
	这家零售商店消费能帮我节约很多时间，十分便利（UV2）
	在这家零售商店消费可以提高自己的购物效率（UV3）
	该零售商店可以很好地满足我的购物需求（UV4）
	该零售商店的产品或服务价格与品质比较相当（UV5）
	这家零售商店提供的个性化产品或服务让我感觉物有所值（UV6）

（5）消费者忠诚

消费者忠诚主要有三个学派，即行为忠诚学派、态度忠诚学派和复合忠诚学派。行为忠诚学派认为，消费者忠诚是指消费者倾向于在特定的商店进行购物（Cunningham，1956），即对某一商店做出重复购买的承诺。随着研究的深入，学者们发现消费者的重购行为并不代表着忠诚（Jacoby 和 Chesinut，1978）。态度学派将消费者忠诚定义为对某一特定商店的偏好或惠顾意愿（Knox 和 Denison，2000）。然而，态度忠诚学派只关注消费者对店铺的心理偏好，忽略了消费者的实际行为表现。为了弥补行为学派和态度学派的不足，学者们提出了复合忠诚学派，开始从综合角度定义消费者忠诚。Dick 和 Basu（1994）指出行为忠诚和态度忠诚都不能等同于消费者忠诚，两者共同组成消费者忠诚。复合忠诚学派认为，消费者的行为具有偏好性，行为表现是在众多商店中选择一家，同时也是一种心理决策（Koo，2016）。本书采用复合忠诚的观点，从再惠顾意愿、口碑和钱包份额三个方面测量。

再惠顾意愿变量测量参考 Zolfgharian 和 Paswan（2009）的量表，共3个测量问项。口碑变量的测量参考 Alhidari 等（2015）的量表，共4个问项。本书参考 Peppers 和 Rogers（1993）的观点，将钱包份额界定为一家零售商店的产品或服务在一个顾客总体消费中所占的比重。钱包份额变量的测量参考 De Wulf 等（2001）的量表，共3个测量问项。再惠顾意愿、口碑和钱包份额3个变量的测量问项与编码如表4-5所示。

表4-5　　再惠顾意愿、口碑和钱包份额测量项目

变量	测量项目
再惠顾意愿（RPI）	将来我愿意再次光顾这家零售商店（RPI1）
	将来我打算持续去这家零售商店购物（RPI2）
	我愿意将这家零售商店推荐给亲友（RPI3）
口碑（WOM）	我鼓励朋友和亲戚在这家零售商店买东西（WOM1）
	有人询问我的建议时，我推荐这家零售商店（WOM2）
	我向很多人推荐过这家零售商店（WOM3）
	我向朋友提起过这家零售商店（WOM4）
钱包份额（SW）	在您购物时，相比其他同类型商店，选择这家店的频率（SW1）
	您在这家店购买上述类别商品的支出占购买此类别商品总支出的比例（SW2）
	在最近10次的线下购物中，您到这家商店购物的次数（SW3）

4.4.2　问卷设计

问卷设计主要基于以下几点：回应者能够同时看到整个调查问卷并进行浏览，看到所有的问题。通过这样做，希望回应者认为调查问卷相对较短，并更可能作答。同时尽量通过问项之间的行距以及简单的设计

来使问卷令人轻松，以便回应者容易浏览。所有问题都要求作答，以便能够得到问卷调查结果。

调查问卷主要包括四个部分：第一部分为导语，介绍了本调查问卷的目的、用途，并对调查者表达谢意。第二部分为两个开放式问题，"请您仔细回想最近一次的线下购物经历，并填写这家零售商店的名称＿＿＿＿""请您仔细回想最近一次，您在这家零售商店购买的3种不同类别的商品名称"。第三部分是假定昂贵、感知质量、感知牺牲、功能价值、再惠顾意愿、口碑、钱包份额等核心变量，该部分要求被调查者仔细回想自己最近在线下零售商店购物的情景，根据个人购物的实际情况进行问卷的填写。第四部分为被调查者的基本信息，包括性别、年龄、受教育程度及收入水平。

具体问卷见本书附录2。采取7级李克特量表对这些变量进行测量，其中"1"表示非常不同意，"2"表示很不同意，"3"表示稍不同意，"4"表示不确定，"5"表示稍同意，"6"表示很同意，"7"表示非常不同意。

4.4.3 数据收集

问卷发放采用线上和线下相结合的形式。线上主要通过"问卷星"平台填写，线下采用街道拦截的方式完成。受疫情影响，线下调查范围集中在山东省济南市，所涉及的零售商店包括银泰百货、济南银座泉城广场店、信誉楼百货（莱芜店）、蜜桃百货、供销社百货大楼、永辉超市（济南奥体天街店）、振华超市（济南人民商场店）、银座超市（洪家楼店）、家家悦（济南华夏福地店）、7-11（宽厚里店）、京东便利店（济南站）、便利蜂（黄金时代广场G座店）、橙子便利（龙湖天街店）。

调查时间为2022年6月8日至7月30日，共发放问卷925份，其中线上发放问卷500份，回收有效问卷426份；线下发放问卷425份，回收有效问卷416份。线上线下共收回有效问卷842份，问卷有效回收率为91%。

4.5   实证结果分析

4.5.1   描述性统计分析

有效样本描述性统计如表4-6所示。在842份有效样本中，在性别上的比率为男性占43.3%，女性占56.6%，女性略多于男性，这可能表明女性更喜欢购物。在年龄方面，18~30岁所占比例最高，占30.1%；31~40岁、41~50岁、51岁以上所占比例较高，分别为21.5%、18.3%和16.3%；15岁以下人数最少，所占比例最低，为13.6%。在职业方面，企业从业人员所占比例最高，为45.7%；学生次之，所占比例为21.3%；其他依次为个体户/自由职业者（12.9%）、事业单位人员（11%）和其他（9.1%）。在收入方面，主要集中于3 001~6 000元，所占比例为46.7%；其他依次为6 001~8 000元（16.9%）、1 500元以下（14.7%）、1 501~3 000元（13.4%）；8 000元以上所占比例最低，为8.3%。受访者的受教育程度以本科或同等学力为主，占39.2%；大专或同等学力次之，占31.3%；高中及以下学历占21.2%；研究生及以上所占比例最小，为8.2%。在婚姻状况方面，已婚所占比例略高，为53.9%；未婚所占比例略低，为46.1%。因此，总体而言，样本基本上呈正态分布，能够较好地反映总体。

表4-6   人口学变量频率分析

变量	选项	频率	百分比
性别	男	363	43.1%
	女	479	56.9%
年龄	18岁以下	115	13.6%
	18~30岁	255	30.3%
	31~40岁	182	21.6%
	41~50岁	152	18.1%
	51岁及以上	138	16.4%

续表

变量	选项	频率	百分比
学历	高中及以下	179	21.3%
	大专或同等学力	262	31.1%
	本科或同等学力	332	39.4%
	研究生及以上	69	8.2%
职业	学生	180	21.4%
	企业从业人员	383	45.5%
	事业单位人员	93	11.1%
	个体户/自由职业者	109	13.0%
	其他	77	8.2%
月可支配收入	1 500元以下	124	14.7%
	1 501~3 000元	113	13.4%
	3 001~6 000元	392	46.6%
	6 001~8 000元	143	17.0%
	8 000元以上	70	8.3%
婚姻状况	已婚	453	53.8%
	未婚	389	46.2%

样本的业态分布情况如表4-7所示。在842份有效样本中，超市、百货商店和便利店所占比率分别为45.0%、29.3%和25.7%。百货商店主要涉及7家，样本所占比例在2.6%~5.3%之间；超市主要涉及7家，样本所占比例在2.6%~14.4%之间；便利店主要涉及6家，所占比率在2.8%~5.4%之间。

表4-7 零售业态样本分布

零售业态	零售店名称	频率	百分比	频率	百分比
百货店	济南银泰百货	22	2.6%	247	29.3%
	济南银座泉城广场店	39	4.6%		
	芮欧百货	24	2.9%		
	信誉楼百货（莱芜店）	32	3.8%		
	蜜桃百货	42	5.0%		
	供销社百货大楼	45	5.3%		
	高岛屋百货	43	5.1%		
超市	永辉超市（济南奥体天街店）	41	4.9%	378	44.9%
	振华超市（济南人民商场店）	54	6.4%		
	银座超市（洪家楼店）	29	3.4%		
	家家悦超市（济南华夏福地店）	22	2.6%		
	大润发超市	49	5.8%		
	胜大超市	120	14.3%		
	济南华联超市	63	7.5%		
便利店	7-11（宽厚里店）	42	5.0%	217	25.8%
	京东便利店（济南站）	29	3.4%		
	便利蜂（黄金时代广场G座店）	46	5.5%		
	橙子便利（龙湖天街店）	38	4.5%		
	全家便利店	38	4.5%		
	罗森便利店	24	2.9%		

4.5.2 信度分析

信度即可靠性，是指一种衡量工具的正确性或精确度，亦即测试结果的一致性和稳定性。信度能够显示测试的内部问题间是否相符合或前后两次结果是否一致。本书采用Cronbach's α进行信度检验，分析软件为SPSS26.0。

信度分析结果如表4-8所示，各变量的Cronbach's α值均在标准值0.6以上，具有较好的可靠性。各问项的CITC均大于0.5，且删除后Cronbach's α值没有明显提升。因此，感知零售商创新性、假定昂贵、感知质量、感知牺牲、实用价值、再惠顾意愿、口碑和钱包份额量表均具有较高的信度水平，通过信度检验。

表4-8 各变量信度分析

变量	维度	项目	修正后项目-总体相关性	项目删除后Cronbach's α	Cronbach's α	整体Cronbach's α
感知零售商创新性（PRI）	感知技术创新性（PTI）	PTI	0.800	.	0.889	0.940
		PT2	0.800	.		
	感知产品和服务创新性（PPSI）	PPSI1	0.739	0.815	0.859	
		PPSI2	0.701	0.825		
		PPSI3	0.664	0.834		
		PPSI4	0.641	0.839		
		PPSI5	0.646	0.838		
	感知体验创新性（PEI）	PEI1	0.627	0.797	0.831	
		PEI2	0.631	0.796		
		PEI3	0.652	0.790		
		PEI4	0.624	0.798		
		PEI5	0.609	0.803		
	感知促销创新性（PPI）	PPI1	0.754	.	0.859	
		PPI2	0.754	.		
	感知业态创新性（PFI）	PFI1	0.659	.	0.794	
		PFI2	0.659	.		
假定昂贵（AE）		AE1	0.694	0.800	0.844	
		AE2	0.559	0.836		
		AE3	0.711	0.796		
		AE4	0.685	0.803		
		AE5	0.606	0.825		

续表

变量	维度	项目	修正后项目-总体相关性	项目删除后Cronbach's α	Cronbach's α	整体Cronbach's α
感知质量（PQ）		PQ1	0.686	0.865		
		PQ2	0.666	0.868		
		PQ3	0.678	0.866		
		PQ4	0.683	0.866		0.884
		PQ5	0.701	0.863		
		PQ6	0.688	0.865		
		PQ7	0.605	0.875		
感知牺牲（PS）		PS1	0.862	0.927		
		PS2	0.872	0.925		0.942
		PS3	0.865	0.923		
		PS4	0.845	0.945		
实用价值（UV）		UV1	0.620	0.822		
		UV2	0.578	0.831		
		UV3	0.655	0.816		0.846
		UV4	0.615	0.823		
		UV5	0.663	0.814		
		UV6	0.633	0.820		
再惠顾意愿（RPI）		RPI1	0.795	0.861		
		RPI2	0.814	0.844		0.899
		RPI3	0.793	0.863		
口碑推荐（WOM）		WOM1	0.724	0.863		
		WOM2	0.750	0.853		0.885
		WOM3	0.702	0.876		
		WOM4	0.871	0.822		
钱包份额（SW）		SW1	0.651	0.681		
		SW2	0.586	0.752		0.786
		SW3	0.639	0.695		

4.5.3　效度检验

（1）内容效度

感知零售商创新性量表是严格按照量表开发过程形成的，假定昂贵、感知质量、感知牺牲、实用价值、再惠顾意愿、口碑和钱包份额量表的问卷内容，系依据研究目的，并参考专家学者所提出的成熟量表，经过相关文献分析再加以修正，使问卷内容符合本书要求。因此，问卷在内容效度上应达到一定的水平，即具有内容适当性。

（2）收敛效度

从因素载荷、信度与平均萃取变异量（AVE）三个方面对收敛效度进行评估（Hair 等，2006）。Bagozzi 和 Yi（1988）认为因素负荷量（λ 值）与平均萃取变异量（AVE）应大于 0.5。Jöreskog 和 Sörbom（1988）认为，可以从观测变量因子载荷的显著性程度（t 值）判断，观测变量的因子载荷大于 0.45，并达到显著水平。因此，本书利用 AMOS23.0 软件，对所构建的模型进行验证性因子分析，以因子载荷＞0.45（达到显著水平），且 AVE＞0.5 为标准来判断概念的收敛效度。利用 AMOS27 软件分别对消费者感知零售商创新性、感知价值和口碑推荐进行验证性因子分析（CFA）。

在消费者感知零售商创新性 CFA 模型拟合指标中（见表4-9），卡方值 $\chi^2 = 227.261$，自由度 df=94，$\chi^2/df = 2.418$（P=0.000），RMSEA = 0.041，GFI=0.965，NFI=0.972，CFI=0.983，达到理想水平，表明模型拟合状况良好，模型拟合图如图4-4所示。由表4-10可见，感知零售商创新性各题项的因子载荷均在0.6以上，其 t 值均已达显著水平，平均萃取变异量（AVE）都在参考值0.5以上（PEI≈0.5），组合信度大于0.7，符合可接受标准值（Fornell 和 Larcker，1981），表明消费者感知零售商创新性量表的收敛效度在可接受的范围内。

表4-9　　　　　消费者感知零售商创新性CFA模型拟合指标

拟合度	χ^2	df	χ^2/df	p	RMSEA	GFI	NFI	CFI
拟合值	227.261	94	2.418	0.000	0.041	0.965	0.972	0.983

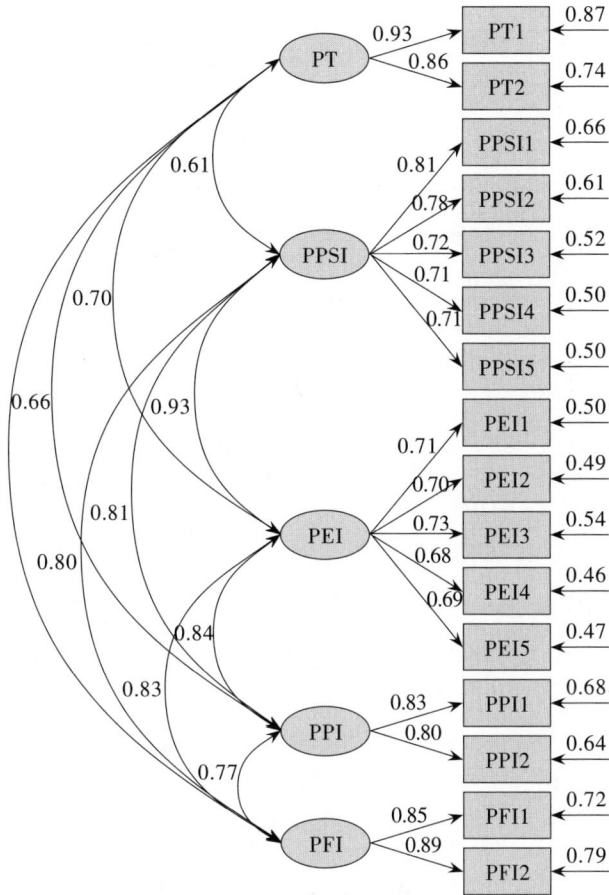

图4-4　消费者感知零售商创新性CFA模型拟合图

表4-10　　消费者感知零售商创新性模型的因子载荷和AVE值

潜变量	问项	标准化因子载荷	标准误差	C.R.	P	AVE	组合信度
PTI	PT1	0.930				0.830	0.890
	PT2	0.860	0.034	27.894	***		
PPSI	PPSI1	0.813				0.559	0.864
	PPSI2	0.781	0.037	25.240	***		
	PPSI3	0.724	0.044	22.868	***		
	PPSI4	0.707	0.042	22.181	***		
	PPSI5	0.708	0.044	22.224	***		

续表

潜变量	问项	标准化因子载荷	标准误差	C.R.	P	AVE	组合信度
PEI	PEI1	0.707				0.493	0.829
	PEI2	0.703	0.053	19.327	***		
	PEI3	0.733	0.053	20.119	***		
	PEI4	0.679	0.050	18.667	***		
	PEI5	0.686	0.051	18.881	***		
PPI	PPI1	0.825				0.659	0.794
	PPI2	0.798	0.041	23.865	***		
PFI	PFI1	0.846				0.755	0.860
	PFI2	0.891	0.034	29.451	***		

注：***表示 P<0.001。

在假定昂贵 CFA 模型拟合指标中（见表 4-11），卡方值 $\chi^2=22.707$，自由度 df=5，$\chi^2/df=4.451$（P=0.000），RMSEA=0.065，GFI=0.990，NFI=0.986，CFI=0.989，达到理想水平，表明模型拟合状况良好，模型拟合图如图 4-5 所示。由表 4-12 可见，假定昂贵各题项的因子载荷均在 0.6 以上，其 t 值均已达显著水平，平均萃取变异量（AVE）在参考值 0.5 以上（PEI≈0.5），组合信度大于 0.7，符合可接受标准值（Fornell和 Larcker，1981），表明假定昂贵量表的收敛效度在可接受的范围内。

表4-11　　　　假定昂贵CFA模型的拟合指数

拟合度	χ^2	df	χ^2/df	p	RMSEA	GFI	NFI	CFI
拟合值	22.707	5	4.541	0.000	0.065	0.990	0.986	0.989

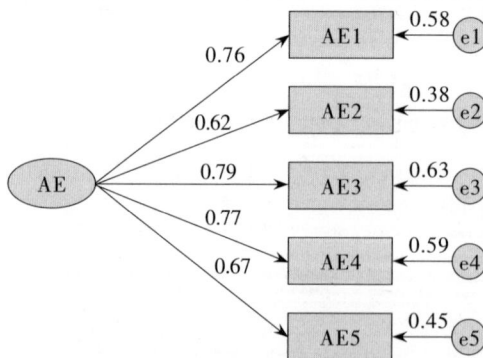

图4-5　假定昂贵CFA模型拟合图

表4-12 感知价值CFA模型因子载荷和AVE值

潜变量	问项	标准化因子载荷	标准误差	C.R.	P	AVE	组合信度
AE	AE1	0.793				0.526	0.846
	AE2	0.616	0.046	16.971	***		
	AE3	0.761	0.047	21.813	***		
	AE4	0.767	0.045	21.187	***		
	AE5	0.673	0.047	18.588	***		

在感知质量CFA模型拟合指标中（见表4-13），卡方值 $\chi^2 = 22.707$，自由度 df $= 5$，$\chi^2/df = 4.451$（P $= 0.000$），RMSEA $= 0.065$，GFI $= 0.990$，NFI $= 0.986$，CFI $= 0.989$，达到理想水平，表明模型拟合状况良好，模型拟合图如图4-6所示。由表4-14可见，感知质量各题项的因子载荷均在0.6以上，其t值均已达显著水平，平均萃取变异量（AVE）在参考值0.5以上（PEI≈0.5），组合信度大于0.7，符合可接受标准值（Fornell和Larcker，1981），表明感知质量量表的收敛效度在可接受的范围内。

表4-13 感知质量CFA模型拟合指标

拟合度	χ^2	df	χ^2/df	p	RMSEA	GFI	NFI	CFI
拟合值	41.788	14	2.985	0.000	0.049	0.986	0.984	0.989

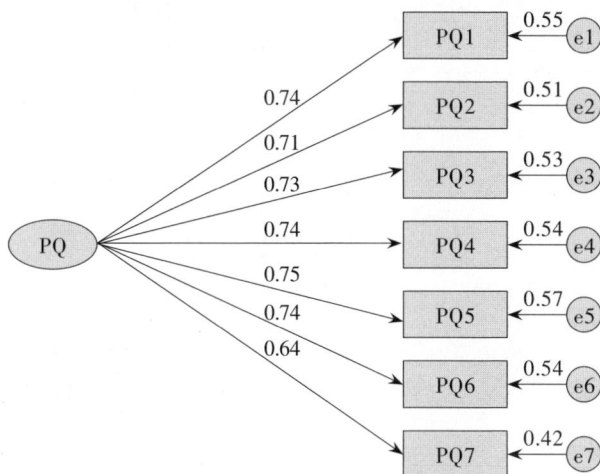

图4-6 感知质量CFA模型拟合图

表4-14　　　　　　　感知质量CFA模型因子载荷和AVE值

潜变量	问项	标准化因子载荷	标准误差	C.R.	P	AVE	组合信度
	PQ1	0.742					
	PQ 2	0.712	0.052	19.961	***		
	PQ 3	0.729	0.052	20.455	***		
PQ	PQ 4	0.736	0.050	20.680	***	0.523	0.884
	PQ 5	0.755	0.051	21.208	***		
	PQ6	0.737	0.051	20.694	***		
	PQ7	0.644	0.051	18.008	***		

　　在感知牺牲CFA模型拟合指标中（见表4-15），卡方值 $\chi^2 = 1.293$，自由度 df = 1，$\chi^2/df = 1.293$（P = 0.255），RMSEA = 0.019，GFI = 0.999，NFI = 1，CFI = 1，达到理想水平，表明模型拟合状况较好，模型拟合图如图4-7所示。由表4-16可见，感知牺牲各题项的因子载荷均在0.7以上，其t值均已达显著水平，平均萃取变异量（AVE）在标准值0.5以上，组合信度大于0.7，符合可接受标准值，表明感知牺牲量表的收敛效度在可接受的范围内。

表4-15　　　　　　　感知牺牲CFA模型的拟合指数

拟合度	χ^2	df	χ^2/df	p	RMSEA	GFI	NFI	CFI
拟合值	1.293	1	1.293	0.255	0.019	0.999	1	1

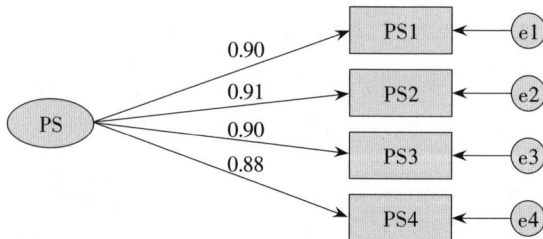

图4-7　感知牺牲CFA模型拟合图

表4-16　　　　　　　感知牺牲CFA模型因子载荷和AVE值

潜变量	问项	标准化因子载荷	标准误差	C.R.	P	AVE	组合信度
PS	PS1	0.886				0.814	0.946
	PS2	0.902	0.026	39.017	***		
	PS3	0.925	0.026	39.450	***		
	PS4	0.895	0.027	37.181	***		

在实用价值CFA模型拟合指标中（见表4-17），卡方值$\chi^2 = 28.166$，自由度$df = 7$，$\chi^2/df = 4.024$（$P = 0.000$），RMSEA $= 0.060$，GFI $= 0.989$，NFI $= 0.984$，CFI $= 0.988$，达到理想水平，表明模型拟合状况良好，模型拟合图如图4-8所示。由表4-18可见，实用价值各题项的因子载荷均在0.6以上，其t值均已达显著水平，平均萃取变异量（AVE）接近参考值0.5，组合信度大于0.7，符合可接受标准值（Fornell和Larcker，1981），表明实用价值量表的收敛效度在可接受的范围内。

表4-17　　　　　　　实用价值CFA模型拟合指标

拟合度	χ^2	df	χ^2/df	p	RMSEA	GFI	NFI	CFI
拟合值	28.166	7	4.024	0.000	0.060	0.989	0.984	0.988

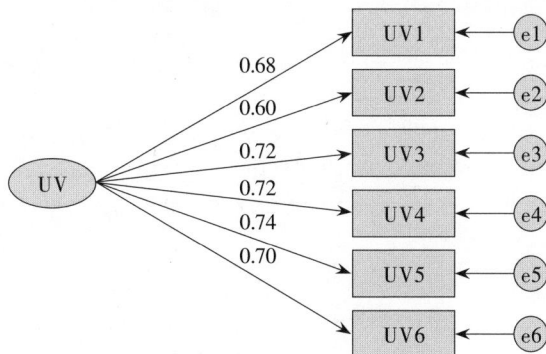

图4-8　实用价值CFA模型拟合图

表4-18 **感知牺牲CFA模型因子载荷和AVE值**

潜变量	问项	标准化因子载荷	标准误差	C.R.	P	AVE	组合信度
UV	UV1	0.679				0.481	0.847
	UV2	0.598	0.054	16.342	***		
	UV3	0.717	0.059	17.046	***		
	UV4	0.721	0.064	16.299	***		
	UV5	0.736	0.060	17.365	***		
	UV6	0.701	0.060	16.770	***		

在再惠顾意图CFA模型拟合指标中（见表4-19），卡方值$\chi^2=0$，自由度df=0，RMSEA=0.785，GFI=1，NFI=1，CFI=1，达到理想水平，表明模型拟合状况良好，模型拟合图如图4-9所示。由表4-20可见，再惠顾意图各题项的因子载荷均在0.6以上，其t值均已达显著水平，平均萃取变异量（AVE）达到参考值0.5以上，组合信度大于0.7，符合可接受标准值，表明再惠顾意图量表的收敛效度在可接受的范围内。

表4-19 **再惠顾意图CFA模型拟合指标**

拟合度	χ^2	df	χ^2/df	p	RMSEA	GFI	NFI	CFI
拟合值	0	0	/	0.000	0.785	1	1	1

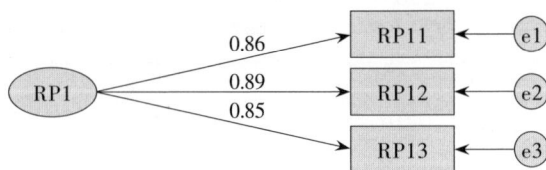

图4-9 **再惠顾意图CFA模型拟合图**

表4-20 **再惠顾意图CFA模型因子载荷和AVE值**

潜变量	问项	标准化因子载荷	标准误差	C.R.	P	AVE	组合信度
RPI	RPI1	0.856				0.749	0.899
	RPI2	0.886	0.033	31.035	***		
	RPI3	0.854	0.033	29.978	***		

在口碑CFA模型拟合指标中（见表4-21），卡方值 $\chi^2=8.672$，自由度 $df=2$，$\chi^2/df=4.336$，RMSEA＝0.063，GFI＝0.995，NFI＝0.997，CFI＝0.998，达到理想水平，表明模型拟合状况良好，模型拟合图如图4-10所示。由表4-22可见，口碑各题项的因子载荷均在0.6以上，其t值均已达显著水平，平均萃取变异量（AVE）达到参考值0.5以上，组合信度大于0.7，符合可接受标准值，表明口碑量表的收敛效度在可接受的范围内。

表4-21 口碑CFA模型拟合指标

拟合度	χ^2	df	χ^2/df	p	RMSEA	GFI	NFI	CFI
拟合值	8.672	2	4.336	0.000	0.063	0.995	0.997	0.998

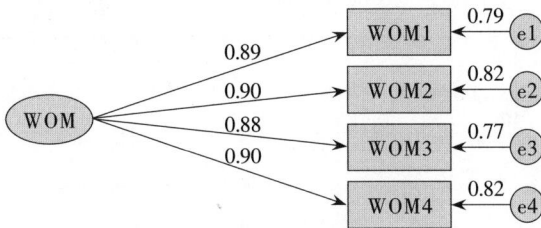

图4-10 口碑CFA模型拟合图

表4-22 口碑CFA模型因子载荷和AVE值

潜变量	问项	标准化因子载荷	标准误差	C.R.	P	AVE	组合信度
WOM	WOM1	0.887				0.798	0.941
	WOM2	0.904	0.026	38.793	***		
	WOM3	0.879	0.027	36.572	***		
	WOM4	0.903	0.026	38.799	***		

在钱包份额CFA模型拟合指标中（见表4-23），卡方值 $\chi^2=0$，自由度 $df=0$，RMSEA＝0.538，GFI＝1，NFI＝1，CFI＝1，达到理想水平，表明模型完全拟合，模型拟合图如图4-11所示。由表4-24可见，口碑各题项的因子载荷均在0.6以上，其t值均已达显著水平，平均萃

取变异量（AVE）达到参考值 0.5 以上，组合信度大于 0.7，符合可接受标准值，表明口碑量表的收敛效度在可接受的范围内。

表4-23 **钱包份额CFA模型拟合指标**

拟合度	χ^2	df	χ^2/df	p	RMSEA	GFI	NFI	CFI
拟合值	0	0	/	0.000	0.538	1	1	1

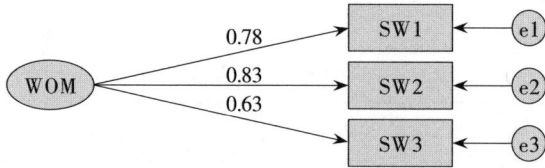

图4-11 钱包份额CFA模型拟合图

表4-24 **钱包份额CFA模型因子载荷和AVE值**

潜变量	问项	标准化因子载荷	标准误差	C.R.	P	AVE	组合信度
SW	SW1	0.788				0.554	0.788
	SW2	0.676	0.053	16.512	***		
	SW3	0.765	0.057	17.035	***		

（3）区别效度

表4-25 的分析结果显示，各构念的平均萃取变异量（AVE）的平方根大于变量间相关系数，表明本研究不同概念具有良好的区别效度。

4.5.4 结构方程模型分析

运用 AMOS26.0 软件进行结构方程模型分析以对模型和假设进行检验。在变量设定时，以假定昂贵、感知质量、感知牺牲、实用价值、消费者忠诚的三个维度（再惠顾意图、口碑和钱包份额）变量为内生变量，这些变量在路径分析模型图中作为依变量，外生变量为消费者感知零售商创新性，这个变量在路径分析模型中作为自变量。

表4-25　　潜变量的相关系数和平均萃取变异量 (AVE) 平方根

	PTI	PPSI	PEI	PPI	PFI	AE	PQ	PS	UV	RPI	WOM	SW
PTI	0.911											
PPSI	0.547**	0.748										
PEI	0.600**	0.793**	0.712									
PPI	0.552**	0.680**	0.682**	0.812								
PFI	0.559**	0.694**	0.704**	0.638**	0.869							
AE	-0.042	0.211**	0.100*	0.175**	0.114*	0.725						
PQ	0.313**	0.505**	0.537**	0.412**	0.419**	0.142**	0.723					
PS	-0.238**	-0.249**	-0.284**	-0.188**	-0.256**	0.359**	-0.299**	0.902				
UV	0.436**	0.540**	0.578**	0.480**	0.530**	0.132**	0.576**	-0.139**	0.694			
RPI	0.328**	0.488**	0.526**	0.420**	0.420**	0.204**	0.545**	-0.043	0.473**	0.865		
WOM	0.167**	0.358**	0.310**	0.338**	0.265**	0.471**	0.354**	0.029	0.287**	0.556**	0.893	
SW	0.059	0.138**	0.145**	0.079*	0.102*	0.013	0.164**	-0.011	0.163**	0.139**	0.058	0.744

注：①**表示在0.01的水平下显著（双尾），*表示在0.05的水平下显著（双尾）。②对角线下方为相关系数矩阵。③对角线数字为各个潜变量的平方差萃取量（AVE）的平方根。

由于各个构面的信度、收敛效度及区别效度均达到可接受的范围，采用单一衡量指标取代多重指标是可行的，因此消费者感知零售商创新性以衡量题项得分的均值作为其得分。如此操作可以有效地缩减衡量指标的数目，而使整体模式的衡量在执行分析时可行，否则若将所有的题项均纳入衡量指标，则会由于涉及变量太多而使得 AMOS26.0 软件无法运行。

表 4-26 呈现的是模型注解，模型的适配度卡方值 $\chi^2=46.796$，自由度 DF＝12，$\chi^2/df=2.148$，显著性概率（p=0.022）达到显著性水平，达到模型可以适配标准，即假设模型图与观察数据相契合。RMSEA＝0.037＜0.08，CFI＝0.995＞0.90，GFI=0.994＞0.90，NFI=0.991＞0.90，均达到模型适配标准，表示假设模型与观察数据能适配。

表4-26 感知零售商创新性对消费者忠诚影响的CFA模型拟合指标

拟合度	χ^2	df	χ^2/df	p	RMSEA	GFI	NFI	CFI
拟合值	19.336	9	2.148	0.022	0.037	0.994	0.991	0.995

表 4-27、图 4-12 显示了各变量关系的标准化回归系数。消费者感知零售商创新性正向影响假定昂贵（β=0.128，sig.=000），假定昂贵正向影响感知质量（β=0.078，sig.=009）和感知牺牲（β=0.440，sig.=000），感知质量负向影响感知牺牲（β=-0.662，sig.=000），感知质量正向影响实用价值（β=0.496，sig.=000），感知牺牲负向影响实用价值（β=-0.249，sig.=000），实用价值正向影响再惠顾意图（β=0.908，sig.=000）、口碑（β=0.513，sig.=000）和钱包份额（β=0.163，sig.=000）。因此，假设 H_2-H_8 均得到证实。

表4-27 多变量关系的CFA模型的标准化回归系数

路径	标准化系数	标准误差	C.R.	P
AE←PRI	0.128	0.044	3.732	***
PQ←AE	0.078	0.026	2.609	.009

续表

路径	标准化系数	标准误差	C.R.	P
PS←AE	0.440	0.032	13.623	***
PS←PQ	−0.662	0.072	−10.475	***
UV←PQ	0.496	0.028	17.791	***
UV←PS	−0.249	0.027	−7.991	***
RPI←UV	0.908	0.054	18.175	***
WOM←UV	0.513	0.046	10.901	***
SW←UV	0.163	0.022	4.803	***
WOM←AE	0.364	0.023	13.550	***

注：***表示P<0.001。

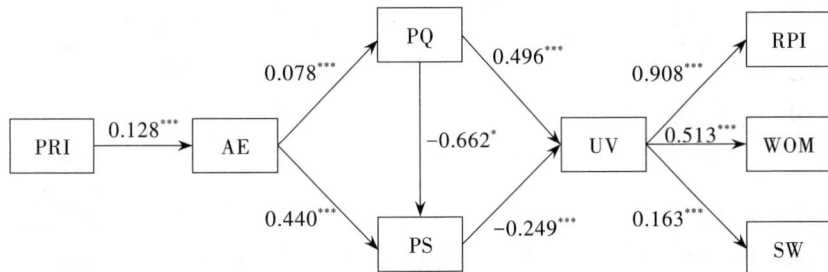

注：***表示P<0.001。

图4-12　消费者感知零售商创新性对消费者忠诚的影响：经济路径

4.5.5　中介效应分析

采用Bootstrap方法（5 000次）检验中介效应。分别以消费者感知零售商创新性为自变量，以再惠顾意图、口碑和钱包份额为因变量，以假定昂贵、感知质量、感知牺牲和实用价值为中介变量，运行SPSS软件的PROCESS插件，引入中介效应模型（模型6）。计算结果分别如表4-28、表4-29、表4-30所示。

表4-28　　消费者感知零售商创新性对再惠顾意图的影响路径

影响路径	标准化效应值	标准误	Boot CI 下限	Boot CI 上限
①PRI→RPI	0.3260	0.0421	0.2434	0.4087
②PRI→AE→RPI	0.2399	0.0297	0.1828	0.2992
③PRI→PQ→RPI	0.0092	0.0048	0.0011	0.0198
④PRI→PS→RPI	0.1746	0.0253	0.1294	0.2293
⑤PRI→UV→RPI	−0.0184	0.0078	−0.0353	−0.0048
⑥PRI→AE→PQ→RPI	0.0487	0.0175	0.0158	0.0837
⑦PRI→AE→PS→RPI	0.0034	0.0018	0.0005	0.0074
⑧PRI→AE→UV→RPI	0.0046	0.0023	0.0010	0.0098
⑨PRI→PQ→PS→RPI	0.0017	0.0010	0.0003	0.0040
⑩PRI→PQ→UV→RPI	−0.0109	0.0044	−0.0203	−0.0030
⑪PRI→PS→UV→RPI	0.0202	0.0072	0.0068	0.0352
⑫PRI→AE→PQ→PS→RPI	0.0048	0.0020	0.0013	0.0092
⑬PRI→AE→PQ→UV→RPI	−0.0002	0.0001	−0.0006	0.0000
⑭PRI→AE→PS→UV→RPI	0.0004	0.0003	0.0000	0.0011
⑮PRI→PQ→PS→UV→RPI	−0.0012	0.0006	−0.0027	−0.0003
⑯PRI→AE→PQ→PS→UV→RPI	0.0028	0.0012	0.0008	0.0054
⑰总效应	0.6134	0.0355	0.5437	0.6831

注：直接效应统计值：t=7.7458，p=0.000；总效应统计值：t=17.2740，p=0.000。

由表4-28可见，在间接效应中，所有路径置信区间均不含0，说明中介效应显著。进一步观察直接效应的Bootstrap95%的置信区间为〔0.2434，0.4087〕，不包含0，说明中介效应为部分中介效应。其中，一个中介变量有三条路径：PRI→AE→RPI、PRI→PQ→RPI、PRI→PS→RPI、PRI→UV→RPI；两个中介变量有六条路径：PRI→AE→PQ→RPI、PRI→AE→PS→RPI、PRI→AE→UV→RPI、PRI→PQ→PS→RPI、PRI→PQ→UV→RPI、PRI→PS→UV→RPI；三个中介变量有四条路径：PRI→AE→PQ→PS→RPI、PRI→AE→PQ→UV→RPI、PRI→AE→PS→UV→RPI、PRI→PQ→PS→UV→RPI；四个中介变量有一条路径：PRI→AE→PQ→PS→UV→RPI。

表4-29　　　　　消费者感知零售商创新性对口碑的影响路径

影响路径	标准化效应值	标准误	Boot CI下限	Boot CI上限
①PRI→WOM	0.2023	0.0406	0.1226	0.2820
②PRI→AE→WOM	0.1528	0.0310	0.0912	0.2140
③PRI→PQ→WOM	0.0486	0.0141	0.0217	0.0766
④PRI→PS→WOM	0.1072	0.0225	0.0653	0.1534
⑤PRI→UV→WOM	−0.0189	0.0077	−0.0357	−0.0054
⑥PRI→AE→PQ→WOM	0.0128	0.0176	−0.0217	0.0483
⑦PRI→AE→PS→WOM	0.0021	0.0011	0.0003	0.0047
⑧PRI→AE→UV→WOM	0.0048	0.0023	0.0011	0.0099
⑨PRI→PQ→PS→WOM	0.0004	0.0007	−0.0008	0.0020
⑩PRI→PQ→UV→WOM	−0.0112	0.0044	−0.0202	−0.0033
⑪PRI→PS→UV→WOM	0.0053	0.0073	−0.0089	0.0201
⑫PRI→AE→PQ→PS→WOM	0.0013	0.0017	−0.0022	0.0048
⑬PRI→AE→PQ→UV→WOM	−0.0002	0.0001	−0.0006	0.0000
⑭PRI→AE→PS→UV→WOM	0.0001	0.0002	−0.0002	0.0005
⑮PRI→PQ→PS→UV→WOM	−0.0003	0.0005	−0.0013	0.0005
⑯PRI→AE→PQ→PS→UV→WOM	0.0007	0.0010	−0.0012	0.0029
⑰总效应	0.3708	0.0358	0.3005	0.4412

注：直接效应统计值：t=4.9820，p=0.000；总效应统计值：t=10.3471，p=0.000。

由表4-29可见，在间接效应中，路径⑥、⑨、⑪、⑫、⑭、⑮、⑯的置信区间均含0，说明这些中介效应不存在。其他路径的置信区间均不含0，进一步观察直接效应的Bootstrap95%的置信区间为［0.1226，0.2820］，不包含0，说明中介效应为部分中介效应。其中，一个中介变量有四条路径：PRI→AE→WOM、PRI→PQ→WOM、PRI→PS→WOM、PRI→UV→WOM；两个中介变量有三条路径：PRI→AE→PS→WOM、PRI→AE→PS→WOM、PRI→AE→UV→WOM；三个中介变量有一条路径：PRI→AE→PQ→UV→WOM。

表4-30　　消费者感知零售商创新性对钱包份额的影响路径

影响路径	标准化效应值	标准误	Boot CI下限	Boot CI上限
①PRI→SW	0.0044	0.0320	−0.0583	0.0671
②PRI→AE→SW	0.0000	0.0051	−0.0104	0.0105
③PRI→PQ→SW	0.0485	0.0219	0.0060	0.0912
④PRI→PS→SW	0.0082	0.0085	−0.0079	0.0263
⑤PRI→UV→SW	0.0345	0.0178	0.0008	0.0708
⑥PRI→AE→PQ→SW	0.0010	0.0007	0.0000	0.0026
⑦PRI→AE→PS→WOM	−0.0021	0.0023	−0.0074	0.0021
⑧PRI→AE→UV→SW	0.0012	0.0009	0.0000	0.0033
⑨PRI→PQ→PS→SW	0.0049	0.0051	−0.0044	0.0157
⑩PRI→PQ→UV→SW	0.0143	0.0074	0.0004	0.0297
⑪PRI→PS→UV→SW	0.0034	0.0019	0.0001	0.0075
⑫PRI→AE→PQ→PS→SW	0.0001	0.0001	−0.0001	0.0004
⑬PRI→AE→PQ→UV→SW	0.0003	0.0002	0.0000	0.0008
⑭PRI→AE→PS→UV→SW	−0.0009	0.0005	−0.0022	0.0000
⑮PRI→PQ→PS→UV→SW	0.0020	0.0011	0.0000	0.0043
⑯PRI→AE→PQ→PS→UV→SW	0.0000	0.0000	0.0000	0.0001
⑰总效应	0.0876	0.0247	0.0391	0.1361

注：直接效应统计值：$t=0.1375$，$p=0.8906$；总效应统计值：$t=3.5486$，$p=0.0004$。

由表4-30可见，在间接效应中，路径②、④、⑦、⑨、⑫的置信区间均含0，说明这些中介效应不存在。其他路径的置信区间均不含0，进一步观察直接效应的Bootstrap95%的置信区间为［−0.0583，0.0671］，包含0，说明中介效应为完全中介效应。其中，一个中介变量有两条路径：PRI→AE→SW、PRI→UV→SW；两个中介变量有四条路径：PRI→AE→PQ→SW、PRI→AE→UV→SW、PRI→PQ→UV→SW、PRI→PS→UV→SW；三个中介变量有三条路径：PRI→AE→PQ→UV→SW、PRI→AE→PS→UV→SW、PRI→PQ→PS→UV→SW；四个中介变量有一条路径：PRI→AE→PQ→PS→UV→SW。

中介效应分析结果显示，感知零售商创新性会通过多重经济路径影响消费者忠诚。一个中介变量的路径有：感知零售商创新性→假定昂贵→忠诚（再惠顾意图、口碑、钱包份额）、感知零售商创新性→感知质量→忠诚（再惠顾意图、口碑）、感知零售商创新性→感知牺牲→忠诚（再惠顾意图、口碑）、感知零售商创新性→实用价值→忠诚（再惠顾意图、口碑、钱包份额）；两个中介变量的路径有：感知零售商创新性→假定昂贵→感知质量→忠诚（再惠顾意图、钱包份额）、感知零售商创新性→假定昂贵→感知牺牲→忠诚（再惠顾意图、口碑）、感知零售商创新性→假定昂贵→实用价值→忠诚（再惠顾意图、口碑、钱包份额）、感知零售商创新性→感知质量→感知牺牲→忠诚（再惠顾意图）、感知零售商创新性→感知质量→实用价值→忠诚（再惠顾意图、钱包份额）、感知零售商创新性→感知牺牲→实用价值→忠诚（再惠顾意图、钱包份额）。三个中介变量的路径有：感知零售商创新性→假定昂贵→感知质量→感知牺牲→忠诚（再惠顾意图）、感知零售商创新性→假定昂贵→感知质量→实用价值→忠诚（再惠顾意图、口碑、钱包份额）、感知零售商创新性→假定昂贵→感知牺牲→实用价值→忠诚（再惠顾意图、钱包份额）、感知零售商创新性→感知质量→感知牺牲→实用价值→忠诚（再惠顾意图、钱包份额）。四个中介变量的路径有：感知零售商创新性→假定昂贵→感知质量→感知牺牲→实用价值→忠诚（再惠顾意图、钱包份额）。因此，H_2-H_8进一步得到证实，同时 H_{1a}、H_{1b} 得到证实，但感知零售商创新性对钱包份额不存在直接效应，即 H_{1c} 未得到证实。

4.5.6　零售业态的调节作用

为了分析零售业态的调节作用，按消费者感知零售商创新性的总样本均值（5.002），将感知零售商创新性分为高（N=484）、低（N=358）两组，并进行独立样本T检验。分组统计量显示：高感知零售商创新性均值＝5.842，标准偏差＝0.477；低感知零售商创新性均值＝3.872，标准偏差＝0.889。初步看来，高感知零售商创新性组比低感知零售商创新性组的分数高出1.970分。查看表4-31所示方差齐性等同性检验结果：F＝82.695，Sig.＝0.000，说明两个子总体的方差不相同。进一步参考均值等同性 T 检验结果：t＝−38.058，df＝490，T 检验的结果显示 Sig.＝0.000，所以有足够的理由说明两个子总体的均值不等，即高感知零售商创新性组、低感知零售商创新性组的平均分数存在显著差异。

表4-31　　　　　　　感知零售商创新性独立样本T检验结果

		方差齐性等同性检验		均值等同性T检验					差值95%置信区间	
		F	Sig.	T	DF	Sig.	平均值差值	标准误差差值	下限	上限
PRI	假定等方差	82.695	0.000	−41.358	840	0.000	−1.969	0.048	−2.063	−1.876
	不假定等方差			−38.058	507.917	0.000	−1.969	0.052	−2.071	−1.868

以消费者感知零售商创新性、业态类型及其它们的乘积（消费者感知零售商创新性×零售业态）为自变量，以假定昂贵为因变量进行GLM回归分析。由表4-32可知，模型的拟合度较好（修正的 R^2=0.226），观测变量可以被模型较好地解释（F=5.418，Sig.=0.000<0.05，R^2=0.031）。在 0.05 的显著水平下，消费者感知零售商创新性与零售业态对假定昂贵有显著的交互作用（F=4.108，P=0.017）。

表4-32　　感知零售商创新性与零售业态对假定昂贵的交互作用检验结果

源	Ⅲ类平方和	自由度	均方	F	sig
修正模型	61.144	5	12.229	5.418	0.000
截距	14 311.282	1	14 311.282	6 340.607	0.000
感知零售商创新性	0.335	1	0.335	0.149	0.700
业态分类	38.818	2	19.409	8.599	0.000
感知零售商创新性×业态分类	18.543	2	9.271	4.108	0.017
误差	1 886.922	836	2.257		
总计	17 601.040	842			
修正后总计	1 948.066	841			

a.R^2 = 0.031（调整后 R^2 =0.026）

图 4-13 呈现了感知零售商创新性和零售业态对假定昂贵的交互效应，即感知零售商创新性对假定昂贵的影响因零售业态而异，即超级市场对消费者感知零售商创新性和假定昂贵关系的影响，超级市场次之，便利店最小。这与初始假设 H_8 中"便利店次之，超级市场最小"有一些出入，可能的原因有：一般来说，超级市场通常提供一站式购物，而便利店倾向于满足消费者更特殊的需求（Gauri 等，2008；Talukdar 等，2010）。大型超市购物者每次购物都要花费更多的时间和金钱（Reynolds 等，2002；Kahn 和 McAlister，1997），他们通常会带着商品更广泛的清单进入，当他们在整个商店购买这些商品时，会接触到多种店内刺激，这些刺激可能会导致冲动性购买（Kollat 和 Willett，1967）。消费者还为购物之旅留出了更多的时间，以使自己有更多的时间接触和处理影响他们购买计划外商品的店内刺激（Whan 等，1989）。因此，在超市购物的顾客更有可能受到店内创新刺激的影响，而对于便利店，这些刺激影响较小。

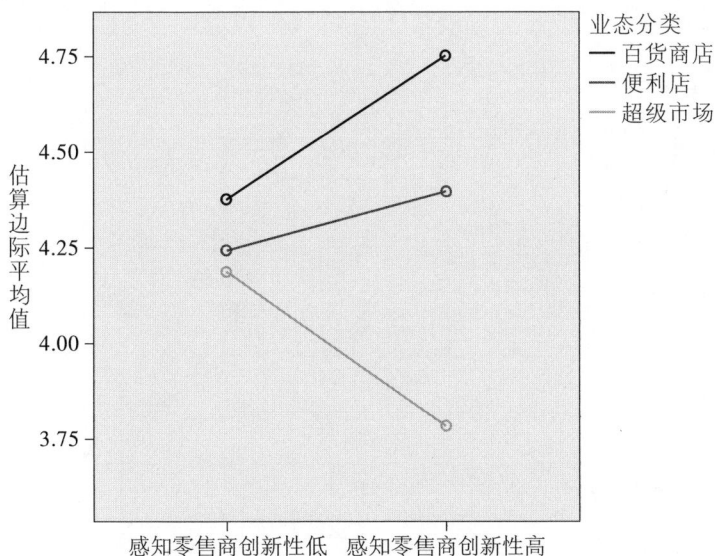

图 4-13　零售业态对消费者感知零售商创新性和假定昂贵的调节作用

4.6　研究小结

　　本章基于S-E-D理论、价格-感知质量模型和线索利用理论（Cox，1964），构建了消费者感知零售商创新性对消费者忠诚（再惠顾意图、口碑和钱包份额）产生影响的经济路径理论模型，并在这种作用路径中引入零售业态调节变量。实证分析结果表明，消费者感知零售商创新性对再惠顾意图和口碑有直接的正向影响，并通过假定昂贵、感知质量、感知牺牲、实用价值这四个变量中的一个或多个中介变量对再惠顾意图、口碑和钱包份额产生间接影响；在这些变量关系中，感知零售商创新性正向影响假定昂贵，假定昂贵正向影响感知质量，假定昂贵正向影响感知牺牲，感知牺牲负向影响实用价值，实用价值对再惠顾意图、口碑和钱包份额产生显著的正向影响。此外，零售业态在感知零售商创新性对消费者忠诚作用路径的前半段（感知零售商创新性→假定昂贵）中有调节作用，百货商店影响最大，超级市场影响次之，便利店影响最小。

5 消费者感知零售商创新性对消费者 忠诚的影响：情感路径

5.1 问题提出

从2015年开始，由于经济增速的不断放缓和电子商务经济的冲击，传统实体零售业经济不断下滑，"关店潮"现象频繁发生。以连锁零售企业为例，如图5-1所示，2015—2021年间，综合商品销售额整体呈下降趋势。另据中国商业联合会和中华全国商业信息中心的统计数据显示，2022年中国商业零售百强企业的销售规模为3.3万亿元，同比下降了4.2%。百货店、专业店、购物中心和奥特莱斯分别占百强销售规模的比重为32.5%、9.6%、3.0%和1.2%，同比增速分别下降了9.3%、20.2%、0.9%和3.0%。"关店潮"标志着实体零售进入发展瓶颈，程序化扩店即可获得利润的时代已经过去，需要寻求新的生存之道（陈钰，2017）。

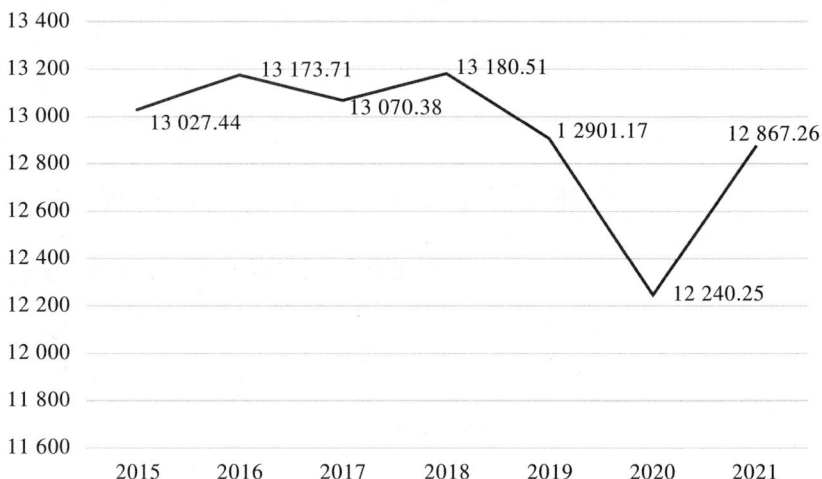

图5-1　连锁零售企业综合零售商品销售额（2015—2021年）

创新是企业获得竞争优势的重要源泉（Kunz等，2011），是一个帮助零售企业走出困境的有效方法（唐雪莲，2021；陈钰，2017；Lin，2015；彭岚，2020；Fu和Elliott，2013）。有些零售企业努力通过供应链创新、技术创新、服务创新等方式满足不同用户的消费需求（唐雪莲，2021），取得了一定的竞争优势。

学者们从企业视角对零售商创新展开了大量的研究，然而消费者视角对创新主观感知与企业视角的创新活动存在显著差异（Calantone等，2006）。消费者是企业创新活动的最终接受对象，从消费者视角研究企业创新活动引起了学术界的高度关注。Kunz等（2011）从消费者角度提出感知企业创新概念，Lin等（2013）将其引入零售商行业，提出感知零售商创新性，并在后续的研究中从消费者视角对感知零售商创新性进行了很多有益的探索（Lin，2015；2016），然而现有文献仍存在以下三个方面的理论欠缺：

第一，感知零售商创新性是怎样影响感知价值的？它影响了什么价值？尽管Lin（2016）提出并实证检验了"感知零售商创新性-感知价值-消费者行为"的理论框架，但是并没有回答这两个问题。"认知-情感-行为"理论框架认为人在面对客观事物时，首先会收集对象的各种信息来建立自己的认知，对认知进一步评价形成自己的情感，进而影响行为决策（Bagozzi 等，2001）。作为一种主观认知和评价，消费者感知零售商创新性也可能会通过消费者情感来对消费者行为产生影响。

第二，感知零售商创新性驱动了消费者何种忠诚？消费者忠诚是营销管理中的重要研究内容，是决定企业是否获得收益的关键因素（胡明瑶，2017）。Lin 等（2013）提出了感知零售商创新性积极影响消费者忠诚的概念模型，但并未回答感知零售商创新性驱动了消费者何种类型的忠诚。

第三，忽视了销售人员的作用。情境因素（如消费者创新性、消费者参与等方面）可能会对消费者感知创新性的作用结果产生影响（郑宇，2020）。在传统零售店中，销售员是零售店中与顾客接触的第一人，其行为会影响消费者的情感态度（Bitner，1992）。消费者感知零售商创新性越高，感知风险水平也会越高（董晓舟，2020），此时消费者一般会通过信息搜寻来降低感知风险（张喆、胡冰雁，2014）。如果销售员响应性低，那么感知风险会继续提高（钟苗苗，2016），这会触发消费者的自我保护意识。为了自我保护，消费者可能会切断与零售店铺的联系，包括情感联系（曾旺明、李蔚，2008）。可见，销售员响应性使感知零售商创新性与消费者-零售商情感的关系具有不确定性，有必要将这个变量引入到感知零售商创新性与消费者行为关系的研究中。

因此，本章基于认知-情感-行为理论和人际互动理论，主要探讨消费者感知零售商创新性对消费者忠诚（再惠顾意图、口碑和钱包份额）产生影响的情感路径，并在这种作用路径中引入销售员响应性调节变量。

5.2 理论基础和研究模型

认知-情感-行为理论（Cognition-Affect-Conation Pattern）是一个重要的心理学理论。其中，认知表示主体对特定对象的观点、评价；情感是主体基于认知所产生的感受；行为则是主体在认知和情感基础上决策的行为倾向（Bagozzi 等，2001）。此理论描述了从认知到行为的路径，为解释决策行为提供了一个全新框架。梅雪芹（2018）基于认知-情感-行为理论发现消费者感知老字号品牌创新性会通过情感对购买意愿产生显著正向影响。孙路平（2017）基于认知-情感-行为理论框架发现消费者对企业的善因营销会通过情感依恋进一步影响消费者忠诚意愿。李琪和王璐瑶（2016）运用认知-情感-行为理论框架，发现消费者在网购时对风险和价值的认知会对消费者的信任和满意分别产生负向和正向的影响，会进一步影响消费者的重购意愿。

零售商创新在一定程度上释放了该企业具有满足消费者需求能力的信号（Lin，2016），而消费者一般是信息劣势方，会通过这些信号，来形成自己对零售商的认知评价。根据"认知-情感-行为"理论框架，消费者形成自己的认知评价后，会产生相应的情感，进一步决定应对行为（Bagozzi 等，2001）。消费者感知零售商创新是消费者对企业整体创新能力的认知，这会对消费者情感的产生具有一定的影响（Moore 和 Graefe，1994）。积极情绪扩展理论认为处在正向情感联系中的消费者，对感知到的价值也会进行更积极的评估（Fredrickson，1998）。当消费者与零售商进行多次互动产生了消费者零售商情感后，更容易提升自己对所获价值的评估，感知价值是影响消费者忠诚行为的重要因素（Caber 等，2020；张千帆等，2018）。

在服务接触中，与员工的互动会使顾客经历如高兴和喜悦、温暖和满足、愤怒和挫折、失望和后悔等一系列的情感反应。服务人员能为顾客提供对服务期望的线索，帮助顾客对公司进行分级，或是形成对服务接触的先前态度和期望（Solomon 等，1985）。服务人员的专业知识及友善的态度可以促进顾客在购物的过程中更加流畅、解决消费者可能面临的问题，进而增强消费者在购物时的正面情绪（Baker 等，1992，1994）。服务接触中员工与顾客的人际沟通质量对顾客的情感反应和消费体验具有决定性影响（Solomon 等，1985）。当销售员对顾客作出不同的响应时，消费者感知零售商创新性对感知价值的作用效果可能会存在差异。

因此，本书提出如图5-2所示的理论模型。

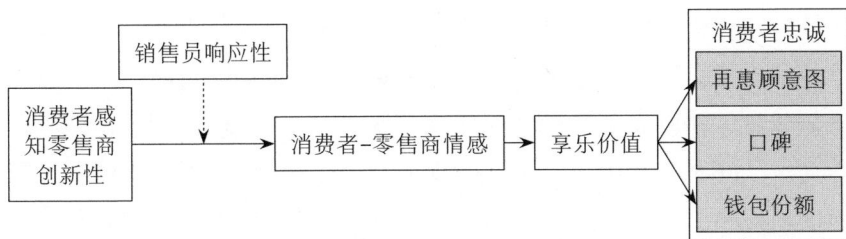

图 5-2　研究模型

5.3　研究假设

5.3.1　消费者感知零售商创新性对消费者忠诚的影响

消费者会将创新性视为企业的积极特征，从而有助于对企业产生积极评价（Niedrich 和 Swain，2003）。根据线索利用理论，目标物体的一些特征如果具有预测性和可信性，那么可以成为判断目标其他属性的线索（Olsen，1972）。此外，以前的实证研究表明，当一些属性信息缺失时，消费者会使用联想来推断这些属性特征（Brown 和 Dacin，1997）。例如，公司名称可以是质量和可信度等企业属性的信号（Walsh 和 Beatty，2007）。感知零售商创新性也可以作为其他属性的信号，因为随着时间的推移，创新性强的企业有成功和有意义的解决方案的"记录"，消费者可能会推断，企业将能够有效地完成所有任务。

创新性水平是主观的，因为它取决于消费者基于他们对企业创新活动的信息、知识和经验的感知。创新性的主要特征包括新颖性、独特性和消费者心目中的差异性。因此，当企业给消费者提供刺激和使其激动，提供新体验，并影响他们的消费模式时，消费者更有可能认为它是创新的。消费者感知企业创新性强，他们将刺激视为一种有意义的体验，从而对企业及其服务持积极态度，这最终会影响行为（Choi 和 Kim，2020）。

Ajzen 和 Fishbein（1977）认为，对某个物体的态度可以由主观价值观和信仰产生。因此可以推断，感知创新性反映了消费者的主观价值观和信念，它在态度的形成中起着重要作用。先前的研究也表明，感知创新性与态度之间存在正相关关系。例如，Watchravesringkan 等（2010）研究发现，感知创新性会对使用科技时尚产品的态度产生积极影响。Boisvert 和 Ashill（2011）通过 664 个服务业样本的实证研究表明，感知到的创新性是态度的重要预测变量。其他类似研究发现，感知创新性与行为意图之间存在正相关关系。例如，O'Cass 和 Carlson（2012）利用 370 位消费者调查了消费者对网站创新性的看法如何影响网站忠诚度。他们发现，消费者对网站创新性的认知有助于形成网站忠诚度。Slade 等（2015）使用 268 个消费者样本来确定创新性和行为意图之间的关系，研究结果表明，在远程移动支付的背景下，感知创新性对使用远程移动支付的行为意图有正向影响。Jin 和 Huffman（2015）研究发现，感知餐馆创新性正向影响顾客忠诚。Lin 等（2013）基于便利店的访谈资料，构建了感知便利店零售商创新性-感知价值-顾客忠诚的理论模型。此外，根据对忠诚的解释，忠诚可以细分为再惠顾意愿、口碑和钱包份额三个维度。再惠顾意愿、口碑和钱包份额都是消费者忠诚的表现形式（Day，1969；Zeithaml 等，1996），因此当零售商表现出高水平的创新性时，消费者会表现出高度的忠诚，他们愿意产生再惠顾意愿、口碑，加大钱包份额（杨志勇，2011）。

基于上述分析，提出：

H_1：消费者感知零售商创新性正向影响消费者忠诚

H_{1a}：消费者感知零售商创新性正向影响消费者再惠顾意愿

H_{1b}：消费者感知零售商创新性正向影响口碑

H_{1c}：消费者感知零售商创新性正向影响消费者钱包份额

5.3.2　消费者感知零售商创新性对消费者-零售商情感的影响

尽管对认知与情绪的关系存在不同看法，但是早期研究主要突出认知对情绪的影响，研究设计和研究结果均以认知是情绪和基础为中心（李炳全，2011），认为认知评价是所有情绪状态的构成基础和组成特征。鉴于消费者与企业之间的情感联结，Yim 等（2008）提出了消费者-企业情感（Customer-Firm Affection）概念，消费者-企业情感反映了一种长久的情感联结，这种情感通常是通过多重正面体验和互动来实现的。当刺激被评价为与重要的消费目标相一致时，就会产生正面情感（Johnson 和 Stewart，2005）。在零售商环境下，也存在类似的情感关系，即"消费者-零售商情感"，它是消费者对零售商所形成的一种强烈的情感关系。消费者因为喜欢零售商的创新性等某一个特性，也能够与零售商形成较为强烈的情感关系（杨德锋等，2012）。

此外，在购物过程中，效用最大化是消费者的第一需要。企业创新性向消费者传达了企业具有可以满足客户需求能力的信息（Lin，2016）。消费者感知零售商创新的能力越高，产生的预期效用评估越高（Shankar 等，2003）。也就是说，当感知零售商创新性水平越高时，消费者会认为该零售商越能满足其需要，而满足消费者需要是零售商与消费者情感关系建立的主要动力（陆卫明、李红，2010）。因此消费者感知零售商创新水平高，会促进消费者-零售商情感的建立（Moore 和 Graefe，1994）。

基于上述分析，提出：

H_2：消费者感知零售商创新性正向影响消费者-零售商情感

5.3.3 消费者-零售商情感对享乐价值的影响

消费者-零售商情感是一种积极正向的情感联结，是一种持续的喜欢（Yim 等，2008）。当消费者-零售商情感产生时，此时消费者就处于与零售店稳定良好的亲密关系中（Yim 等，2008），这会使消费者感到快乐、幸福、满足（杨柳、黄敏儿，2022）。按照积极情绪扩展理论，当消费者处于积极的情感状态下会感到快乐、满足，能够促进其对感知到的价值进行更积极的评估（Fredrickson，1998），顾客情感积极影响感知价值（侯志强、曹咪，2020）。Holbrook 和 Schindler（2003）进一步发现，正向的情感关系会通过积极影响消费者的感知价值来塑造消费者的体验。

基于上述分析，提出：

H_3：消费者-零售商情感正向影响享乐价值

5.3.4 享乐价值对消费者忠诚的影响

消费者忠诚是营销管理中的重要角色，也是决定企业是否获得收益的关键因素（胡明瑶，2017）。研究发现消费者忠诚受到感知价值的驱动（苏振兴，2017），即消费者感知到自己获得的价值越大，行为就会越忠诚；反之，消费者感知价值越低，就越会放弃购买该产品，转入能获得更高价值的产品或服务（Anderson 和 Srini.，2003）。

再惠顾意愿能够有效地衡量消费者对零售商的认可程度并预测消费者再购买行为。态度理论表明，态度会受情绪、心情和情感的影响（例如，Dick 和 Basu，1994），人们被认为会对提供心理奖励的经历形成积极的态度（Katz，1960），比如那些可能在愉快的购物体验中发现的体验。环境心理学的研究表明，商店中的情感体验可能是接近或回避动机的重要前因，如再惠顾意图（Donovan 和 Rossiter，1982），因此享乐价值应该与再惠顾意图有关。

在零售环境中，口碑被认为是一种可靠而强有力的信息来源，口碑是对消费情境的情感反应的结果（Swan 和 Oliver，1989）。口碑源于消费者体验到的产品/使用参与度的提高，这反过来又产生了通过与他人分享经验来缓解的心理紧张感（Dichter，1966；Westbrook，1987）。

钱包份额既可以衡量客户价值，也可以评价客户忠诚（刘东胜，2010）。消费者感知价值越高，消费者就会越满意（胡冰洁，2013）。在享乐主义环境中体验到积极的消费相关情绪的人被认为会形成非常强烈的承诺（Hirschman 和 Holbrook，1982），Chen 等（2016）发现，在用户的购买意愿和社交商业的持续使用中，享乐价值观比功能价值观发挥着更关键的作用，享乐价值也显著影响客人对移动酒店预订技术的持续使用行为意图（Ozturk 等，2016）。

基于上述分析，提出：

H_4：享乐价值正向影响消费者忠诚

H_{4a}：感知价值正向影响消费者再惠顾意愿

H$_{4b}$：感知价值正向影响消费者口碑推荐

H$_{4c}$：感知价值正向影响消费者钱包份额

5.3.5 销售员响应性的调节作用

销售员响应性是指销售员为顾客提供服务的意愿和热情，它是服务质量的一个维度（Parasuraman 等，1988）。销售员响应性是服务接触过程中的一个直接接触点，能够提升顾客满意度，增强顾客-企业认同（Tung 等，2017）。

Dabholkar 等（1996）认为商店中顾客与服务员之间个人互动十分重要，并提议将这种互动引入零售服务质量模型中。Vázquez 等（2001）也提出类似的建议，认为商店员工除了要为顾客提供帮助并对顾客的要求作出回答之外，在回答顾客问题时应有的礼貌和知识也是十分重要的。Iacobucci 和 Hibbard（1999）认为，这种人际互动可能会对顾客对服务者及服务者所在公司的认知有强烈的影响，在服务接触中顾客与员工的互动会使顾客经历如高兴和喜悦、温暖和满足、愤怒和挫折、失望和后悔等一系列的情感反应。服务人员能为顾客提供对服务期望的线索，帮助顾客对公司进行分级，或是形成对服务接触的先前态度和期望（Solomon 等，1985）。服务人员的专业知识及友善的态度可以促进顾客在购物的过程中更加流畅地解决消费者可能面临的问题，进而增强消费者在购物时的正面情绪（Baker 等，1992，1994）。服务接触中员工与顾客的人际沟通质量对顾客的情感反应和消费体验具有决定性影响（Solomon 等，1985）。

按照情绪感染理论，社会互动过程中一方的情绪状态可能会转移给另一方（Pugh，2001），其转移可以同时发生在有意识和无意识两个水平上：一方面，沟通主体将对方所表达出来的情绪信号无意识地融入到自己的情绪系统；另一方面，他们主动把握对方的情绪状态及其所要表达的情感意义，并以此为基础形成或调整自己的情绪状态（Barsade，2002）。在服务互动中，员工和顾客之间的情绪感染现象十分普遍（杨锴，2011），员工友好的情感展露能够通过情绪感染来促进顾客积极的情绪状态和行为响应。而且，如果消费者感知高零售商创新性，感知风险可能也较大，销售员的积极响应会降低消费者不确定性水平和感知风险水平（Berger和Calabrese，1975），进而增强消费者的情感信任。因此，在高销售员响应性条件下，由零售商创新性刺激而引发的积极情绪和正面情感将会增强；相反则会导致消费者产生负面情绪（胡矗明，2014）。

因此，本书提出：

H_5：销售员响应性正向调节感知零售商创新性与消费者-零售商情感的关系。

5.4 研究设计

5.4.1 变量测量与编码

本章的测量变量主要包括消费者感知零售商创新性、消费者-零售商情感、享乐价值、销售员响应性、再惠顾意图、口碑和钱包份额。此外，还包含性别、年龄、收入、职业、受教育程度等社会人口统计变量。其中，消费者感知零售商创新性变量采用本书第1章开发的量表，共5个维度16个问项。再惠顾意图、口碑和钱包份额这三个变量采用第2章的操作方法，再惠顾意图变量的测量参考Zolfgharian和Paswan（2009）的量表，共3个测量问项。口碑变量的测量参考Alhidari等（2015）的量表，共4个问项。钱包份额变量的测量参考De Wulf等（2001）的量表，共3个测量问项。

Yim和（2008）提出并概念化消费者-企业情感这一概念，在零售商环境中，也存在类似的情感关系，即消费者对零售商形成一种强烈的情感关系（杨德锋等，2012）。消费者-零售商情感变量的测量参考（Choi和Choi，2014）的量表，包括3个测量问项。享乐价值变量的测量参考Olsen和Skallerud（2011）的量表，包括3个测量问项。销售员响应性量表的测量参考Theoharakis等（2009）的量表，包括3个测量问项。

本章核心变量的测量问项及其来源见表5-1。

表5-1   **变量测量问项**

变量及编码	测量问项及编码	问项来源
消费者- 零售商情感 （SRA）	总体来说，我对这家零售商店怀有深情（SRA1）	Choi 和 Choi （2014）
	我对这家零售商很友好（SRS2）	
	我喜爱这家零售商（SRA3）	
享乐价值 （UV）	在这家零售商店购物是我为了让自己更好而做的事情 （HV1）	Olsen 和 Skallerud （2011）
	在这家零售商店购物可以释放压力（HV2）	
	在这家零售商店购物就像逃离了日常生活（HV3）	
销售员响应性 （ER）	这家零售商店的销售员能迅速回复我的询问（ER1）	Theoharakis 等 （2009）
	这家零售商店的销售员能迅速满足我的要求（ER2）	
	这家零售商店的销售员能快速把商品交付给我（ER3）	
再惠顾意图 （RPI）	将来我愿意再次光顾这家零售商店（RPI1）	Zolfgharian 和 Paswan （2009）
	将来我打算持续去这家零售商店购物（RPI2）	
	我愿意将这家零售商店推荐给亲友（RPI3）	
口碑 （WOM）	我鼓励朋友和亲戚在这家零售商店买东西（WOM1）	Alhidari 等 （2015）
	有人寻求我的建议时，我推荐这家零售商店（WOM2）	
	我向很多人推荐过这家零售商店（WOM3）	
	我向朋友提起过这家零售商店（WOM4）	
钱包份额 （SW）	在您购物时，相比于其他同类型商店，选择这家店的 频率是（SW1）	De Wulf 等 （2001）
	您在这家店购买上述类别商品的支出占购买此类别商 品总支出的比例（SW2）	
	在最近10次的线下购物中，您到这家商店购物的次数 是多少（SW3）	

5.4.2　问卷设计

调查问卷主要包括四个部分：第一部分为导语，向被调查对象讲述本次调研的主要内容，邀请被调查对象认真且放心填写。第二部分为筛选题项，设计了2个问题，分别是"请您仔细回想最近一次的线下购物经历，并填写这家零售商店的名称_____"和"请您仔细回想最近一次，您在这家零售商店购买的3种不同类别商品的名称_____"。第一题是为了确保被调查者近期有传统零售店的购物经历；第二题是为了区分被调查者惠顾的零售业态类型。第三部分为问卷的主体部分，主要用来测量本章涉及的核心变量，这些变量分别是感知零售商创新性、消费者-零售商情感、享乐价值、再惠顾意愿、钱包份额、口碑和销售员响应性等。第四部分为人口统计变量，主要包括性别、年龄、月平均收入和学历水平等。

采取7级李克特量表对这些变量进行测量，其中"1"表示非常不同意，"2"表示很不同意，"3"表示稍不同意，"4"表示不确定，"5"表示稍同意，"6"表示很同意，"7"表示非常不同意。

5.4.3　数据收集

调查数据的收集采取线上与线下结合的方式，主要原因是：一是受疫情影响，大规模的线下调查难度较大；二是减小研究样本的误差，尽可能选取不同地区、不同消费水平的消费者作为被调查者。线上调查主要通过问卷星APP生成问卷链接，并将链接转发至微信朋友圈、同学群等方式完成。线下调查主要在大连、西安进行，西安涉及的零售商店主要包括万达广场、印象城、每一天便利店、人人乐超市，大连涉及的主要零售商店主要包括锦辉商城、百盛购物中心、友谊商城、罗森、良友金伴、旺达、大商鲜生、华联超市、华润万家、比优特超市、乐哈哈、大商新玛特超市等。为了感谢参与被调查者，赠送填写问卷者价值约3元的小礼物。

调查时间为2022年6月10日—2022年7月5日，共发放问卷620份，有效问卷共计527份，问卷有效率85%。其中线下发放200份，有效问卷 131 份，问卷有效率为 65.5%；线上发放 450 份，有效问卷 396 份，问卷有效率为 88%。

5.5 实证结果分析

5.5.1 描述性统计分析

有效样本的人口统计情况如表 5-2 所示：在性别方面，女性占 62.24%，男性占 37.76%，这一方面可能表明女性更愿意购物，同时也表明在填写问卷时女性可能更有耐心并愿意花费时间参与调查。在年龄方面，集中分布在 18~30 岁，以年轻人为主，其中 18~25 岁占比 42.13%、26~30 岁占比 29.60%，反映了年轻消费者具有较强的消费能力；31~40 岁占总体样本的 16.32%，18 岁以下占 4.17%，41~50 岁占比 5.88%、50 岁以上所占比重为 1.90%。在学历方面，被调查者的学历主要集中在本科或同等学力上，所占比例为 48.20%，其他学历所占比例依次为：大专或同等学力（26.94%）、研究生及以上（13.09%）、高中及以下（11.77%）。在月收入方面，被调查者的收入主要集中在 3 001 ~ 6 000 元，所占比例为 43.83%，表明整体消费水平适中；其他收入分别占比为：收入 1 501 ~ 3 000 元的占 25.81%，收入 6 001 ~ 8 000 元的占 12.90%，收入 1 500 元以下的占 9.68%，收入 8 000 元以上的占 7.78%。在零售店业态方面，便利店、超市、百货店所占比例较为均匀，分别为 29.64%、28.3% 和 37.86%。

表5-2 有效样本描述性统计

人口统计学变量		频数	百分比
性别	男	199	37.76
	女	328	62.24
年龄	18岁以下	22	4.17
	18~25岁	222	42.13

续表

人口统计学变量		频数	百分比
年龄	26~30 岁	156	29.60
	31~40 岁	86	16.32
	41~50 岁	31	5.88
	51~60 岁	6	1.14
	60 岁以上	4	0.76
受教育程度	高中及以下	62	11.77
	大专或同等学力	142	26.94
	本科或同等学力	254	48.20
	研究生及以上	69	13.09
收入水平	1 500 以下	51	9.68
	1 501~3 000 元	136	25.81
	3 001~6 000 元	231	43.83
	6 001~8 000 元	68	12.90
	8 000 元以上	41	7.78
近期线下光顾零售店业态	便利店	157	29.79
	超市	149	28.27
	百货店	199	37.76
	其他	22	4.18

5.5.2 信度分析

信度分析结果如表 5-3 所示，各变量的 Cronbach's α 值均在标准值 0.8 以上，具有较高的可靠性。各问项的 CITC 均大于 0.5，且删除后 Cronbach's α 值没有明显提升。因此，感知零售商创新性、感知价值、口碑推荐量表均具有较高的信度水平，通过检验。

表5-3 各变量信度分析

变量	维度	项目	修正后项目-总体相关性	项目删除后Cronbach's α	Cronbach's α	整体Cronbach's α
感知零售商创新性（PRI）	感知技术创新性（PTI）	PTI	0.765		0.865	0.925
		PT2	0.765			
	感知产品和服务创新性（PPSI）	PPSI1	0.793	0.857	0.893	
		PPSI2	0.773	0.862		
		PPSI3	0.791	0.858		
		PPSI4	0.666	0.885		
		PPSI5	0.670	0.885		
	感知体验创新性（PEI）	PEI1	0.712	0.829	0.864	
		PEI2	0.579	0.862		
		PEI3	0.728	0.825		
		PEI4	0.711	0.829		
		PEI5	0.697	0.833		
	感知促销创新性（PPI）	PPI1	0.856		0.922	
		PPI2	0.856			
	感知业态创新性（PFI）	PFI1	0.911		0.953	
		PFI2	0.911			
消费者-零售商情感（SRA）		SRA1	0.766	0.862	0.891	
		SRA2	0.836	0.803		
		SRA3	0.759	0.869		
享乐价值（HV）		HV1	0.721	0.764	0.841	
		HV2	0.723	0.763		
		HV3	0.676	0.808		
再惠顾意图（RBI）		RBI1	0.692	0.733	0.820	
		RBI2	0.700	0.730		
		RBR3	0.636	0.796		

续表

变量	维度	项目	修正后项目-总体相关性	项目删除后Cronbach's α	Cronbach's α	整体Cronbach's α
口碑（WOM）		WOM1	0.785	0.863		0.900
		WOM2	0.802	0.853		
		WOM3	0.785	0.876		
		WOM4	0.738	0.822		
钱包份额（SW）		SW1	0.741	0.781		0.854
		SW2	0.748	0.775		
		SW3	0.688	0.831		
销售员响应性（ER）		ER1	0.665	0.815		0.839
		ER2	0.751	0.730		
		ER3	0.695	0.787		

注：本章及后续章节对变量重新编码，项目序号与第1章略有不同。

5.5.3 效度检验

（1）内容效度

感知零售商创新性量表是严格按照量表开发过程形成的，消费者-零售商情感、享乐价值、再惠顾意图、口碑、钱包份额和销售员响应性的问卷内容，系依据研究目的，并参考专家学者所提出的成熟量表，经过相关文献分析再加以修正，使问卷内容符合本书要求。因此，本章问卷在内容效度上应达到一定的水平，即问卷具有内容适当性。

（2）收敛效度

从因素载荷、信度与平均萃取变异量（AVE）三个方面进行评估（Hair等，2006）。Bagozzi和Yi（1988）认为因素负荷量（λ值）与平均萃取变异量（AVE）应大于0.5。Jöreskog和Sörbom（1988）认为，可以从观测变量因子载荷的显著性程度（t值）判断，观测变量的因子载荷大于0.45，并达到显著水平。因此，本章利用AMOS23.0软件，对所构建的模型进行验证性因子分析，以因子载荷>0.45（达到显著水平），且AVE>0.5为标准来判断概念的收敛效度。利用AMOS27软件分别对消费者感知零售商创新性、感知价值和口碑推荐进行验证性因子分析（CFA）。

在消费者感知零售商创新性CFA模型拟合指标中（见表5-4），卡方值 $\chi^2=312.682$，自由度 df $=92$，$\chi^2/df=3.399$（P$=0.000$），RMSEA $=0.068$，GFI $=0.934$，NFI $=0.951$，CFI $=0.965$，达到理想水平，表明模型拟合状况良好，模型拟合图如图4-3所示。由表4-5可见，感知零售商创新性各题项的因子载荷均在0.5以上，其t值均已达显著水平，平均萃取变异量（AVE）都在参考值0.5以上，组合信度大于0.7，符合可接受标准值（Fornell和Larcker，1981），表明消费者感知零售商创新性量表的收敛效度在可接受的范围内。

表5-4　　　　　消费者感知零售商创新性CFA模型拟合指标

拟合度	χ^2	df	χ^2/df	p	RMSEA	GFI	NFI	CFI
拟合值	312.682	92	3.399	0.000	0.068	0.934	0.951	0.965

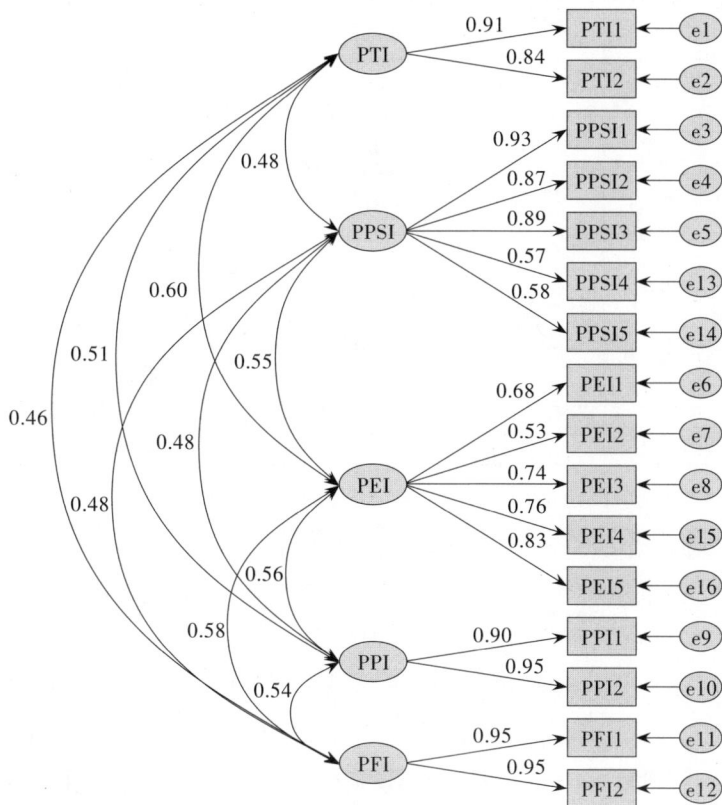

图5-3　消费者感知零售商创新性CFA模型拟合图

表5-5　　　消费者感知零售商创新性模型的因子载荷和AVE值

潜变量	问项	标准化因子载荷	标准误	C.R.	P	AVE	组合信度
PTI	PT1	0.912				0.767	0.868
	PT2	0.838	0.054	18.459	***		
PPSI	PPSI1	0.933				0.617	0.886
	PPSI2	0.871	0.030	30.766	***		
	PPSI3	0.892	0.029	32.469	***		
	PPSI4	0.572	0.040	14.827	***		
	PPSI5	0.579	0.042	15.073	***		
PEI	PEI1	0.684				0.544	0.853
	PEI2	0.528	0.057	13.971	***		
	PEI3	0.745	0.074	15.246	***		
	PEI4	0.858	0.080	17.107	***		
	PEI5	0.826	0.076	16.629	***		
PPI	PPI1	0.900				0.857	0.923
	PPI2	0.951	0.042	25.229	***		
PFI	PFI1	0.954				0.911	0.954
	PFI2	0.955	0.029	32.940	***		

注：***表示P＜0.001。注：***表示P＜0.001。

在消费者-零售商情感CFA模型拟合指标中（见表5-6），卡方值 χ^2 ＝0，自由度df＝0，RMSEA＝0.773，GFI＝1，NFI＝1，CFI＝1，表明模型拟合状况较优，模型拟合图如图5-4所示。由表5-7可见，消费者-零售商情感各题项的因子载荷均在0.7以上，其t值均已达显著水平，平均萃取变异量（AVE）在参考值0.5以上，组合信度大于0.7，符合可接受标准值，表明消费者-零售商情感量表的收敛效度在可接受的范围内。

表5-6　　　　　消费者–零售商情感CFA模型拟合指标

拟合度	χ^2	df	χ^2/df	p	RMSEA	GFI	NFI	CFI
拟合值	0	0	/	/	0.773	1	1	1

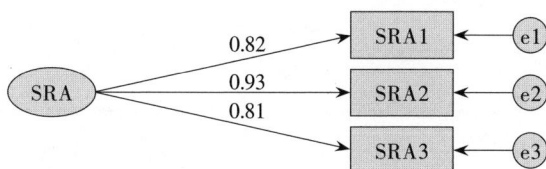

图5-4　消费者–零售商情感CFA模型拟合图

表5-7　　　　消费者–零售商情感CFA模型因子载荷和AVE值

潜变量	问项	标准化因子载荷	标准误	C.R.	P	AVE	组合信度
SRA	SRA1	0.825				0.737	0.894
	SRA2	0.933	0.046	23.687	***		
	SRA3	0.813	0.046	21.578	***		

在享乐价值CFA模型拟合指标中（见表5-8），卡方值$\chi^2=0$，自由度df$=0$，RMSEA$=0.638$，GFI$=1$，NFI$=1$，CFI$=1$，表明模型拟合状况较优，模型拟合图如图5-5所示。由表5-9可见，享乐价值各题项的因子载荷均在0.5以上，其t值均已达显著水平，平均萃取变异量（AVE）都在参考值0.5以上，组合信度大于0.7，符合可接受标准值，表明享乐价值量表的收敛效度在可接受的范围内。

表5-8　　　　消费者感知零售商创新性CFA模型拟合指标

拟合度	χ^2	df	χ^2/df	p	RMSEA	GFI	NFI	CFI
拟合值	0	0	/	/	0.638	1	1	1

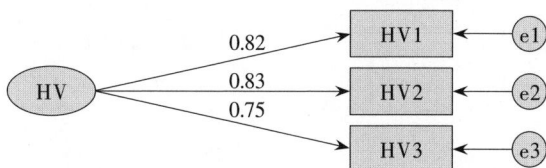

图5-5　享乐价值CFA模型拟合图

表5-9 享乐价值CFA模型因子载荷和AVE值

潜变量	问项	标准化因子载荷	标准误	C.R.	P	AVE	组合信度
HV	HV1	0.822				0.641	0.842
	HV2	0.825	0.058	17.702	***		
	HV3	0.752	0.050	16.934	***		

在再惠顾意图CFA模型拟合指标中（见表5-10），卡方值$\chi^2=0$，自由度df=0，RMSEA=0.602，GFI=1，NFI=1，CFI=1，表明模型拟合状况较优，模型拟合图如图5-6所示。由表5-11可见，再惠顾意图各题项的因子载荷均在0.5以上，其t值均已达显著水平，平均萃取变异量（AVE）都在参考值0.5以上，组合信度大于0.7，符合可接受标准值，表明再惠顾意图量表的收敛效度在可接受的范围内。

表5-10 消费者感知零售商创新性CFA模型拟合指标

拟合度	χ^2	df	χ^2/df	p	RMSEA	GFI	NFI	CFI
拟合值	0	0	/	/	0.602	1	1	1

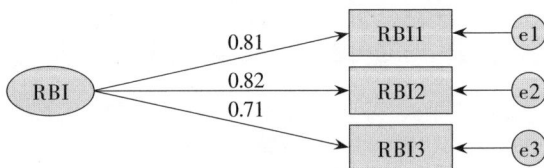

图5-6 再惠顾意图CFA模型拟合图

表5-11 再惠顾意图CFA模型因子载荷和AVE值

潜变量	问项	标准化因子载荷	标准误	C.R.	P	AVE	组合信度
RBI	RBI1	0.808				0.611	0.824
	RBI2	0.819	0.059	16.157	***		
	RBI3	0.713	0.062	15.331	***		

在口碑CFA模型拟合指标中（见表5-12），卡方值$\chi^2=18.962$，自由度 df=2，χ^2/df=9.484，RMSEA=0.127，GFI=0.981，NFI=

0.986，CFI＝0.987，表明模型总体拟合良好，模型拟合图如图5-7所示。由表5-13可见，口碑各题项的因子载荷均在0.5以上，其t值均已达显著水平，平均萃取变异量（AVE）都在参考值0.5以上，组合信度大于0.7，符合可接受标准值，表明口碑量表的收敛效度在可接受的范围内。

表5-12 口碑CFA模型拟合指标

拟合度	χ^2	df	χ^2/df	p	RMSEA	GFI	NFI	CFI
拟合值	18.962	2	9.484	0.000	0.127	0.981	0.986	0.987

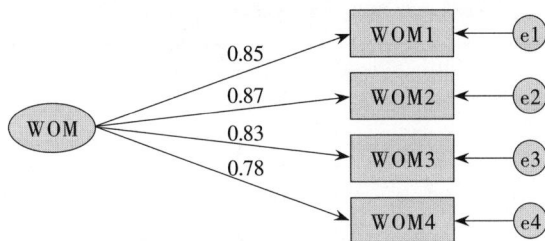

图5-7 口碑CFA模型拟合图

表5-13 口碑CFA模型因子载荷和AVE值

潜变量	问项	标准化因子载荷	标准误	C.R.	P	AVE	组合信度
WOM	WOM1	0.850				0.695	0.901
	WOM2	0.869	0.042	24.248	***		
	WOM3	0.832	0.043	22.847	***		
	WOM4	0.780	0.044	20.780	***		

在钱包份额CFA模型拟合指标中（见表5-14），卡方值$\chi^2＝10$，自由度df＝0，RMSEA＝0.668，GFI＝1，NFI＝1，CFI＝1，表明模型拟合较优，模型拟合图如图5-8所示。由表5-15可见，钱包份额各题项的因子载荷均在0.5以上，其t值均已达显著水平，平均萃取变异量（AVE）都在参考值0.5以上，组合信度大于0.7，符合可接受标准值，表明钱包份额量表的收敛效度在可接受的范围内。

表5-14　　　　　　　　钱包份额CFA模型拟合指标

拟合度	χ^2	df	χ^2/df	p	RMSEA	GFI	NFI	CFI
拟合值	0	0	/	/	0.668	1	1	1

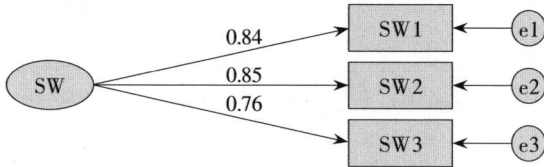

图5-8　钱包份额CFA模型拟合图

表5-15　　　　　　钱包份额CFA模型因子载荷和AVE值

潜变量	问项	标准化因子载荷	标准误	C.R.	P	AVE	组合信度
SW	SW1	0.837				0.664	0.855
	SW2	0.849	0.052	19.191	***		
	SW3	0.755	0.050	17.924	***		

在销售员响应性CFA模型拟合指标中（见表5-16），卡方值$\chi^2=$10，自由度df＝0，RMSEA＝0.644，GFI＝1，NFI＝1，CFI＝1，表明模型拟合较优，模型拟合图如图5-9所示。由表5-17可见，销售员响应性各题项的因子载荷均在0.5以上，其t值均已达显著水平，平均萃取变异量（AVE）都在参考值0.5以上，组合信度大于0.7，符合可接受标准值，表明销售员响应性量表的收敛效度在可接受的范围内。

表5-16　　　　　　销售员响应性CFA模型拟合指标

拟合度	χ^2	df	χ^2/df	p	RMSEA	GFI	NFI	CFI
拟合值	0	0	/	/	0.644	1	1	1

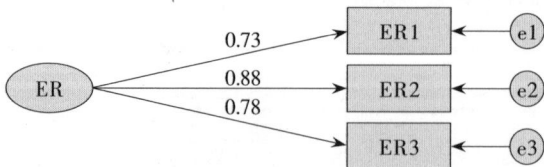

图5-9　销售员响应性CFA模型拟合图

表5-17　　　　　　销售员响应性CFA模型因子载荷和AVE值

潜变量	问项	标准化因子载荷	标准误	C.R.	P	AVE	组合信度
ER	ER1	0.734				0.642	0.842
	ER2	0.880	0.071	16.723	***		
	ER3	0.782	0.060	16.509	***		

（3）区别效度

表5-18的分析结果显示，各构念的平均萃取变异量（AVE）的平方根均大于变量间相关系数，表明本研究不同概念具有良的区别效度。

表5-18　　　潜变量的相关系数和平均萃取变异量（AVE）平方根

	PTI	PPSI	PEI	PPI	PFI	SRA	HV	RPI	WOM	SW	ER
PTI	0.876										
PPSI	0.483**	0.785									
PEI	0.499**	0.549**	0.738								
PPI	0.448**	0.525**	0.476**	0.926							
PFI	0.414**	0.522**	0.514**	0.514**	0.954						
SRA	0.440**	0.580**	0.517**	0.560**	0.570**	0.858					
HV	0.422**	0.611**	0.588**	0.388**	0.488**	0.502**	0.801				
RPI	0.230**	0.326**	0.313**	0.289**	0.371**	0.372**	0.311**	0.782			
WOM	0.598**	0.634**	0.601**	0.717**	0.683**	0.722**	0.543**	0.346**	0.834		
SW	0.452**	0.572**	0.726**	0.481**	0.532**	0.530**	0.554**	0.345**	0.562**	0.815	
ER	0.085	0.015	0.022	0.024	−0.019	−0.024	−0.076	0.053	−0.018	0.004	0.801

注：①**表示在0.01的水平下显著（双尾）。②对角线下方为相关系数矩阵。③对角线数字为各个潜变量的平方差萃取量（AVE）的平方根。

5.5.4　结构方程模型分析

运用AMOS26.0软件进行结构方程模型分析以对模型和假设进行检验。在变量设定时，以消费者-零售商情感、享乐价值、消费者忠诚的三个维度（再惠顾意图、口碑和钱包份额）变量为内生变量，这些变量在路径分析模型图中作为依变量，外生变量为消费者感知零售商创新性，这个变量在路径分析模型中作为自变量。由于各个构面的信度、收敛效度及区别效度均达到可接受的范围，采用单一衡量指标取代多重指标是可行的，因此消费者感知零售商创新性以衡量题项得分的均值作为其得分。如此操作可以有效地缩减衡量指标的数目，而使整体模式的衡量在执行分析时可行，否则若将所有的题项均纳入衡量指标，则会由于涉及变量太多而使得AMOS26.0软件无法运行。

表5-19呈现的是模型注解，模型的适配度卡方值 $\chi^2 = 2.196$，自由度 DF=1，$\chi^2/df = 2.196$，显著性概率（p=0.138）达到显著性水平，达到模型可以适配标准，即假设模型图与观察数据相契合。RMSEA=0.048＜0.08，CFI=0.999＞0.90，GFI=0.999＞0.90，NFI=0.999＞0.90，均达到模型适配标准，表示假设模型与观察数据能适配。

表5-19 各变量关系CFA模型拟合指标

拟合度	χ^2	df	χ^2/df	p	RMSEA	GFI	NFI	CFI
拟合值	2.196	1	2.196	0.138	0.048	0.999	0.999	0.999

表5-20、图5-10显示了各变量关系的标准化回归系数。消费者感知零售商创新性正向影响消费者-零售商情感（β=0.692，sig.=000），消费者-零售商情感正向影响享乐价值（β=0.918，sig.=009），享乐价值正向影响再惠顾意图（β=0.229，sig.=000）和钱包份额（β=0.179，sig.=000），享乐价值负向影响口碑（β=-0.227，sig.=000）。因此，H_2、H_3、H_4均得到证实，而 H_1 得到部分验证，即 H_{1a}、H_{1c} 得到证实，而 H_{1b} 与初始假设相反。

表5-20 多变量关系的CFA模型的标准化回归系数

路径	标准化系数	标准误差	C.R.	P
SRA←PRI	0.692	0.045	21.980	***
HV←SRA	0.918	0.047	15.186	.009
RPI←HV	0.229	0.055	4.566	***
WOM←HV	−0.227	0.057	−4.794	***
SW←HV	0.179	0.039	4.555	***

注：***表示P＜0.001。

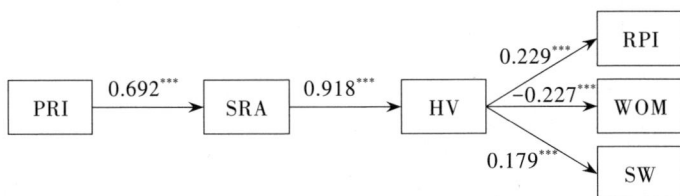

注：***表示P＜0.001。

图5-10　消费者感知零售商创新性对消费者忠诚的影响：经济路径

5.5.5　中介效应分析

采用Bootstrap方法（5 000次）检验中介效应。以消费者感知零售商创新性为自变量，分别以再惠顾意图、口碑和钱包份额为因变量，以消费者-零售商情感和享乐价值为中介变量，运行SPSS软件的PROCESS插件，引入中介效应模型（模型6）。计算结果分别如表5-21、表5-22和表5-23所示。

表5-21　　**消费者感知零售商创新性对再惠顾意图的影响路径**

影响路径	效应值	标准误	Boot CI下限	Boot CI上限
①PRI→RPI	0.2717	0.0753	0.0003	0.1237
②PRI→SRA→RPI	0.1226	0.0351	0.0537	0.1912
③PRI→HV→RPI	0.0441	0.0299	−0.0119	0.1058
④PRI→SRA→HV→RPI	0.0067	0.0054	−0.0018	0.0196
⑤总效应	0.4829	0.0488	0.3870	0.5787

注：直接效应统计值：t=3.6065，p=0.003；总效应统计值：t=9.8922，p=0.000。

由表5-21可见，在间接效应中，路径③、路径④的置信区间均包含0，说明中介效应不存在。路径②的置信区间不包含0，说明中介效应存在。进一步观察直接效应的Bootstrap95%的置信区间为［0.0537，0.1912］，不包含0，说明中介效应为部分中介效应。一个中介变量的路径为：PRI→SRA→RPI。因此，一方面，消费者感知零售商创新性直接影响再惠顾意图，又通过消费者-零售商情感间接影响再惠顾意图。

表5-22　　　　消费者感知零售商创新性对口碑的影响路径

影响路径	效应值	标准误	Boot CI 下限	Boot CI 上限
①PRI→WOM	0.8956	0.0457	0.8059	0.9854
②PRI→SRA→WOM	0.2465	0.0355	0.1792	0.3201
③PRI→HV→WOM	−0.0121	0.0222	−0.0414	0.0240
④PRI→SRA→HV→WOM	−0.0018	0.0037	−0.0078	0.0036
⑤总效应	1.1282	0.0313	1.0667	1.1896

注：直接效应统计值：t=19.6043，p=0.000；总效应统计值：t=36.0700，p=0.000。

由表5-22可见，在间接效应中，路径③、路径④的置信区间均包含0，说明中介效应不存在。路径②的置信区间不包含0，说明中介效应存在。进一步观察直接效应的Bootstrap95%的置信区间为［0.1792，0.3201］，不包含0，说明中介效应为部分中介效应。一个中介变量的路径为：PRI→SRA→WOM。因此，消费者感知零售商创新性直接影响口碑，又通过消费者-零售商情感间接影响口碑。

表5-23　　　　消费者感知零售商创新性对钱包份额的影响路径

影响路径	效应值	标准误	Boot CI 下限	Boot CI 上限
①PRI→SW	0.6000	0.0517	0.0000	0.4984
②PRI→SRA→SW	0.0473	0.0334	−0.0178	0.1114
③PRI→HV→SW	0.1038	0.0287	0.0509	0.1622
④PRI→SRA→HV→SW	0.1517	0.0072	0.0037	0.0311
⑤总效应	0.7668	0.0338	0.7004	0.8332

注：直接效应统计值：t=11.5996，p=0.000；总效应统计值：t=22.6886，p=0.000。

由表5-23可见，在间接效应中，路径②的置信区间包含0，说明中介效应不存在。路径③、路径④的置信区间不包含0，说明中介效应存在。进一步观察直接效应的Bootstrap95%的置信区间为［0.0000，0.4984］，不包含0，说明中介效应为部分中介效应。因此，消费者-零售商情感、享乐价值在消费者感知零售商创新性和钱包份额的关系存在部分中介效应。其中一个中介变量的路径为：PRI→HV→SW，两个中介变量的路径为：PRI→SRA→HV→SW。因此，一方面，消费者感知零售商创新性通过享乐价值而影响钱包份额；另一方面，消费者感知零售商创新性影响消费者-零售商情感，继而影响享乐价值，并最终影响钱包份额。

中介效应分析结果显示，感知零售商创新性会通过多重情感路径影响消费者忠诚。一个中介变量的路径有：消费者感知零售商创新性→消费者-零售商情感→忠诚（再惠顾意图、口碑）、消费者感知零售商创新性→享乐价值→忠诚（钱包份额）；两个中介变量的路径有：消费者感知零售商创新性→消费者-零售商情感→享乐价值→忠诚（钱包份额）。因此 H_2-H_4 进一步得到证实，同时表明感知零售商创新性直接影响再惠顾意图、口碑的钱包份额，即 H_1 得到证实。

5.5.6 销售员响应性的调节作用

按消费者感知零售商创新性的总样本均值（4.464）将感知零售商创新性分为高（N＝280）、低（N＝247）两组，并进行独立样本T检验。分组统计量显示：高感知零售商创新性均值＝4.969，标准偏差＝0.376；低感知零售商创新性均值＝3.891，标准偏差＝0.507。初步看来，高感知零售商创新性组比低感知零售商创新性组的分数高出1.078分。查看表5-24所示方差齐性等同性检验结果：F＝11.666，Sig.＝0.000，说明两个子总体的方差不相同。进一步参考均值等同性T检验结果：t＝-27.430，df＝499.176，T检验的结果显示Sig.＝0.000，所以有足够的理由说明两个子总体的均值不等，即高感知零售商创新性组、低感知零售商创新性组的平均分数存在显著差异。

表5-24　　　　　感知零售商创新性独立样本T检验结果

		方差齐性等同性检验		均值等同性T检验						
		F	Sig.	T	DF	Sig.	平均值差值	标准误差差值	差值95%置信区间	
									下限	上限
PRI	假定等方差	11.666	0.000	-27.935	525	0.000	-1.078	0.038	-1.155	-1.003
	不假定等方差			-27.430	449.176	0.000	-1.078	0.039	-1.156	-1.001

按销售员响应性的总样本均值（4.180）将感知零售商创新性分为高（N＝263）、低（N＝264）两组，并进行独立样本T检验。分组统计量显示：高感知零售商创新性均值＝4.859，标准偏差＝0.503；低感知零售商创新性均值＝3.503，标准偏差＝0.525。初步看来，高感知零售商创新性组比低感知零售商创新性组的分数高出1.078分。查看表5-25所示方差齐性等同性检验结果：F＝0.469，Sig.＝0.000，说明两个子总体的方差相同。进一步参考均值等同性T检验结果：t＝－30.301，df＝525，T检验的结果显示Sig.＝0.000，所以有足够的理由说明两个子总体的均值不等，即高感知零售商创新性组、低感知零售商创新性组的平均分数存在显著差异。

表5-25　　　　　　　　销售员响应性独立样本T检验结果

		方差齐性等同性检验		均值等同性T检验						
		F	Sig.	T	DF	Sig.	平均值差值	标准误差差值	差值95%置信区间	
									下限	上限
PRI	假定等方差	0.469	0.494	-30.301	525	0.000	-1.357	0.045	-1.445	-1.269
	不假定等方差			-30.303	524.201	0.000	-1.357	0.045	-1.445	-1.269

以消费者感知零售商创新性、销售员响应性及其它们的乘积（消费者感知零售商创新性×销售员响应性）为自变量，以消费者-零售商情感为因变量进行GLM回归分析。由表5-26可知，模型的拟合度较好（修正的R^2=0.313），观测变量可以被模型较好地解释（F=80.713，Sig.=0.000<0.05，R^2=0.313）。在0.05的显著水平下，消费者感知零售商创新性与销售员响应性对消费者-零售商情感有显著的交互作用（F=4.754，P=0.030）。

表5-26　　　感知零售商创新性与销售员响应性对消费者－
零售商情感的交互效应检验结果

源	III类平方和	自由度	均方	F	sig
修正模型	165.108[a]	3	55.036	80.713	0.000
截距	8 989.964	1	8 989.964	13 184.255	0.000
感知零售商创新性	108.548	1	108.548	159.192	0.000

续表

源	Ⅲ类平方和	自由度	均方	F	sig
销售员响应性	17.641	1	17.641	25.872	0.000
感知零售商创新性×销售员响应性	3.242	1	3.242	4.754	0.030
感知零售商创新性	356.619	523	0.682		
总计	10 313.889	527			
修正后总计	521.727	526			

a.R^2 = 0.316（调整后 R^2 =0.313）

图5-11呈现了感知零售商创新性和销售员响应性对消费者-零售商情感的交互效应，即感知零售商创新性对消费者-零售商情感的影响因销售员响应性高低而不同。具体来说，感知零售商创新性对消费者-零售商情感的影响随着销售员响应程度的提高而增大，即销售员响应性对感知零售商创新性和消费者-零售商情感的关系有正向强化作用，从而H$_5$得到证实。

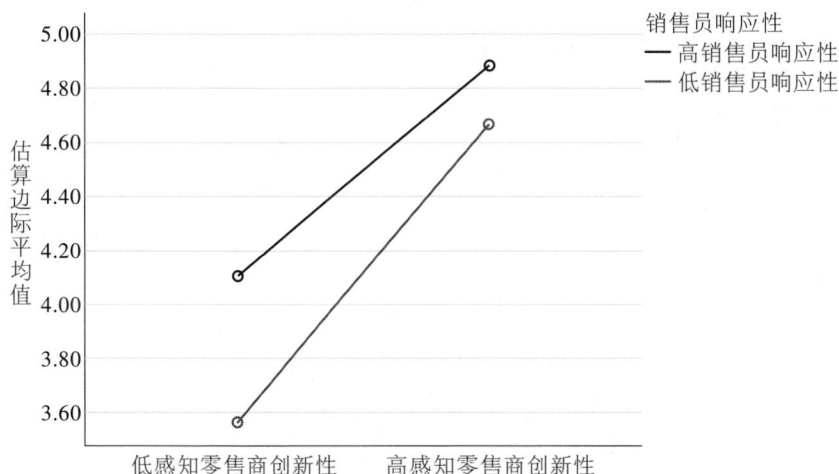

图5-11　感知零售商创新性和销售员响应性对消费者-零售商情感的交互效应

5.6　研究小结

本章基于认知-情感-行为理论和服务互动理论，构建了消费者感知零售商创新性对消费者忠诚（再惠顾意图、口碑和钱包份额）产生影响的情感路径理论模型，并在这种作用路径中引入销售员响应性调节变量。实证分析结果表明，消费者感知零售商创新性直接影响再惠顾意图、口碑和钱包份额；消费者感知零售商创新性通过消费者–零售商情感间接影响再惠顾意图和口碑；消费者感知零售商创新性通过享乐价值而影响钱包份额；消费者感知零售商创新性影响消费者–零售商情感，继而影响享乐价值，并最终影响钱包份额。此外，销售员响应性在感知零售商创新性对消费者忠诚作用路径的前半段（感知零售商创新性→消费者–零售商情感）中有调节作用，其中百货商店影响最大，超级市场影响次之，便利店影响最小。

6 消费者感知零售商创新性对消费者忠诚的影响：信息路径

6.1 问题提出

近年来，零售门店关闭问题引起了世界各国的广泛关注，并成为众多学者讨论的焦点（Helm 等，2020）。中国基金报的报道显示，永辉超市门店数量从 2019 年达到高点 1 440 家之后逐年下降，截至 2022 年 8 月 24 日，其门店数为 1 052 家，三年共关闭 388 家门店。据不完全统计，2022 年一季度，国内就有近 700 家门店宣布闭店。研究发现，零售门店的关闭潮不仅是因为网络零售的冲击（胡永仕，2020；Helm 等，2020），更是因为消费者需求、习惯和偏好等的改变（王福、王科唯，2020）。为了满足消费者不断变化的需求，实体零售商必须进行创新，这是其形成竞争优势的一个重要手段（Riegger 等，2021），Amazon Go、苹果、宜家、GAP 和乐购等零售企业纷纷通过实践证明了企业创新行为确实对消费者行为存在影响（Chiu，2021）。

　　为了确保创新在市场上更加成功，从消费者角度研究创新至关重要（Omar等，2021）。目前基于消费者视角的零售商创新研究的文献非常匮乏，Lin（2013，2015，2016）探讨了消费者感知零售商创新性对消费者行为的影响，在界定感知零售商创新性概念的基础上，构建了感知零售商创新性、感知价值和消费者忠诚关系的理论模型，并验证感知价值的中介作用（Lin，2016）。

　　Lin（2015）虽然提出"感知零售商创新性–感知价值–忠诚"作用路径，但没有回答以下四个问题：第一，感知零售商创新性是怎样影响感知价值的？第二，感知价值影响了什么价值？尤其是感知社会价值，经常被研究者忽视（Moharana和Pradhan，2020）。第三，忠诚是一个多维度构念，包括重复购买、钱包份额和口碑等（Day，1969），感知零售商创新性驱动了哪个层面的忠诚？或者说，感知零售商创新性对忠诚各个维度的影响是否存在差异？第四，消费者对创新的接受度因人而异（Mittelstaedt等，1976），每个消费者对零售商创新性的感知不尽相同，感知零售商创新性的作用效果可能会受到刺激寻求等消费者个人特质的干扰。

　　因此，本章基于零售顾客感知归类模型（Babin和babin，2001）和刺激水平理论（Stephenson和Southwell，2006），主要探讨消费者感知零售商创新性对消费者忠诚（再惠顾意图、口碑和钱包份额）产生影响的信息路径，并在这种作用路径中引入刺激寻求调节变量。

6.2　理论基础和研究模型

　　在购物过程中，消费者会接收和感知到来自外部的各种刺激信息，并对这些信息进行认知加工。自我一致性理论表明，消费者通常会将认知事物与个人身份的自我概念进行匹配，以增强对自我概念的感知（Cai和Shannon，2012；Ahuvia，2005；Roy和Rabbanee，2015）。在购物情境中，所认知的事物包括产品形象、品牌形象、商店形象以及具有象征属性和象征意义的产品、品牌或服务等（Sirgy，1982；Sirgy和

Samli，1985；Kressmann 等，2006）。自我概念（如现实自我、理想自我、社会自我和理想社会自我）指的是人们对自己的认知和情感的总和（Rosenberg，1979），具体指一个人如何客观地看待自己，认为自己是什么样的人以及想成为什么样的人（Jeong 和 Ko，2021）。因此，当消费者感知到零售商店释放的各种具有创新性特征的刺激信息时，会认为相比于其他零售商店，该零售商店的差异性更强，从而会给消费者留下独特的印象，进而这种对零售商店的独特的印象会增强消费者对自我独特性的感知。

根据自我归类理论，人们会自动地识别外部刺激信息，并通过社会比较进行积极的自我归类，从而把情境中的人们分为内群体和外群体，内群体成员之间更有可能具有相似的自我认知、情感和行为，而外群体的成员与内群体的成员之间在自我认知、情感和行为等方面可能有明显差异（Totaro 和 Marinho，2019）。内群体成员之间更能够获得彼此的社会认同，并在社会认同中获得社会价值（Tajfel 和 Turner，1979），而内群体能在与外群体的社会比较中获得社会价值，从而促进能够获得这种社会价值的消费行为。因此，当消费者感知到零售商店释放的各种具有创新性特征的刺激信息时，他不仅会增强对自我独特性的感知，还会将自己与该零售商店的消费者归于独特的一类消费人群，并通过内群体成员之间的社会认同以及内群体（该商店的消费者群体）和外群体（其他商店的消费者群体）之间的社会比较获得感知社会价值，从而引发消费者忠诚行为。

最佳刺激水平理论表明，人们对外部刺激信息的反应存在差异（Stephenson 和 Southwell，2006）。相比于低刺激水平的人，高刺激水平的人对刺激信息的反应更敏感且接受度更高（Raju，1980）。因此，在感知到零售商店释放的各种具有创新性特征的刺激信息时，对于高刺激寻求者来说，感知零售商创新性对感知独特性的正向影响会增强。

基于上述分析，本章提出如图6-1所示的理论框架。

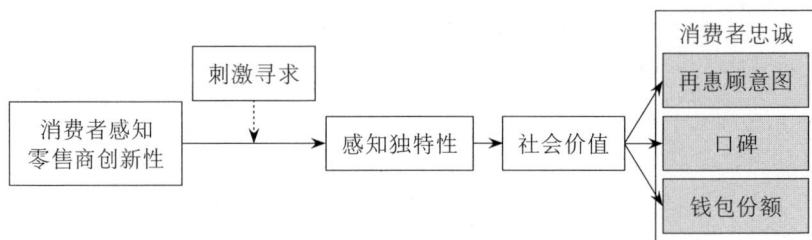

图6-1　研究模型

6.3　研究假设

6.3.1　感知零售商创新性对消费者忠诚的影响

消费者会将创新性视为企业的积极特征，从而有助于对企业产生积极评价（Niedrich和Swain，2003）。根据线索利用理论，目标物体的一些特征如果具有预测性和可信性，那么可以成为判断目标其他属性的线索（Olsen，1972）。此外，以前的实证研究表明，当一些属性信息缺失时，消费者会使用联想来推断这些属性特征（Brown和Dacin，1997；）。例如，公司名称可以是质量和可信度等企业属性的信号（Walsh和Beatty，2007）。感知零售商创新性也可以作为其他属性的信号，因为随着时间的推移，创新性强的企业有成功和有意义的解决方案的"记录"，消费者可能会推断，企业将能够有效地完成所有任务。

创新性水平是主观的，因为它取决于消费者基于他们对企业创新活动的信息、知识和经验的感知。创新性的主要特征包括新颖性、独特性和消费者心目中的差异性。因此，当企业给消费者提供刺激和使其激动，提供新体验，并影响他们的消费模式时，消费者更有可能认为它是创新的。消费者感知企业创新性强，他们将刺激视为一种有意义的体验，从而对企业及其服务持积极态度，这最终会影响行为（Choi和Kim，2020）。

Ajzen和Fishbein（1977）认为，对某个物体的态度可以由主观价值观和信仰产生。因此可以推断，感知创新性反映了消费者的主观价值观和信念，它在态度的形成中起着重要作用。先前的研究也表明，感知创新性与态度之间存在正相关关系。例如，Watchravesringkan 等（2010）研究发现，感知创新性会对使用科技时尚产品的态度产生积极影响。Boisvert 和 Ashill（2011）通过 664 个服务业样本的实证研究表明，感知到的创新性是态度的重要预测变量。其他类似研究发现，感知创新性与行为意图之间存在正相关关系。例如，O'Cass 和 Carlson（2012）利用 370 位消费者调查了消费者对网站创新性的看法如何影响网站忠诚度。他们发现，消费者对网站创新性的认知有助于形成网站忠诚度。Slade 等（2015）使用 268 个消费者样本来确定创新性和行为意图之间的关系，研究结果表明，在远程移动支付的背景下，感知创新性对使用远程移动支付的行为意图有正向影响。Jin 和 Huffman（2015）研究发现，感知餐馆创新性正向影响顾客忠诚。Lin 等（2013）基于便利店的访谈资料，构建了感知便利店零售商创新性–感知价值–顾客忠诚的理论模型。此外，根据 Day（1969）、Zeithaml 等（1996）对忠诚的解释，忠诚可以细分为再惠顾意图、口碑和钱包份额三个维度。

基于上述分析，提出：

H_1：感知零售商创新性对消费者忠诚有正向影响。

H_{1a}：感知零售商创新性对再惠顾意图有正向影响。

H_{1b}：感知零售商创新性对口碑有正向影响。

H_{1c}：感知零售商创新性对钱包份额有正向影响。

6.3.2 感知零售商创新性对感知独特性的影响

Snyder 和 Fromkin（1977）指出，人们普遍存在对独特性的需求，并且会积极地追求与众不同以保持独特性。Tepper 和 Hoyle（1996）研究发现，独特性需求与追求新奇呈正相关关系。换言之，为了满足独特性需求，人们往往更喜欢新奇的或不寻常的事物以求将自己与他人区分开。Tian 和 McKenzie（2001）证实了这个观点，他们发现消费者购买具有独特性特征的产品或到非传统零售商店购物可以满足其对独特性的需求，这是因为与传统零售商店不同，非传统零售商店能提供更新奇的体验，更容易让消费者感知到其创新性。因此，当消费者受到零售商所发出的创新性这一信号刺激时，会感受到这家商店的与众不同，独特性需求将会被激活和满足，从而觉得自己也与众不同。

基于以上分析，本书提出：

H_2：消费者感知零售商创新性正向影响其感知独特性。

6.3.3　感知独特性对感知社会价值的影响

当消费者受到零售商所发出的信号刺激时，首先会将其与其他外部刺激作比较，形成感知特性。然后，消费者将这些信号与自身知识、偏好进行比较归类。如果相匹配，就会产生吸收；相反则会产生抵触，这一过程中会产生顾客价值（Babin 和 Babin，2001）。消费者倾向于惠顾与自己个性、形象一致的商店，或是希望自己与该商店是相同类型并提升自我形象、自尊（Sirgy，1982）。

人们在追求独特性的过程中，并不会追求极端的独特性，而是会努力建立并保持适度的独特性感知（Brewer，1991）。人类作为社会性动物，天然地对归属感存在渴望，人们需要确定自己所在的世界和在其中所处的位置，因为确定性使存在变得有意义，并且会使人们对自己的行为有信心，对自己所在的社会环境有期待（Hogg，2000）。人们讨厌不确定性，无论是对自己的态度、信念、感觉和认知，还是对自己与他人之间的关系，因为不确定性最终可能会使人们降低对生活的控制力（Sorrentino 和 Roney，1986；Lopes，1987）。社会认同可以帮助人们找到自己的"确定位置"，降低不确定性。根据社会认同理论，人们会将自己归属到某个相关社会群体中以获取自己的社会身份认同，并从个体所属群体（内群体）和非所属群体（外群体）之间的比较中获得情感和社会价值（Tajfel 和 Turner，1979）。因此，当消费者因为感知到零售商创新性而感知到自己的独特性时，他会将自己与该零售商店内有同样感知的消费者群体（内群体）联系起来，以获得身份认同，也会将自己与其他零售商店内没有这样感知的消费者群体（外群体）进行比较，以突显自己的身份。消费者会从这种联系和比较中得到社会性自我概念的提升，由此产生增强社会价值。

基于以上分析，本书提出以下假设：

H_3：消费者感知独特性正向影响社会价值。

6.3.4 感知社会价值对消费者忠诚的影响

顾客价值被认为是消费后意图的关键决定因素，如忠诚度和口碑（Cengiz 和 Yayla，2007）。顾客价值越大，客户忠诚度就越高。从长远来看，这决定了一个组织的成功（Snoj 等，2004；Ulaga 和 Chacour，2001）。社会价值是从产品以增强社会性的自我概念（如地位）中获得的效用（Rintamäki 等，2006），因此，社会价值观可以给个人带来社会认可，并增强他们在其他个人中的自我形象（Kaur 等，2021）。

以往研究已经证实感知价值是顾客忠诚的一个重要决定因素（Kim 等，2019）。如果顾客接触体验，当他们更熟悉产品或品牌时，这种熟悉度的提高会增进顾客对品牌的了解，顾客往往会购买更多该品牌的产品（Hwang 和 Hyun，2012）。研究表明，顾客感知价值正向影响忠诚，包括口碑（Grisaffe 和 Kumar，1998）、购买意图（Chang 和 Wildt，1994）和溢价支付意愿（Pura，2005）。文献证实，价值的每个维度也影响忠诚。在 Kim 等（2010）关于奢侈品品牌的研究中发现，顾客价值各个维度（社会价值、实用价值、情绪价值和财务价值）均影响忠诚。Wang 等（2004）发现顾客价值（功能价值、社会价值、情绪价值和感知牺牲）通过顾客满意而影响顾客忠诚。Pura（2005）研究还表明，货币价值、情绪价值和社会价值会对忠诚产生影响。

基于上述分析，本书提出：

H_4：社会价值正向影响忠诚。

H_{4a}：社会价值正向影响再惠顾意愿。

H_{4b}：消费者感知社会价值正向影响口碑。

H_{4c}：消费者感知社会价值正向影响钱包份额。

6.3.5 刺激寻求的调节作用

环境对消费者行为的影响可能因消费者个性而异（Dijkstra 等，2008；Kwallek 等，2007；Rosenbaum 等，2016）。在分析消费者对环境的反应时，应考虑个人性格（如个人特征）（Van Rompay 等，2012）。

刺激寻求是一种因人而异的人格特质（trait），它是个体对各式各样、新奇的且复杂的感受和经验需求（Zuckerman，1979）。不同的人刺激寻求的水平不同；一些人比其他人喜欢更高水平的刺激（Raju，1980；Zuckerman，1994）。

刺激寻求特质的影响反映在消费者对他们所接触的外部刺激的态度和偏好上。高刺激寻求者不会因为环境的限制而停止对刺激的寻求（张秀慧，2001），他们在寻求刺激时，倾向紧张的、激动的、计划想法是新奇的、善变的、复杂的、惊喜的和剧烈的（Kish 和 Donnenwerth，1969），并有较高程度的探索行为，而低度刺激寻求者，感受刺激过量时则会选择避免刺激（Raju，1980）。

刺激有两大特性，分别是感官特性和信息特性（Sheth 等，1999），知觉是消费者进行选择、组织和解释外界的刺激。高刺激寻求者，不会因为环境的限制而停止对刺激的寻求（张秀慧，2001），低刺激寻求者，感受刺激过量时则会选择避免刺激（曾育贞，2002）。因此，相比较于低刺激寻求者，高刺激寻求的消费者在消费经验中能产生较高程度的满足，更容易感受零售商创新性及其对购买自己喜欢的产品所带来的新奇和独特感，并将这种独特性感知映射到本人身上，认为自己也与众不同。

基于以上分析，本书提出以下假设：

H_5：刺激寻求对感知零售商创新性和感知独特性的关系有正向调节作用。

6.4　研究设计

6.4.1　变量测量和编码

本章的测量变量主要包括消费者感知零售商创新性、感知独特性、社会价值、再惠顾意图、口碑和钱包份额以及刺激寻求。此外，还包含性别、年龄、收入、职业、受教育程度等社会人口统计变量。其中，消费者感知零售商创新性变量采用本书第1章开发的量表，共5个维度16

个问项。

（1）感知独特性

目前还缺乏专门用来测量感知独特性的可靠量表。Lynn 和 Harris（1997）开发了用来测量消费者对独特消费品的需求差异的量表，共 8 个项目。Tian 等（2001）开发了用来测量消费者对独特性需求的量表，包括 3 个维度（创造性选择反从众、不受欢迎的选择和避免相似），前两个维度各有 11 个项目，第三个维度有 9 个项目。Franke 和 Schreier（2008）则开发了测量感知定制产品独特性的量表，关键词为"非常独特、非常特别以及与众不同"。宫秀双和张红红（2020）参考 Tian 等（2001）、Wan 等（2014）的观点提出测量感知独特性的 2 个条目，即"我的现状让我觉得自己是独特的""我的现状让我觉得自己的独特性降低了"。本书参考 Fromkin 和 Snyder（1980）、Snyder（1992）、Lynn 和 Harris（1997）对独特性的定义，将感知独特性定义为"个体对自我与他人之间差异性的感知"，并设计 3 个测量问项，如表 6-1 所示。

表6-1   感知独特性测量问项

变量	测量问项
感知独特性（PU）	我认为在这家商店购物，能够满足我与众不同的需求（PU1）
	我认为在这家商店购物，能彰显我的与众不同（PU2）
	在这家商店购物，让我觉得自己与众不同（PU3）

（2）社会价值

社会价值是指从产品以增强社会性的自我概念（如地位）中获得的效用（Rintamäki 等，2006）。Sweeney 和 Soutar（2001）将感知价值划分为情感价值、社会价值、功能价值（价格/性价比）和功能价值（性能/质量）4 个维度，提出包含 19 个问项的感知价值量表，其中社会价值包括 4 个问项，该量表在零售业中得到了广泛的应用（Grace 和 O'Cass，2005；Wong 和 Dean，2009；Chi 和 Kilduff，2011；Ruiz-Molina 等，2018）。然而，该量表忽视了文化差异和消费背景，且测量问项不够精简。为了弥补这些欠缺，Walsh 等（2014）构建了两个包含 8 个问项和 12 个问项的简易版感知价值量表，其中社会价值包括 2 个问项，然而以上量表都是以成年人为研究对象，缺少对儿童的关注。Williams 等（2021）开发了一个更适用于儿童的感知价值的量表，并发现对于儿童来说，社会价值来自朋友和家人两个方面。考虑到本章的研究对象大多为成年人，且消费背景是零售业，因此主要参考 Sheth 等（1991）、Sweeney 和 Soutar（2001）及王永贵等（2005）对社会价值的定义，将社会价值定义为"消费者从同在一家零售商店购物的社会群体的联系中获得的感知效用"，并设计 6 个问项进行变量测量，如表6-2所示。

表6-2　　　　　　　　　　**社会价值测量问项**

变量	测量问项
社会价值 （SV）	我认为在这家店购物，能给他人留下好印象（SV1）
	我认为在这家店购物，能提升我的社会地位（SV2）
	我认为在这家店购物，能改善他人对我的看法（SV3）
	我认为在这家店购物，能展现我独特的个人风格（SV4）
	我认为在这家店购物，能得到其他顾客的认同（SV5）
	我认为在这家店购物，能得到其他顾客的尊重（SV6）

（3）消费者忠诚

消费者忠诚包括态度和行为两个层面的忠诚，态度忠诚侧重于消费者心理状态，行为忠诚侧重于消费者的实际行为。Keiningham 等（2007）明确了与消费者忠诚相关的三种主要行为：再惠顾行为、钱包份额和口碑。结合本章对消费者忠诚的定义，将行为层面的再惠顾行为替换为态度层面的再惠顾意图，进而从态度和行为两个层面测量消费者忠诚，即以再惠顾意愿衡量态度忠诚，以钱包份额和口碑衡量行为忠诚。再惠顾意图的测量主要参考 Terblanche（2018）的量表，包含 5 个问项；口碑和钱包份额的测量主要参考 Shaikh 等（2018）量表，分别包含 4 个问项和 3 个问项。再惠顾意图、口碑和钱包份额三个变量的测量问项如表6-3所示。

表6-3	再惠顾意图、口碑和钱包份额测量问项
变量	衡量问项
再惠顾意图（RPI）	这家零售商店是我购物的首选商店（RPI1）
	将来我可能会再次访问这家零售商店（RPI2）
	将来我打算再去这家零售商店购物（RPI3）
	将来我会持续去这家零售商店购物（RPI4）
	将来我绝不可能再去这家零售商店购物（RPI5）
口碑（WOM）	我向很多人推荐过这家零售商店（WOM1）
	我不遗余力地向朋友们推荐这家零售商店（WOM2）
	我努力传播关于这家零售商店的正面信息（WOM3）
	我给这家零售商店做了很多正面的口碑宣传（WOM4）
钱包份额（SW）	在您购物时，相比于其他同类型商店，选择这家零售商店的频率（SW1）
	您在这家零售商店购买上述类别商品的支出占购买此类别商品总支出的比例（SW2）
	在最近10次的线下购物中，您到这家零售商店购物的次数是多少（SW3）

（4）刺激寻求

本书沿用Zuckerman（1994）的观点，将刺激寻求界定为"对多样的、新颖的和复杂的刺激和体验的需求，以及为其承担身体、社会、法律和财务风险的意愿"。刺激寻求这个概念经常出现在心理学文献中，测量工具主要包括 Zuckerman 和（1964）的感觉寻求量表 SSS（Sensation Seeking Scale）、Garlington 和 Shimota（1964）的变化寻求者指数 CSI（Change Seeker Index）、Penney 和 Reinehr（1966）的刺激变量寻求量表 SVSS（Stimulus Variation Seeking Scale）以及 Mehrabian 和 Russell（1974）的唤醒寻求倾向量表 AST（Arousal Seeking Tendency Scale）。消费者行为领域的学者也经常借鉴以上这些量表。Grossbart 等（1976）、Mittelstaedt 等（1976）利用感觉寻求量表（SSS）来检验最佳刺激水平与新产品和服务采用过程的关系，AST被 Raju（1980）推荐，并在后续的研究中得到广泛应用（Goodwin，1980；Steenkamp 和

Baumgartner，1992；徐岚，2007；Avornyo，2019）。同时被 Raju（1980）推荐的还有 CSI，只是可能由于 CSI 测量问项过多（共95个项目），CSI 并没有被广泛采用。Steenkamp 和 Baumgartner（1995）对 CSI 进行了优化并形成 7 个问项，因而得到更多的应用（Helm 和 Landschulze，2009；Gu 等，2016；Chen 等，2020）。本书也采用修订后的 7 个问项量表，如表6-4所示。

表6-4 **刺激寻求测量问项**

变量	测量问项
刺激寻求（SS）	我喜欢继续做同样的事情，而不是尝试新的和不同的事情（SS1）
	我喜欢在日常生活中体验新奇和变化（SS2）
	我喜欢有变化、多样性和可以旅行的工作，即使涉及一些危险（SS3）
	我会不断寻求新的想法和体验（SS4）
	我喜欢不断变化的活动（SS5）
	当事情变得无聊时，我喜欢寻找一些新的和不熟悉的体验（SS6）
	我喜欢常规的生活方式，而不是不可预测充满变化的生活方式（SS7）

6.4.2 问卷设计

调查问卷主要包括四个部分：第一部分为导语，向调查对象讲述本次调研的主要内容，邀请被调查对象认真且放心填写。第二部分为筛选题项，设计了2个问题，分别是"请您仔细回想最近一次的线下购物经历，并填写这家零售商店的名称_____"和"请您仔细回想最近一次，您在这家零售商店购买的3种不同类别的商品名称_____"。第一题是为了确保被调查者近期有传统零售店的购物经历；第二题是为了区分被调查者惠顾的零售业态类型。第三部分为问卷的主体部分，主要用来测量本章涉及的核心变量，这些变量分别是感知零售商创新性、感知独特性、社会价值、再惠顾意愿、钱包份额、口碑和刺激寻求。第四部分为人口统计变量，主要包括性别、年龄、月平均收入、学历水平和籍贯等。

采取7级李克特量表对这些变量进行测量，其中"1"表示非常不同意，"2"表示很不同意，"3"表示稍不同意，"4"表示不确定，"5"表示稍同意，"6"表示很同意，"7"表示非常不同意。

6.4.3 数据收集

调查数据的收集采取线上与线下结合的方式，主要原因：一是受疫情影响，大规模的线下调查难度较大；二是减小研究样本的误差，尽可能选取不同地区、不同消费水平的消费者作为被调查者。线上调查主要通过问卷星APP生成问卷链接，以微信、微博、小红书和豆瓣等APP为媒介转发至微信朋友圈、同学群等。

调查时间为2022年6月15日至2022年7月24日，发放问卷900份，删除填答一致太多、明显敷衍及作答完全雷同的问卷后，最终获得有效问卷604份，有效样本回收率为67.1%。样本分布于全国31个省份，其中样本比较集中的省份包括：辽宁（12.4%）、广东（7.0%）、河南（6.1%）、四川（5.3%）、山东（5.1%）、河北（5.0%）和浙江（5.0%）。

6.5 实证结果分析

6.5.1 描述性统计分析

有效样本的人口统计情况如表6-5所示：在性别特征上，女性占68.9%、男性占31.1%，这一方面表明可能女性更愿意购物，同时也表明在填写问卷时女性可能更有耐心并愿意花费时间参与调查。在年龄特征上，16~25岁占71.7%，26~35岁占26.0%，其他年龄所占比重较小，仅为2.3%。总体来说，被调查者趋于年轻化，其中学生样本占55.3%。从受教育程度上看，高中及以下占1.2%，大专或同等学力占2.6%，本科或同等学力的占50.7%，研究生及以上学历的占45.5%，样本人群的教育背景集中于本科或同等学力和研究生及以上学历，受教育程度较高。从收入水平上看，1 500元及以下占22.2%，1 501~3 000元占34.4%，3 001~6 000元占17.7%，6 001~8 000元和8 000元分别占比12.1%和13.6%，高收入水平人群所占比例较少。从零售业态来看，超市样本占 51.2%，便利店样本占 18.7%，百货商店样本占 16.2%，购物中心样本占 6.5%，专营店样本占 7.4%，超市购物者占一半以上。

表6-5 样本特征描述性统计

人口统计变量		频率	百分比
性别	男	188	31.1
	女	416	68.9
年龄	15岁及以下	2	0.3
	16~25岁	433	71.7
	26~35岁	157	26.0
	36~45岁	12	2.0
受教育程度	高中及以下	7	1.2
	大专或同等学力	16	2.6
	本科或同等学力	306	50.7
	研究生及以上	275	45.5
职业	学生	334	55.3
	企业从业人员	187	31.0
	事业单位人员	44	7.3
	个体户/自由职业者	28	4.6
	其他	11	1.8
收入水平	1 500元及以下	134	22.2
	1 501~3 000元	208	34.4
	3 001~6 000元	107	17.7
	6 001~8 000元	73	12.1
	8 000元以上	82	13.6
婚姻状况	已婚	34	5.6
	未婚	570	94.4
零售业态	超市	309	51.2
	便利店	113	18.7
	百货	98	16.2
	购物中心	39	6.5
	专卖店	45	7.4

6.5.2　信度分析

　　信度分析即可靠性分析，是指测量结果具有的一致性或稳定性的程度。信度检验采用学界广泛使用的 Cronbach's Alpha 系数，目的是检查各测量项目的内部一致性。其中，信度的值越高代表误差值越小；反之误差值越大，则信度越低。本研究采用 SPSS 26.0 统计软件进行信度分析，信度分析结果如表6-6所示。感知零售商创新性整体量表及各子量表的信度系数 Cronbach's α 均大于0.7，其他各变量测量量表的信度系数 Cronbach's α 也均大于0.7，具有较高的可靠性，各变量的测量问项的CITC 均大于0.5，且删除后 Cronbach's α 值没有明显提升。因此，各变量量表均具有较高的信度水平，问卷信度符合标准，通过信度检验。

表6-6　　　　　　　　　　　　　各变量信度分析

变量	维度	项目	修正后项目-总体相关性	项目删除后 Cronbach's α	Cronbach's α	整体 Cronbach's α
感知零售商创新性（PRI）	感知技术创新性（PTI）	PTI	0.821	/	0.902	0.930
		PT2	0.821	/		
	感知产品和服务创新性（PPSI）	PPSI1	0.790	0.893	0.914	
		PPSI2	0.744	0.902		
		PPSI3	0.784	0.894		
		PPSI4	0.797	0.892		
		PPSI5	0.797	0.891		
	感知体验创新性（PEI）	PEI1	0.752	0.885	0.904	
		PEI2	0.733	0.888		
		PEI3	0.788	0.877		
		PEI4	0.780	0.878		
		PEI5	0.750	0.885		
	感知促销创新性（PPI）	PPI1	0.756	/	0.861	
		PPI2	0.756	/		
	感知业态创新性（PFI）	PFI1	0.577	/	0.720	
		PFI2	0.577	/		

续表

变量	维度	项目	修正后项目-总体相关性	项目删除后 Cronbach's α	Cronbach's α	整体 Cronbach's α
感知独特性（PU）		PU1	0.823	0.945		0.937
		PU2	0.900	0.886		
		PU3	0.890	0.894		
社会价值（SV）		SV1	0.837	0.946		0.953
		SV2	0.867	0.943		
		SV3	0.894	0.940		
		SV4	0.864	0.943		
		SV5	0.858	0.943		
		SV6	0.810	0.949		
再惠顾意图（RBI）		RBI1	0.677	0.914		0.917
		RBI2	0.862	0.884		
		RBR3	0.865	0.882		
		RB4	0.845	0.885		
		RB5	0.712	0.912		
口碑（WOM）		WOM1	0.793	0.872		0.903
		WOM2	0.782	0.877		
		WOM3	0.789	0.873		
		WOM4	0.778	0.879		
钱包份额（SW）		SW1	0.649	0.670		9.769
		SW2	0.616	0.675		
		SW3	0.579	0.729		
刺激寻求（SS）		SS1	0.695	0.925		0.928
		SS2	0.782	0.917		
		SS3	0.773	0.918		
		SS4	0.841	0.911		
		SS5	0.823	0.912		
		SS6	0.785	0.916		
		SS7	0.717	0.923		

注：本章对变量重新编码。

6.5.3　效度检验

（1）内容效度

感知零售商创新性量表是严格按照量表开发过程形成的，感知独特性、社会价值、再惠顾意图、口碑和钱包份额、刺激寻求的问卷内容，系依据研究目的，并参考专家学者所提出的成熟量表，经过相关文献分析再加以修正，使问卷内容符合本书要求。因此，本章问卷在内容效度上应达到一定的水平，即问卷具有内容适当性。

（2）收敛效度

从因素载荷、信度与平均萃取变异量（AVE）三个方面进行评估（Hair等，2006）。Bagozzi和Yi（1988）认为因素负荷量（λ值）与平均萃取变异量（AVE）应大于0.5。Jōreskog和Sōrbom（1988）认为，可以从观测变量因子载荷的显著性程度（t值）判断，观测变量的因子载荷大于0.45，并达到显著水平。因此，本章利用AMOS23.0软件，对所构建的模型进行验证性因子分析，以因子载荷＞0.45（达到显著水平），且AVE＞0.5为标准来判断概念的收敛效度。利用AMOS27软件分别对消费者感知零售商创新性、感知价值和口碑推荐进行验证性因子分析（CFA）。

在消费者感知零售商创新性CFA模型拟合指标中（见表6-7），卡方值 $\chi^2=408.289$，自由度 df=94，$\chi^2/df=4.344$（P=0.000），RMSEA=0.074，GFI=0.919，NFI=0.940，CFI=0.953，达到理想水平，表明模型拟合状况良好，模型拟合图如图6-2所示。由表6-8可见，感知零售商创新性各题项的因子载荷均在0.5以上，其t值均已达显著水平，平均萃取变异量（AVE）都在参考值0.5以上，组合信度大于0.7，符合可接受标准值（Fornell和Larcker，1981），表明消费者感知零售商创新性量表的收敛效度在可接受的范围内。

表6-7　　　　　消费者感知零售商创新性CFA模型拟合指标

拟合度	χ^2	df	χ^2/df	p	RMSEA	GFI	NFI	CFI
拟合值	408.289	94	4.344	0.000	0.074	0.919	0.940	0.953

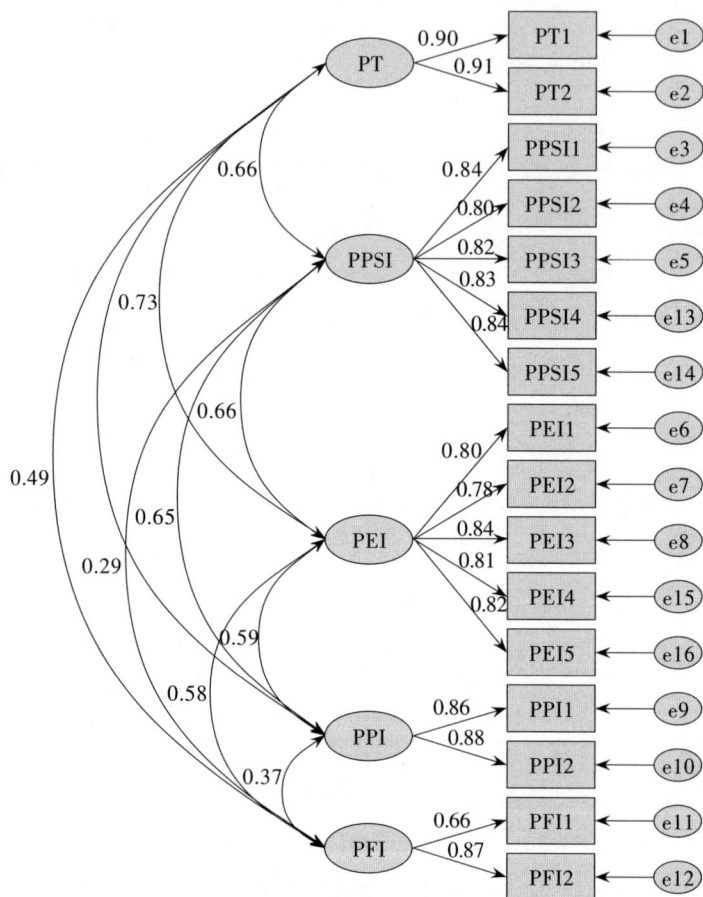

图6-2　消费者感知零售商创新性CFA模型拟合图

表6-8　　　消费者感知零售商创新性模型的因子载荷和AVE值

潜变量	问项	标准化因子载荷	标准误	C.R.	P	AVE	组合信度
PTI	PT1	0.901				0.821	0.902
	PT2	0.911	0.036	28.229	***		
PPSI	PPSI1	0.835				0.684	0.915
	PPSI2	0.798	0.039	23.122	***		
	PPSI3	0.824	0.045	24.290	***		
	PPSI4	0.834	0.047	24.725	***		
	PPSI5	0.842	0.044	25.101	***		
PEI	PEI1	0.803				0.656	0.905
	PEI2	0.780	0.047	20.806	***		

续表

潜变量	问项	标准化因子载荷	标准误	C.R.	P	AVE	组合信度
PEI	PEI3	0.836	0.040	23.201	***	0.656	0.905
	PEI4	0.811	0.043	22.286	***		
	PEI5	0.817	0.044	22.486	***		
PPI	PPI1	0.864				0.756	0.861
	PPI2	0.875	0.047	20.806	***		
PFI	PFI1	0.659				0.600	0.746
	PFI2	0.875	0.094	11.288	***		

注：***表示P＜0.001。

在感知独特性CFA模型拟合指标中（见表6-9），卡方值 $\chi^2=0$，自由度df＝0，RMSEA＝0.960，GFI＝1，NFI＝1，CFI＝1，表明模型拟合状况较优，模型拟合图如图6-3所示。由表6-10可见，感知独特性各题项的因子载荷均在0.7以上，其 t 值均已达显著水平，平均萃取变异量（AVE）在参考值0.5以上，组合信度大于0.7，符合可接受标准值，表明感知独特性量表的收敛效度在可接受的范围内。

表6-9　　　　　　　感知独特性CFA模型的拟合指数

拟合度	χ^2	df	χ^2/df	p	RMSEA	GFI	NFI	CFI
拟合值	0	0	/	/	0.960	1	1	1

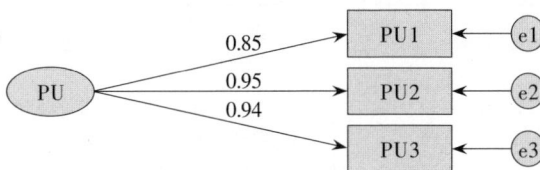

图6-3　感知独特性CFA模型拟合图

表6-10　　　　　　感知独特性CFA模型因子载荷和AVE值

潜变量	问项	标准化因子载荷	标准误	C.R.	P	AVE	组合信度
PU	PU1	0.847				0.837	0.939
	PU2	0.954	0.034	32.859	***		
	PU3	0.940	0.035	32.294	***		

在社会价值CFA模型拟合指标中（见表6-11），卡方值 $\chi^2=19.288$，自由度df＝6，χ^2/df＝3.215，RMSEA＝0.061，GFI＝0.990，NFI＝0.995，

CFI＝0.996，表明模型拟合状况较优，模型拟合图如图6-4所示。由表6-12可见，社会价值各题项的因子载荷均在0.7以上，其t值均已达显著水平，平均萃取变异量（AVE）在参考值0.5以上，组合信度大于0.7，符合可接受标准值，表明社会价值量表的收敛效度在可接受的范围内。

表6-11　　　　　　　　感知独特性CFA模型拟合指标

拟合度	χ^2	df	χ^2/df	p	RMSEA	GFI	NFI	CFI
拟合值	19.288	6	3.215	0.004	0.061	0.990	0.995	0.996

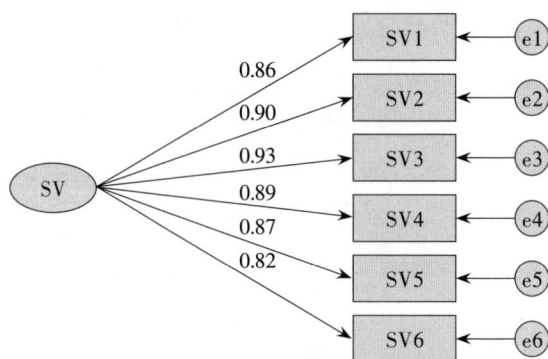

图6-4　社会价值CFA模型拟合图

表6-12　　　　　　　　社会价值CFA模型因子载荷和AVE值

潜变量	问项	标准化因子载荷	标准误	C.R.	P	AVE	组合信度
SV	SV1	0.858				0.775	0.954
	SV2	0.904	31.195	0.030	***		
	SV3	0.931	33.157	0.029	***		
	SV4	0.891	30.335	0.033	***		
	SV5	0.871	28.998	0.034	***		
	SV6	0.821	26.042	0.037	***		

在再惠顾意图CFA模型拟合指标中（见表6-13），卡方值χ^2＝7.527，自由度df＝3，χ^2/df＝2.509（p=0.057），RMSEA＝0.050，GFI＝0.995，NFI＝0.997，CFI＝0.998，表明模型拟合状况较优，模型拟合图

如图6-5所示。由表6-14可见，再惠顾意图各题项的因子载荷均在0.5以上，其t值均已达显著水平，平均萃取变异量（AVE）都在参考值0.5以上，组合信度大于0.7，符合可接受标准值，表明再惠顾意图量表的收敛效度在可接受的范围内。

表6-13   在再惠顾意图CFA模型拟合指标

拟合度	χ^2	df	χ^2/df	p	RMSEA	GFI	NFI	CFI
拟合值	7.527	3	2.509	0.057	0.050	0.995	0.997	0.998

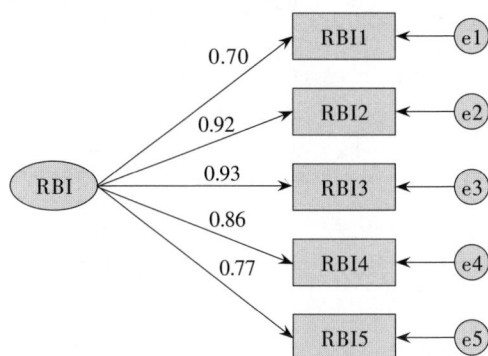

图6-5   再惠顾意图CFA模型拟合图

表6-14   再惠顾意图CFA模型因子载荷和AVE值

潜变量	问项	标准化因子载荷	标准误	C.R.	P	AVE	组合信度
RBI	RBI1	0.701				0.706	0.922
	RBI2	0.920	0.051	21.457	***		
	RBI3	0.930	0.052	21.652	***		
	RBI4	0.861	0.057	20.178	***		
	RBI5	0.765	0.051	18.014	***		

在口碑CFA模型拟合指标中（见表6-15），卡方值$\chi^2=0$，自由度df=0，RMSEA=0.670，GFI=1，NFI=1，CFI=1，表明模型总体拟合较优，模型拟合图如图6-6所示。由表6-16可见，口碑各题项的因子载荷均在0.5以上，其t值均已达显著水平，平均萃取变异量（AVE）都

在参考值0.5以上，组合信度大于0.7，符合可接受标准值，表明口碑量表的收敛效度在可接受的范围内。

表6-15 口碑CFA模型拟合指标

拟合度	χ^2	df	χ^2/df	p	RMSEA	GFI	NFI	CFI
拟合值	0	0	/	/	0.670	1	1	1

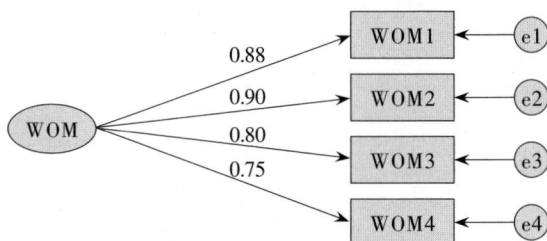

图6-6 口碑CFA模型拟合图

表6-16 口碑CFA模型因子载荷和AVE值

潜变量	问项	标准化因子载荷	标准误	C.R.	P	AVE	组合信度
WOM	WOM1	0.867				0.689	0.898
	WOM2	0.899	0.038	25.012	***		
	WOM3	0.796	0.047	20.469	***		
	WOM4	0.749	0.045	21.182	***		

在钱包份额CFA模型拟合指标中（见表6-17），卡方值$\chi^2=0$，自由度df=0，RMSEA=0.531，GFI=1，NFI=1，CFI=1，表明模型拟合较优，模型拟合图如图6-7所示。由表6-18可见，钱包份额各题项的因子载荷均在0.5以上，其t值均已达显著水平，平均萃取变异量（AVE）都在参考值0.5以上，组合信度大于0.7，符合可接受标准值，表明钱包份额量表的收敛效度在可接受的范围内。

表6-17 钱包份额CFA模型拟合指标

拟合度	χ^2	df	χ^2/df	p	RMSEA	GFI	NFI	CFI
拟合值	0	0	/	/	0.531	1	1	1

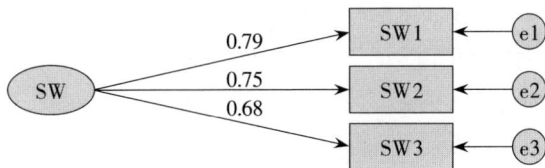

图6-7　钱包份额CFA模型拟合图

表6-18　　　　钱包份额CFA模型因子载荷和AVE值

潜变量	问项	标准化因子载荷	标准误	C.R.	P	AVE	组合信度
SW	SW1	0.793				0.548	0.784
	SW2	0.748	0.087	14.120	***		
	SW3	0.675	0.085	13.750	***		

在刺激寻求 CFA 模型拟合指标中（见表6-19），卡方值 $\chi2=$ 55.449，自由度 df=13，$\chi2/df=4.265$（p=0.000），RMSEA＝0.074，GFI ＝0.975，NFI＝0.982，CFI＝0.986，表明模型拟合状况较优，模型拟合图如图6-8所示。由表6-20可见，刺激寻求各题项的因子载荷均在0.5以上，其t值均已达显著水平，平均萃取变异量（AVE）都在参考值0.5以上，组合信度大于0.7，符合可接受标准值，表明刺激寻求量表的收敛效度在可接受的范围内。

表6-19　　　　　　　刺激寻求CFA模型拟合指标

拟合度	χ^2	df	χ^2/df	p	RMSEA	GFI	NFI	CFI
拟合值	55.449	13	4.265	0.000	0.074	0.975	0.982	0.986

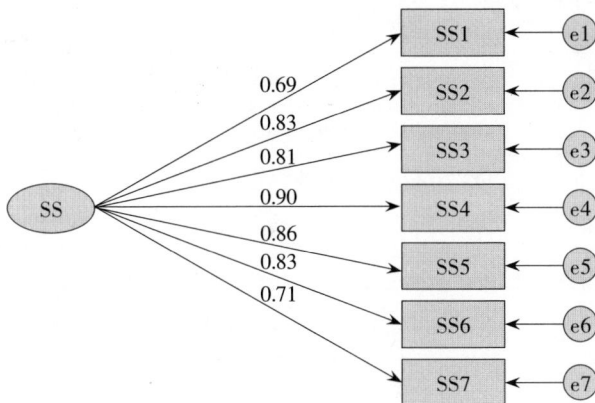

图6-8　刺激寻求CFA模型拟合图

表6-20　　　　　　　刺激寻求CFA模型因子载荷和AVE值

潜变量	问项	标准化因子载荷	标准误	C.R.	P	AVE	组合信度
SS	SS1	0.687				0.650	0.928
	SS2	0.830	0.060	18.794	***		
	SS3	0.813	0.069	18.453	***		
	SS4	0.896	0.062	20.100	***		
	SS5	0.857	0.066	19.343	***		
	SS6	0.829	0.059	18.783	***		
	SS7	0.707	0.050	19.774	***		

（3）区别效度

表6-21的分析结果显示，各构念的平均萃取变异量（AVE）的平方根均大于变量间相关系数，表明本研究不同概念具有良好的区别效度。

表6-21　　潜变量的相关系数和平均萃取变异量（AVE）平方根

	PTI	PPSI	PEI	PPI	PFI	PU	SV	RPI	WOM	SW	SS
PTI	0.906										
PPSI	0.602**	0.827									
PEI	0.655**	0.602**	0.810								
PPI	0.507**	0.580**	0.521**	0.869							
PFI	0.376**	0.179**	0.453**	0.272**	0.775						
PU	0.450**	0.390**	0.594**	0.325**	0.407**	0.915					
SV	0.400**	0.299**	0.470**	0.203**	0.349**	0.675**	0.880				
RPI	0.434**	0.455**	0.407**	0.426**	0.196**	0.375**	0.345**	0.840			
WOM	0.497**	0.431**	0.512**	0.367**	0.362**	0.517**	0.506**	0.622**	0.830		
SW	0.314**	0.253**	0.275**	0.219**	0.132**	0.214**	0.258**	0.496**	0.509**	0.740	
SS	0.278**	0.292**	0.347**	0.232**	0.168**	0.249**	0.202**	0.194**	0.238**	0.124**	0.806

注：①**表示在0.01的水平下显著（双尾）。②对角线下方为相关系数矩阵。③对角线数字为各个潜变量的平方差萃取量（AVE）的平方根。

6.5.4 结构方程模型分析

运用AMOS26.0软件进行结构方程模型分析以对模型和假设进行检验。在变量设定时，以感知独特性、社会价值、消费者忠诚的三个维度（再惠顾意图、口碑和钱包份额）变量为内生变量，这些变量在路径分析模型图中作为依变量，外生变量为消费者感知零售商创新性，这个变量在路径分析模型中作为自变量。由于各个构面的信度、收敛效度及区别效度均达到可接受的范围，采用单一衡量指标取代多重指标是可行的，因此消费者感知零售商创新性以衡量题项得分的均值作为其得分。如此操作可以有效地缩减衡量指标的数目，而使整体模式的衡量在执行分析时可行，否则若将所有的题项均纳入衡量指标，则会由于涉及变量太多而使得AMOS26.0软件无法运行。

表6-22呈现的是模型注解，模型的适配度卡方值 $\chi^2=11.022$，自由度 DF＝3，$\chi^2/df＝3.674$，显著性概率（p=0.012）达到显著性水平，达到模型可以适配标准，即假设模型图与观察数据相契合。RMSEA＝0.067<0.08，CFI＝0.995>0.90，GFI＝0.994>0.90，NFI＝0.993>0.90，均达到模型适配标准，表示假设模型与观察数据能适配。

表6-22 　　　　　　　　　各变量关系CFA模型拟合指标

拟合度	χ^2	df	χ^2/df	p	RMSEA	GFI	NFI	CFI
拟合值	11.022	3	3.674	0.012	0.067	0.994	0.993	0.995

表6-23、图6-9显示了各变量关系的标准化回归系数。消费者感知零售商创新性正向影响感知独特性（β=0.573，sig.=000），感知独特性正向影响社会价值（β=0.675，sig.=000），社会价值正向影响再惠顾意图（β=0.146，sig.=000）、口碑（β=-0.246，sig.=000）和钱包份额（β=0.146，sig.=000）。因此，H_1、H_2、H_3、H_4均得到证实。

表6-23　　　　　　多变量关系的CFA模型的标准化回归系数

路径	标准化系数	标准误差	C.R.	P
PU←PRI	0.573	0.050	17.185	***
SV←SRA	0.675	0.030	22.454	***
RPI←SV	0.146	0.028	3.854	***
WOM←SV	0.246	0.038	6.041	***
SW←SV	0.146	0.024	3.499	***

注：***表示P＜0.001。

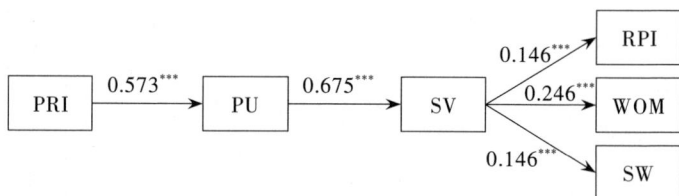

注：***表示P＜0.001。

图6-9　消费者感知零售商创新性对消费者忠诚的影响：信息路径

6.5.5　中介效应分析

采用Bootstrap方法（5 000次）检验中介效应。以消费者感知零售商创新性为自变量，分别以再惠顾意图、口碑和钱包份额为因变量，以感知独特性和社会价值为中介变量，运行SPSS软件的PROCESS插件，引入中介效应模型（模型6）。计算结果分别如表6-24、表6-25和表6-26所示。

表6-24　　　　消费者感知零售商创新性对再惠顾意图的影响路径

影响路径	效应值	标准误	Boot CI下限	Boot CI上限
①PRI→RPI	0.4650	0.0470	0.3734	0.5579
②PRI→PU→RPI	0.0335	0.0368	−0.0394	0.1070
③PRI→SV→RPI	0.0129	0.0081	0.0007	0.0318
④PRI→PU→SV→RPI	0.0457	0.0209	0.0049	0.0875
⑤总效应	0.5577	0.0386	0.4818	0.6336

注：直接效应统计值：t=9.9163，p=0.000；总效应统计值：t=14.4321，p=0.000。

由表6-24可见，在间接效应中，路径②的置信区间包含0，说明中介效应不存在。路径③、路径④的置信区间均不包含0，说明中介效应存在。进一步观察直接效应的Bootstrap95%的置信区间为［0.3734，0.5579］，不包含0，说明中介效应为部分中介效应。其中一个中介变量的路径为：PRI→SV→RPI，两个中介变量的路径为：PRI→PU→SV→RPI。因此，消费者感知零售商创新性直接影响再惠顾意图，还通过两条路径间接影响再惠顾意图：一条路径是通过社会价值影响再惠顾意图；另一条路径是通过感知独特性影响社会价值，进而影响再惠顾意图。

表6-25　　　消费者感知零售商创新性对口碑的影响路径

影响路径	效应值	标准误	Boot CI下限	Boot CI上限
①PRI→WOM	0.5317	0.0543	0.4250	0.6384
②PRI→PU→WOM	0.2654	0.0388	0.0207	0.1961
③PRI→SV→WOM	0.0340	0.0142	0.0095	0.0648
④PRI→PU→SV→WOM	0.1209	0.0265	0.0715	0.1766
⑤总效应	0.7971	0.0473	0.7042	0.8900

注：直接效应统计值：$t=9.7855$，$p=0.000$；总效应统计值：$t=16.8549$，$p=0.000$。

由表6-25可见，在间接效应中，路径②、路径③、路径④的置信区间均不包含0，说明中介效应存在。进一步观察直接效应的Bootstrap95%的置信区间为［0.4250，0.6384］，不包含0，说明中介效应为部分中介效应。因此，消费者感知零售商创新性既直接影响口碑，又通过三条路径间接影响口碑，这三条间接影响路径分别是：感知零售商创新性→感知独特性→口碑；感知零售商创新性→社会价值→口碑；感知零售商创新性→感知独特性→社会价值→口碑。

表6-26　　　消费者感知零售商创新性对钱包份额的影响路径

影响路径	效应值	标准误	Boot CI下限	Boot CI上限
①PRI→SW	0.2286	0.0400	0.1500	0.3071
②PRI→PU→SW	−0.0288	0.0290	−0.0881	0.0268
③PRI→SV→SW	0.0149	0.0071	0.0030	0.0304
④PRI→PU→SV→SW	0.0530	0.0177	0.0193	0.0897
⑤总效应	0.2677	0.0329	0.2031	0.3322

注：直接效应统计值：$t=5.7116$，$p=0.000$；总效应统计值：$t=8.1441$，$p=0.000$。

由表 6-26 可见，在间接效应中，路径②的置信区间包含 0，说明中介效应不存在。路径③、路径④的置信区间不包含 0，说明中介效应存在。进一步观察直接效应的 Bootstrap95% 的置信区间为 [0.1500，0.3071]，不包含 0，说明中介效应为部分中介效应。因此，一方面，消费者感知零售商创新性直接影响钱包份额；另一方面，通过两条路径间接影响钱包份额，一条路径是 PRI→SV→SW，通过社会价值影响钱包份额；另一条路径是 PRI→PU→SV→SW，即通过感知独特性影响社会价值，进而影响钱包份额。

中介效应分析结果显示，感知零售商创新性会通过多重信息路径影响消费者忠诚。一个中介变量的路径有：消费者感知零售商创新性→感知独特性→忠诚（口碑）、消费者感知零售商创新性→社会价值→忠诚（再惠顾意图、口碑和钱包份额）；两个中介变量的路径为：消费者感知零售商创新性→感知独特性→社会价值→忠诚（钱包份额）。因此，H_2-H_4 进一步得到证实，同时发现感知零售商创新性直接影响再惠顾意图、口碑和钱包份额，即 H_1 得到证实。

6.5.6 刺激寻求的调节作用

按消费者感知零售商创新性的总样本均值（4.848）将感知零售商创新性分为高（N＝333）、低（N＝271）两组，并进行独立样本 T 检验。分组统计量显示：高感知零售商创新性均值＝5.508，标准偏差＝0.466；低感知零售商创新性均值＝4.037，标准偏差＝0.689。初步看来，高感知零售商创新性组比低感知零售商创新性组的分数高出 1.471 分。查看表 6-27 所示方差齐性等同性检验结果：F＝23.676，Sig.＝0.000，说明两个子总体的方差不相同。进一步参考均值等同性 T 检验结果：t＝−29.986，df＝457.220，T 检验的结果显示 Sig.＝0.000，所以有足够的理由说明两个子总体的均值不等，即高感知零售商创新性组、低感知零售商创新性组的平均分数存在显著差异。

表6-27　　　　　　　　感知零售商创新性独立样本T检验结果

		方差齐性等同性检验		均值等同性T检验						
		F	Sig.	T	DF	Sig.	平均值差值	标准误差差值	差值95%置信区间	
									下限	上限
PRI	假定等方差	23.676	0.000	−31.154	602	0.000	−1.470	0.047	−1.563	−1.377
	不假定等方差			−29.986	457.220	0.000	−1.470	0.049	−1.567	−1.374

按刺激寻求的总样本均值（4.865）将感知零售商创新性分为高（N=286）、低（N=318）两组，并进行独立样本T检验。分组统计量显示：低刺激寻求均值=3.943，标准偏差=0.821；高刺激寻求均值=5.694，标准偏差=0.566。初步看来，高刺激寻求组比低刺激寻求组的分数高出1.751分。查看表6-28所示方差齐性等同性检验结果：F=46.632，Sig.=0.000，说明两个子总体的方差不同。进一步参考均值等同性T检验结果：t=−30.181，df=498.828，T检验的结果显示Sig.=0.000，所以有足够的理由说明两个子总体的均值不等，即高刺激寻求组、低刺激寻求组的平均分数存在显著差异。

表6-28　　　　　　　　刺激寻求独立样本T检验结果

		方差齐性等同性检验		均值等同性T检验						
		F	Sig.	T	DF	Sig.	平均值差值	标准误差差值	差值95%置信区间	
									下限	上限
PRI	假定等方差	46.632	0.000	−30.756	602	0.000	−1.752	0.057	−1.863	−1.640
	不假定等方差			−30.181	498.828	0.000	−1.752	0.058	−1.866	−1.637

以消费者感知零售商创新性、刺激寻求及它们的乘积（消费者感知零售商创新性×刺激寻求）为自变量，以感知独特性为因变量进行GLM回归分析。由表6-29可知，模型的拟合度较好（修正的R^2=0.207），观测变量可以被模型较好地解释（F=53.550，Sig.=0.000<0.05，R^2=0.211）。在0.05的显著水平下，消费者感知零售商创新性与销售员响应性对消费者-零售商情感有显著的交互作用（F=4.798，P=0.029）。

表6-29　　感知零售商创新性与刺激寻求对感知独特性的
交互效应检验结果

源	Ⅲ类平方和	自由度	均方	F	sig
修正模型	247.557ᵃ	3	82.519	53.550	0.000
截距	7 978.698	1	7 978.698	5 177.751	0.000
感知零售商创新性	178.013	1	178.013	115.521	0.000
刺激寻求	9.127	1	9.127	5.923	0.015
感知零售商创新性×刺激寻求	7.393	1	7.393	4.798	0.029
误差	924.575	600	1.541		
总计	10 631.889	604			
修正后总计	1 172.132	603			

a.R^2 = 0.211（调整后 R^2 =0.207）

　　图6-10呈现了感知零售商创新性和销售员响应性对消费者-零售商情感的交互效应，即感知零售商创新性对消费者-零售商情感的影响因销售员响应性高低而不同。具体来说，感知零售商创新性对消费者-零售商情感的影响随着销售员响应程度的提高而增大，即销售员响应性对感知零售商创新性和消费者-零售商情感的关系有正向强化作用，从而H_5得到证实。

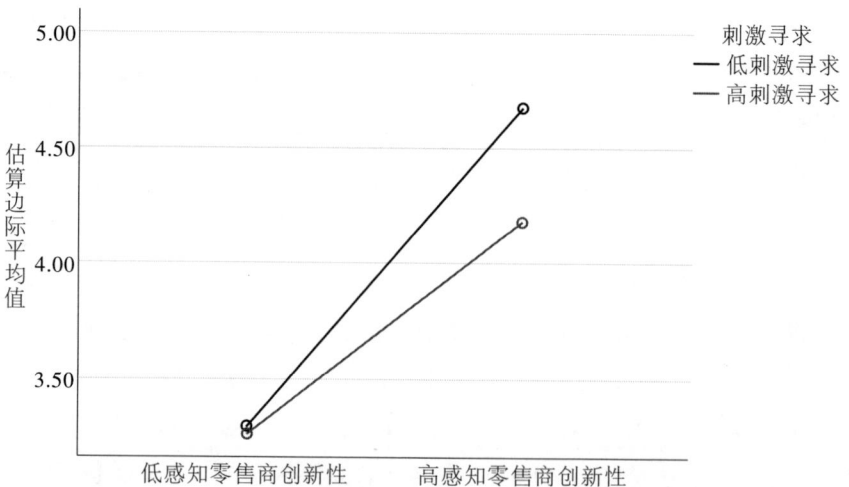

图6-10　感知零售商创新性和刺激寻求对感知独特性的交互效应

6.6　研究小结

　　本章基于零售顾客感知归类模型和刺激水平理论，构建了消费者感知零售商创新性对消费者忠诚（再惠顾意图、口碑和钱包份额）产生影响的信息路径理论模型，并在这种作用路径中引入刺激寻求调节变量。实证分析结果表明，消费者感知零售商创新性直接影响再惠顾意图、口碑和钱包份额。同时，消费者感知零售商创新性通过感知独特性间接影响口碑；感知零售商创新性通过社会价值间接影响再惠顾意图、口碑和钱包份额；消费者感知零售商创新性影响感知独特性，继而影响社会价值，并最终影响再惠顾意图、口碑和钱包份额。此外，刺激寻求在感知零售商创新性对消费者忠诚作用路径的前半段（感知零售商创新性→感知独特性）中有正向调节作用。

7　研究结论、营销启示与未来展望

7.1　研究结论和讨论

7.1.1　感知零售商创新性的内容结构和量表开发

基于消费者视角的零售企业创新研究十分薄弱，一个可能的原因在于，缺乏成熟的消费者感知零售商创新性测量工具，而量表的研究是这一重要工作的起点。Lin（2013，2015，2016）虽然做过一些有益的探索，但是他们开发的量表主要是针对中国台湾的便利店而设计的，并不适用于地域分布广泛、业态多样化的中国大陆市场，也不能反映智能化、数字化、新零售等零售领域急剧变革的新趋势。

本书基于"信号或线索刺激–感知特性"的逻辑，对感知零售商创新性概念化，认为感知零售商创新性是消费者对零售商创新性水平的一种主观感知或评价，这种主观感知或评价是消费者基于零售商各种创新的刺激而综合形成的。在此基础上，按照量表开发的科学研究方法，重新开发了消费者感知零售商创新性的测量量表，并进行实证检验。研究结果表明，消费者感知零售商创新性主要包括感知技术创新性、感知产品与服务创新性、感知体验创新性、感知促销创新性和感知业态创新性5个维度16个问项，各个构成维度之间显著相关，它们代表了消费者感知零售商创新性的构成内容。颠覆性的零售技术提高了生产力和成本优化（Cervantes 和 Franco，2020），业态创新对零售商至关重要，因为它是可见的，面向客户的，并被视为对品牌定位、增长和差异化有重大影响（Hristov 和 Reynold，2015），因此本书开发的量表包含感知技术创新性和感知业态创新性两个维度。对于消费者来说，零售是同时把产品和服务提供给消费者的一系列活动（菲利浦·科特勒，2022），因此本量表中将感知产品创新性与感知服务创新性合并为一个维度，即"感知产品和服务创新性"。此外，本书开发的量表测项中提出一些新的要素，如感知产品和服务创新性中的"配送服务"和"配套服务"，感知体验创新性中的"装修风格独特""有趣的文艺娱乐活动""节日特别布置"，以及感知促销创新性中的"多种促销组合方式"等，这些内容更加贴近零售商的创新实践。该量表为今后开展零售商创新相关的实证研究提供了测量工具。

为了进一步检验消费者感知零售商创新性量表的效用，本书基于零售顾客感知归类模型和信号传递理论，构建了消费者感知零售商创新性、感知价值和口碑之间的因果关系模型。实证研究结果表明，消费者感知零售商创新性对口碑推荐存在显著的正向影响，感知价值具有中介作用，从而表明本书开发的量表的信度和效度得到了实证研究数据的支持。

7.1.2 消费者感知零售商创新性对消费者忠诚的影响：经济路径

本书基于 S-E-D 理论、价格-感知质量模型和线索利用理论，构建了消费者感知零售商创新性对消费者忠诚（再惠顾意图、口碑和钱包份额）产生影响的经济路径理论模型，并在这种作用路径中引入零售业态调节变量。通过对842份有效样本的实证研究发现：

感知零售商创新性直接正向影响再惠顾意图和口碑；感知零售商创新性正向影响假定昂贵，假定昂贵正向影响感知质量和感知牺牲；感知质量负向影响感知牺牲；感知质量正向影响实用价值，感知牺牲负向影响实用价值；实用价值正向影响再惠顾意图、口碑和钱包份额；零售业态在感知零售商创新性对消费者忠诚作用路径的前半段关系（感知零售商创新性→假定昂贵）中有调节作用，其中百货商店影响最大，超级市场影响次之，便利店影响最小。中介效应分析结果表明，感知零售商创新性会通过多重经济路径影响消费者忠诚。一个中介变量的路径有：感知零售商创新性→假定昂贵→忠诚（再惠顾意图、口碑、钱包份额）、感知零售商创新性→感知质量→忠诚（再惠顾意图、口碑）、感知零售商创新性→感知牺牲→忠诚（再惠顾意图、口碑）、感知零售商创新性→实用价值→忠诚（再惠顾意图、口碑、钱包份额）。两个中介变量的路径有：感知零售商创新性→假定昂贵→感知质量→忠诚（再惠顾意图、钱包份额）、感知零售商创新性→假定昂贵→感知牺牲→忠诚（再惠顾意图、口碑）、感知零售商创新性→假定昂贵→实用价值→忠诚（再惠顾意图、口碑、钱包份额）、感知零售商创新性→感知质量→感知牺牲→忠诚（再惠顾意图）、感知零售商创新性→感知质量→实用价值→忠诚（再惠顾意图、钱包份额）、感知零售商创新性→感知牺牲→实用价值→忠诚（再惠顾意图、钱包份额）。三个中介变量的路径有：感知零售商创新性→假定昂贵→感知质量→感知牺牲→忠诚（再惠顾意图）、感知零售商创新性→假定昂贵→感知质量→实用价值→忠诚（再惠顾意图、口碑、钱包份额）、感知零售商创新性→假定昂贵→感知牺牲→实用价值→忠诚（再惠顾意图、钱包份额）、感知零售商创新性→感知质量→感知牺牲→实用价值→忠诚（再惠顾意图、钱包份额）。四个中介变量的路径有：感知零售商创新性→假定昂贵→感知质量→感知牺牲→实用价值→忠诚（再惠顾意图、钱包份额）。

感知零售商创新性正向影响再惠顾意图和口碑，但对钱包份额的直接效应并不存在。其可能的解释是：第一，数字化环境下购买渠道日益分散化，购物方式也更多元化，消费者可能对多个零售商创新行为均给予较高评价，因而可能惠顾其他同类商店；第二，再次惠顾、良好口碑并不意味着实际购买，而钱包份额是购买行为的真实反映。

零售业态是指全部零售营销要素组合而形成的店铺营业形态，其外延强调的是形成的营业形态（店铺）类型，如百货商店、超级市场、便利商店、仓储商店、折扣商店等。Sweeney 和 Wyber（2002）在探讨音乐对情绪、认知过程及趋近趋避行为之间的关系时，最后也提及在不同形态的商店环境、不同产品下，这样的影响可能会有所不同，因此需要更多针对不同商店类型进行分析。本书发现，零售业态在感知零售商创新性和假定昂贵关系中具有调节作用，百货商店影响最大，超级市场影响次之，便利店影响最小，这一研究结论与初始假设不完全相符，其原因可能与不同零售业态的特征和消费者的搜寻成本有关。不同的零售业态具有不同的特征，代表着不同的消费行为和消费场所（王德章、朱正杰，2005），不同的商店形态、商品种类和商店环境因子对消费者知觉价值的影响可能会有所差异（Baker 等，1994）。由于百货商店的商品种类繁多，而商品种类越多，差别化程度越高，导致顾客掌握的信息过量，在甄别商品过程中会付出更高的信息成本（黄翼，2020）；便利店的产品特点是便利，本身就是贴近顾客并及时了解顾客的需求，同时由于店铺规模较小，搜寻信息成本是三者中最低的；超级市场已有的一站式购齐和低价策略就已经帮助顾客准确地知道超市中拥有商品的种类和价格，搜寻产品的信息成本较低（杜传文等，2011）。

7.1.3 消费者感知零售商创新性对消费者忠诚的影响：情感路径

本书基于认知-情感-行为理论和服务互动理论，构建了消费者感知零售商创新性对消费者忠诚（再惠顾意图、口碑和钱包份额）产生影响的情感路径理论模型，并在这种作用路径中引入销售员响应性调节变量。通过对 527 个有效样本的研究发现：

感知零售商创新性直接影响消费者忠诚（再惠顾意图、口碑和钱包份额）；感知零售商创新性正向影响消费者-零售商情感；消费者-零售商情感正向影响享乐价值；享乐价值正向影响消费者忠诚（再惠顾意图、口碑和钱包份额）；销售员响应性在感知零售商创新性对消费者忠诚作用路径的前半段关系（感知零售商创新性→消费者-零售商情感）中有正向调节作用，即销售员响应性越高，感知零售商创新性对消费者-零售商情感的正向影响越大。中介效应分析结果表明，感知零售商创新性会通过三条情感路径影响消费者忠诚：感知零售商创新性→消费者-零售商情感→忠诚（再惠顾意图、口碑）、感知零售商创新性→享乐价值→忠诚（钱包份额）、感知零售商创新性→消费者-零售商情感→享乐价值→忠诚（钱包份额）。

中介效应引出的一个有趣现象是：感知零售商创新性对忠诚三个维度产生影响的情感路径是不同的。对于再惠顾意图和口碑，中介变量是消费者-零售商情感；而对于钱包份额，中介变量是享乐价值。这意味着，消费者对零售商创新活动一旦形成较高的评价，那么该评价就可能会影响消费者-零售商情感，也可能会影响享乐价值。如果消费者在这个过程中增强了消费者-零售商情感，那么就可能会希望今后能再次体验这份情感，或者将这份美好的情感与人分享，但可能只是为了回忆或重现那份美好，而未必付诸现实的购买行动，因而不会影响钱包份额。相反，如果消费者在这个过程中增强了享乐价值，那么根据交易关系中的互惠原则，在以前一段时间内消费者可能反复购买了这家商店的产品，导致钱包份额增长。然而，再惠顾意图是未来选择，追求享乐价值的消费者因具有多样化选择倾向而转向其他零售商店。至于为什么不影响口碑，我们做如下猜想：如果消费者不断进行正面宣传，那么到此零售商店的顾客不断增多，这会引发诸如商店拥挤、环境嘈杂之类的问题，进而影响购物体验和心情。

7.1.4 消费者感知零售商创新性对消费者忠诚的影响：信息路径

本书基于零售顾客感知归类模型和刺激水平理论，构建了消费者感知零售商创新性对消费者忠诚（再惠顾意图、口碑和钱包份额）产生影响的信息路径理论模型，并在这种作用路径中引入刺激寻求调节变量。

通过对604个有效样本的实证分析发现：

消费者感知零售商创新性直接影响消费者忠诚（再惠顾意图、口碑和钱包份额）。感知零售商创新性正向感知独特性；感知独特性正向影响社会价值；社会价值正向影响消费者忠诚（再惠顾意图、口碑和钱包份额）；刺激寻求在感知零售商创新性对消费者忠诚作用路径的前半段关系（感知零售商创新性→感知独特性）中有正向调节作用，即刺激寻求越高，感知零售商创新性对感知独特性的正向影响越大。中介效应分析结果表明，感知零售商创新性会通过三条信息路径影响消费者忠诚：感知零售商创新性→感知独特性→忠诚（口碑）、感知零售商创新性→社会价值→忠诚（再惠顾意图、口碑和钱包份额）、感知零售商创新性→感知独特性→社会价值→忠诚（再惠顾意图、口碑和钱包份额）。

感知零售商创新性与再惠顾意愿、口碑和钱包份额之间均呈正相关关系，即消费者在购物过程中越能感知到零售商的创新性，其对该零售商店的再惠顾意愿越高、该零售商店的口碑越好，钱包份额越大。相较于再惠顾意愿和钱包份额，感知社会价值对口碑的影响最强。这一结论印证了Lin（2013，2015，2016）的研究发现，即感知零售商创新性会增强消费者忠诚。零售商通过持续创新不仅可以吸引和留住消费者，还能在市场竞争中占据优势地位（Riegger等，2021）。

Tian和McKenzie（2001）的研究表明，消费者到非传统零售商店光顾会增加其对自身独特性的感知，这在本研究中得到了印证。本书发现，感知零售商创新性对感知独特性有显著的正向影响。消费者感知零售商创新性意味着消费者在购物过程中从零售商店提供的产品、服务、技术、体验中察觉到了零售商店所具备的创新能力，这使得该零售商店在消费者眼中比其他零售商店更与众不同，而身处其中的消费者则会因此认为自己比其他零售商店中的消费者更具独特性。相较于传统零售商店，具有创新性的零售商店能够持久地为消费者提供更加新颖和独特的产品、服务、技术、体验等，这与消费者持续的独特性需求相契合。

感知独特性与感知社会价值呈正相关关系，即消费者对自我独特性的感知越强，其感知到的社会价值越高。这与van-Doeselaar等（2018）的研究结论在本质上是一致的，他们研究发现，感知独特性可以预测更高的社会幸福感。在购物过程中感知到高度独特性的消费者会进一步通过与其他消费者比较来肯定自己的独特性认知，与该店内的其他消费者相比时，他们首先会认同该店内的其他消费者的独特性，因为处于同一零售商店内的消费者更容易产生相似的感知，因此反过来店内其他消费者更能认同自己的独特性，从而感知到高度独特性的消费者能在店内群体中获得社会价值的提升；而与该店外的其他消费者相比时，他们则会认为自己所处的零售商店内的消费群体更具独特性，并从贬低其他商店消费群体的独特性中获得社会价值的提升。

感知社会价值与再惠顾意愿、口碑和钱包份额之间均呈正相关关系，即消费者感知到的社会价值越高，其再惠顾意愿越高、口碑越好、钱包份额越大。这验证了 Willems 等（2016）、Moharana 和 Pradhan（2020）和 Shaikh 等（2018）的观点，他们认为感知社会价值对消费者再惠顾意愿、口碑和钱包份额具有显著正向的影响。消费者不仅通过购物满足实际商品需求，还以购物为手段进行社交活动（Moharana 和 Pradhan，2020）。

Mittelstaedt 等（1976）、Hanna 和 Wangle（1989）认为，高刺激寻求的消费者往往更愿意探索新的刺激，并更可能对新产品和零售设施表现出更高的认知、评估，并且更愿意接受、尝试和采用。也就是说，在高刺激寻求水平下，消费者更希望接触新鲜事物，并且对新事物的接受度也更高。本书拓展了这个观点，研究发现，相比于低刺激寻求者，对于高刺激寻求的消费者来说，感知零售商创新性自我独特性感知的影响更大。

本书发现，在消费者感知零售商创新性对消费者忠诚产生影响的信息路径中，感知零售商创新性影响感知独特性，进而影响口碑，但对再惠顾意图和钱包份额的影响并不显著。我们尝试给出如下解释：一方面，积极向他人进行正面宣传，以获得新顾客对高创新性零售商店的认同，从而使自己在他人心中"与众不同"；然而，一旦他人成为高创新性零售商店的惠顾者，群体内认同导致独特感降低，因而不再惠顾这家商店，钱包份额也会减少。

7.2　理论贡献和营销启示

7.2.1　理论贡献

第一，本书紧跟企业创新研究的变化趋势，即从企业视角转向消费者视角来关注零售商创新，有助于丰富零售商创新研究的文献。零售企业可以从不同层面进行创新，研究者通常有着一定的"领域"偏好，从各自关心的维度探讨某个/些方面的创新，因而对"零售企业应推进哪些方面的创新"这个问题一直未达成共识。本书界定了消费者感知零售商创新性的主要内容，从消费者视角确认了零售商创新的主要方向，从而拓展和深化了零售商创新的理论研究。

第二，本书重新开发并检验了消费者感知零售商创新性量表，确认了新的零售背景下消费者感知零售商创新性的构成内容，为从消费者视角开展零售商创新的后续研究奠定了良好的基础。与现有量表相比较，一方面，本书开发的量表扩充了感知技术创新性、感知业态创新性两个维度。颠覆性的零售技术提高了生产力；业态创新对零售商至关重要，因为它是可见的，面向客户的，并被视为对品牌定位、增长和差异化有重大影响。但是关于零售技术创新和业态创新对消费者认知的影响的学术文献相对较少，本书引入感知技术创新和感知业态创新等感知零售商创新性两个维度，既拓宽了消费者感知零售商创新性量表的维度，又弥补了从消费者角度研究零售技术创新和业态创新的不足。另一方面，为与已有量表相同的维度（感知产品和服务创新性、感知体验创新性、感知促销创新性）补充了新的要素。例如感知产品和服务创新性中的"配送服务"和"配套服务"，感知体验创新性中的"装修风格独特""有趣的文艺娱乐活动""节日特别布置"，以及感知促销创新性中的"多种促销组合方式"等，这些内容更加贴近零售商的创新实践。

第三，本书深化和拓展了感知差异化研究。感知差异化是消费者对零售企业差异化行为的主观感知和评价，它分为两个层次：一是总体层次的感知差异化，即对零售商多因素差异化的综合感知或者对总体导向差异化的感知，消费者会从整体上感知服务场景；二是各个要素的感知差异化，即对商品、服务等零售要素差异化的感知（吴泗宗和揭超，2011）。本研究表明，感知零售商创新性是消费者对零售商特性的总体认知和评价，是消费者对零售商各种创新进行综合评价的结果，是消费者对零售企业感知差异化的一种体现，因而深化和拓展了零售企业感知差异化研究。

第四，本书构建了从认知、情感和信息三条平行的中介路径，来深入揭示消费者感知零售商创新性如何通过预期昂贵、感知质量和感知牺牲的连续中介，消费者-零售商情感的中介，以及感知独特性的中介对感知价值进而对消费者忠诚产生影响的过程。同时，在三条影响路径中，分别引入零售业态、销售员响应性和刺激寻求三个调节变量，分别从零售商、销售员和消费者三个层面探讨认知、情感和信息路径的边界条件。此外，在三条路径中，本书将消费者忠诚细分为再惠顾意图、口碑和钱包份额三个构面，进一步探讨消费者感知零售商创新性对这三个构面的影响效果。这些研究既丰富了零售企业创新和感知价值领域的研究，又拓展了感知企业创新性与消费者忠诚关系的研究成果。

7.2.2 营销启示

本研究对指导面临着"关店潮"的零售商如何推动创新具有五个方面的管理启示。

（1）找准创新的方向、切入点或突破口

消费者主要通过观察企业的特征和行为，并利用他们的观察结果来判断企业的创新性。本研究表明，对于零售商，消费者对其创新性的评价是基于技术创新性、产品和服务创新性、体验创新性、促销创新性及业态创新性观察结果而做出的，零售商可以从这些维度中寻求突破，找到一个或若干个切入点，形成差异化竞争优势。

本研究发现，不是所有的零售商创新活动都是能够被消费者感知的，而创新只有被消费者感知才更容易被接受，才能真正给企业带来价值，因此零售商创新应坚持以消费者为中心。第一，对创新活动要有所侧重，注重直接面向消费者的创新活动。第二，不同的创新之间是相互影响、相互补充的，需要相互配合实施。因此零售商既要不失时机地推进各类创新，又要努力将运营模式创新等不易被消费者感知的创新转化为消费者能够感知的形式。例如，通过这些创新让消费者对零售商形成差异化、独特性或相对优势等正面的认知和评价。

（2）零售商创新行为追踪

面对零售商创新，消费者可能无法感知，也可能形成较低的评价。因此，零售商开展创新活动之后，要密切关注消费者的心理认知和反应。第一，及时开展消费者对零售商创新活动的调查和反馈，全面了解消费者对零售商创新活动的认知和评价情况。第二，通过零售商—消费者、一线员工—消费者、消费者—消费者等多层面接触和互动努力使消费者全面感知零售商创新行为。第三，通过整合营销传播工具广泛宣传和引导，增强消费者对零售商创新性的正面认知和评价。

（3）重视顾客多重价值创造

以往对价值的认知着重放在了利益与牺牲的比值上，也就是所谓的理性观点（Chang 和 Wildt，1994；Zeithaml，1988），忽略了消费者心理层面的感受，包含享乐价值（Batra 和 Ahtola，1991）和社会价值（Sheth 等，1991）。然而，在中国这样的社会中，购物则通常被视为一种社交活动（Moharana 和 Pradhan，2020）。在购物过程中，消费者可以通过增强社会自我的购物行为获得社会价值（Sweeney 和 Soutar，2001）。本研究发现，不仅总体的感知价值影响消费者忠诚，而且感知价值的三个维度，即实用价值、社会价值和享乐价值也是形成消费者忠诚的决定性价值，而且实用价值、社会价值和享乐价值在感知零售商创新性和忠诚产生关系中具有中介作用，因而如何为购物者创造多重价值将成为零售商的第一要务。例如，通过提供新产品、新服务，发展新兴业态，采用新兴技术，提升消费体验，为消费者创造更高的享乐价值和社会价值。例如，开展消费者调查以了解满足消费者独特性需求的具体方法，从而积极满足消费者的独特性需求。

（4）综合考虑零售业态、销售员和消费者特征

本研究表明，在"感知零售商创新性→感知价值→消费者忠诚"影响路径中，零售业态、销售员响应性和刺激寻求三个变量具有调节作

用。因此，管理者在零售商创新实践中既要充分考虑零售业态和消费者特征，又要有效地引导销售员对消费者进行积极的响应。第一，结合零售业态特性，找准推进创新的突破口，推进业态转型和升级。第二，增强销售人员与消费者之间的互动，如设置一键求助按钮；推行服务流程化、标准化。第三，对消费者刺激寻求进行调查、评价和细分，并实施不同的创新策略。对于低刺激寻求者，采取渐进式或保守式创新策略；相反，对于高刺激寻求者，采取突破式或激进式创新策略。例如，对于以高刺激寻求者为目标群体的零售商可以将人工结账通道全部更换为自助结账机器，而以低刺激寻求者为目标群体的零售商可以在保留人工结账通道的基础上，增加自助结账机器。

7.3　研究局限与展望

本书还存在以下四个方面的研究局限性：

第一，虽然针对不同零售业态进行了大样本调查，但是由于各业态样本数量有限，所以没有进行跨样本比较分析，可能会影响研究实证结果的可靠性，这有待于在未来研究中通过扩大调查样本数量来解决。

第二，零售创新涉及广泛的内容，许多创新可能只是一些微小的改变或改进，且这些均可能被消费者感知。然而，本书主要通过文献追踪和访谈等方法梳理出零售商创新的内容，这可能导致有些创新内容被遗漏，由此提炼出的消费者感知零售商创新性的构成要素可能无法全面反映消费者的认知和评价。努力寻求其他的理论框架和解释，这也是今后一个有价值的研究方向。

第三，本书主要采取问卷调研方法，虽然这种研究方法在学术研究中被广泛应用，但由于问卷调查本身存在抽样、填写等诸多环节的主观性和不可控因素，特别是对于钱包份额的测量采用消费者自我汇报的方法，消费者在购物后，可能不能精确地记忆自己的购物份额，因此存在着不可控制的主观性和测量误差（杨志勇，2011）。消费者的实际钱包份额是一个消费者自身难以准确回答的题项（Doorn 和 Verhoef，2008），因此未来的研究方法，尤其是顾客钱包份额的衡量方法有待于进一步优化，可以在进行钱包份额的衡量时采用更加客观的销售数据，如一定时期内超市收款机采集到的顾客购物数据相对来说准确程度更高，或者是消费者的个人消费统计账单等。

第四，本书分别从认知、情感和信息角度出发构建了消费者感知零售商创新性对忠诚产生影响的三条平行的路径，即经济路径、情感路径和信息路径，并从零售商、销售员、消费者视角分别引入三个调节变量，即零售业态、销售员响应性和刺激寻求，以全面揭示消费者感知零售商创新性对消费者忠诚的影响机制和边界条件。其实，这三条路径并非完全独立的，也可能相互影响，考虑到研究模型的复杂性和可操作性，本书并没有将三个模型进行整合。今后的研究可以同时考虑两条或三条路径的组合，也可以考虑对不同路径中的中介变量重新建立因果关系。此外，本书虽然考虑了零售商、销售员、消费者层面的调节变量，但顾客间的互动关系也是影响零售商创新性作用结果的重要部分（蒋婷，2012），今后可以将顾客间互动纳入到理论框架中，以期更全面深刻地揭示感知零售商创新性对消费者忠诚产生影响的边界或条件。

附录 1

尊敬的先生/女士：

您好！请您根据您在此店的购物经历，认真回答以下问题。恳请您认真作答，尽量避免出现漏填、误填的现象。我们保证此次问卷调查只用于学术研究，绝无商业用途，对您的回答也会进行严格的保密。感谢您的配合！

（在相应陈述右边恰当的选项中打"√"。1表示非常不同意；2表示很不同意；3表示稍不同意；4表示不确定；5表示稍同意；6表示很同意；7表示非常同意。以下问题无所谓对错，请根据您购物过程中的实际行为和真实感受回答）

第一部分

1. 请想象一家自己最喜欢的零售商店，并写出其全称：（注：第二部分的作答以该商店为依据），总体上评价这家店的创新性：_____（线上调查设置问题）。

2. 您当前购物的零售商店名称：_____（注：第二部分的作答以该商店为依据），总体上评价这家店的创新性_____（线下调查设置问题）。

第二部分

请结合第一部分中提到的零售商店实际完成本部分调查，在您认为符合的选项中打"√"。

		1	2	3	4	5	6	7
PRI1	该零售商店利用互联网提高运营效率，如开设线上门店、网络直播等							
PRI2	该零售商店利用市场调研及数据分析技术提升运营效率，如邀请消费者填写问卷、发起投票、大数据选址等							
PRI3	该零售商店产品种类更加齐全							
PRI4	该零售商店定期更新产品							
PRI5	该零售商店提供自助服务，如自助支付、自助购物							
PRI6	该零售商店提供配送服务							
PRI7	该零售商店提供配套服务，如食品加工、商品送货、使用指导等							
PRI8	该零售商店配有电子信息设备，如商品信息搜寻、楼层地图等							
PRI9	该零售商店有独特的装修风格							
PRI10	该零售商店在节日时会有独特的布置							
PRI11	该零售商店的货架/店铺陈列很有秩序或很有新意							
PRI12	该零售商店有时举办一些艺术展览或商业演出活动							
PRI13	该零售商店组织多种促销活动							
PRI14	该零售商店有许多促销组合							
PRI15	该零售商店具有小规模、小业态趋势，店面比较小							

		1	2	3	4	5	6	7
PRI16	该零售商店是新的零售形式，如无人便利店、新式便利店、生鲜超市等							
UV1	我从这家零售商店买到了我想要的东西							
UV2	从这家零售商店我买不到真正需要的东西（反向）							
UV3	在这家零售商店购物时，我正好找到了自己要找的商品							
HV1	在这家商店购物真是一种乐趣							
HV2	与我本可以做的其他事情相比，在这家商店购物真的很愉快							
HV3	我喜欢从这家零售商店购物，不仅仅是因为我要购买的商品							
HV4	在这家零售商店我玩得很开心，因为它能很快引起我的兴趣							
HV5	在这家零售商店购物期间，我感受到搜寻的兴奋							
SV1	我觉得我属于这家零售商店的一分子							
SV2	到这家零售商店购物会让我觉得自己可以接受							
SV3	这家零售商店会给别人留下好印象							
WOM1	我会把这家零售商店推荐给朋友							
WOM2	我会把这家零售商店推荐给家人或亲戚							
WOM3	我会让我的家人/朋友到这家零售商店购物							
WOM4	我会说这家零售商店的好话							

第三部分

为了便于我们的研究分析，请您填写以下个人基本信息（本调查目的只是学术研究，绝对为您的个人信息保密）

1.性　别：□女　　　　　　　□男

2.年　龄：□15岁及以下　　□16~25岁　　□26~35岁

　　　　　□36~45岁　　　□46~55岁　　□56岁以上

3.受教育程度：□初中（含中专）及以下　　□高中或技校

　　　　　　　□大专或本科　　　　　　□研究生

4.收入水平：□2 000元或以下　　　□2 001~4 000元

　　　　　　□4 001~6 000元　　　□6 001~8 000元

　　　　　　□8 001~10 000元　　□10 001元及以上

5.婚姻状况：□已婚　　□未婚

6.籍　　贯：_____（城市或县城、乡）

再次感谢您的支持和参与！

附录 2

尊敬的女士/先生：

您好！感谢您参与此次匿名问卷调查。本问卷的目的在于了解感知零售商创新性对消费者忠诚影响的经济路径。您的宝贵意见与看法将有助于本研究目的的达成。本次问卷结果仅供学术研究使用，并不涉及任何个人隐私问题。答案没有正确与否，希望您能根据自己的实际经验及感受进行填写。

第一部分

首先，请您根据自身实际情况回答下面两个问题：

1.请您仔细回想最近一次的线下购物经历，并填写这家零售商店的名称_____（例如，罗森便利店、大润发超市、盒马鲜生、友谊商城等）

2.请您仔细回想最近一次，您在这家零售商店购买的3种不同类别的商品名称_____（例如，面包、饮料、纸巾、牙膏等）

第二部分

请您仔细回想以往在线下零售店的购物经历，根据您个人认知和真实感受对以下题目进行作答。填写说明：以下每个问题都有 7 种选择，分别从数字 1 到数字 7，各代表如下含义：（1=极不同意，2=很不同意，3=稍不同意，4=没意见，5=稍同意，6=很同意，7=极同意。请在您认为对的答案下面打"√"。

1.请您对该零售店的创新性做出评价。

调查内容	1	2	3	4	5	6	7
这个店有电子指引牌，很快就能找到我想买的东西							
这家店可以在 APP 上下单							
这家店经常邀请消费者填写购物体验问卷							
这家店产品种类特别全，一般我想买的东西都能在这家店买到							
这家店不断推出新的产品							
这家店几乎没有服务人员，全是自助的							
这家店在网上下单就可以送货上门							
这家店是全程自助购物的							
这家店的装修别具一格							
这家店圣诞节、元旦的时候会在店前有相应的节日装扮							
这家店商品归类很明确，容易找到需要的商品							
这家店会在店庆、节日的时候举办一些有趣的活动							
这家店促销活动很多，而且每周都有不同的优惠							
这家店的促销活动经常更新，会有不同的促销组合							
这家店占地面积比较小，但是每个产品区域分类很明确							
这家店铺很新颖，以前没有体验过这种类型的店							

2.根据您在该零售店进行购物时所感受到的昂贵性，您在多大程度上同意如下说法？

调查内容	1	2	3	4	5	6	7
我预期这家零售店铺产品或服务的价格普遍比较高							
我预期这家零售店铺产品或服务的价格会超出我的能力范围							
我预期这家零售店铺产品或服务的价格会比一般店铺高							
我预期这家零售店铺产品或服务的价格会比同类店铺高							
我预期这家零售店铺产品或服务的价格会比同类店铺高，且价格差异较大							

3.根据您在该零售店进行购物时所感受到的质量，您在多大程度上同意如下说法？

调查内容	1	2	3	4	5	6	7
这家零售店铺可以提供比较齐全的商品和服务							
这家零售店铺提供的大多数商品都是做工精细的							
这家零售店铺提供的大多数商品都是材质良好的							
这家零售店铺提供的大多数商品都是让人放心的							
这家零售店铺提供的大多数商品都是耐用的							
这家零售店铺的服务人员能提供有效的服务							
这家零售店铺的结账速度很快							

4.根据您在该零售店进行购物时所感受到的牺牲，您在多大程度上同意如下说法？

调查内容	1	2	3	4	5	6	7
在这家零售店铺购物我投入了较多的时间							
在这家零售店铺购物我投入了较多的精力							
如果我以预期价格在这家零售店铺消费，我将在一段时间内减少我在其他方面的花费							
如果我以预期价格在这家零售店铺消费，我将无法购买我现在想买的其他商品							

5.根据您在该零售店进行购物时所感受到的功能价值，您在多大程度上同意如下说法？

调查内容	1	2	3	4	5	6	7
这家零售店铺产品或服务的预期价格是可以接受的							
在这家零售店铺消费能帮我节约很多时间，十分便利							
在这家零售店铺消费可以提高自己的购物效率							
该零售店铺可以很好地满足我的购物需求							
该零售店铺产品或服务价格与品质比较相当							
这家零售店铺提供的个性化产品或服务让我感觉物有所值							

6.请您基于该零售店的创新性，确定自己对该零售店的态度与忠诚度。

调查内容	1	2	3	4	5	6	7
将来我愿意再次光顾这家零售商店							
将来我打算持续去这家零售商店购物							
我愿意将这家零售店铺推荐给亲友							
我鼓励朋友和亲戚在这家零售商店买东西							
有人询问我的建议时，我推荐这家零售商店							
我向很多人推荐过这家零售商店							
我向朋友提起过这家零售商店							

7.在您购物时，相比于其他同类型商店，您选择这家店的频率是：[单选题]

A.从不　　　B.很少　　　C.偶尔　　　D.经常　　　E.总是

8.您在这家店购买上述类别商品的支出占购买此类别商品总支出的比例是：[单选题]

A.0～10%　　B.20%　　　C.30%　　　D.40%　　　E.50%

F.60%　　　G.70%　　　H.80%　　　I.90%　　　J.100%

9.在最近10次的线下购物中，您到这家商店购物的次数是：［单选题］

A.1次　　　B.2次　　　C.3次　　　D.4次　　　E.5次

F.6次　　　G.7次　　　H.8次　　　I.9次　　　J.10次

第二部分

为了便于我们研究分析，请您填写以下个人基本信息（本调查的目的只是学术研究，对您所填写的内容绝对保密）：

1.您的性别：［单选题］

A.男　　　　B.女

2.您的年龄：［单选题］

A.18岁以下　　　　B.18～30岁　　　　C.31～40岁

D.41～50岁　　　　E.51岁及以上

3.您的学历：［单选题］

A.高中及以下

B.大专或同等学力

C.本科或同等学力

D.研究生及以上

4.您的职业：［单选题］

A.学生

B.企业从业人员

C.事业单位人员

D.个体户/自由职业者

E.其他

5.您每个月的个人可支配收入是：［单选题］

A.1 500元以下

B.1 501～3 000元

C.3 001～6 000元

D.6 001～8 000元

E.8 000元以上

6.您的婚姻状况是：［单选题］

A.已婚　　　　B.未婚

7.您的籍贯是：_____（城市或县城、乡）

本调查问卷到此结束，十分感谢您的填写！

附录 3

尊敬的先生/女士：

您好！请您根据您在此店的购物经历，认真回答以下问题。恳请您认真作答，尽量避免出现漏填、误填的现象。我们保证此次问卷调查只用于学术研究，绝无商业用途，对您的回答也会进行严格的保密。感谢您的配合！

第一部分

1.请您仔细回想最近一次的线下购物经历，并填写这家零售商店的名称_____（例如，罗森便利店、大润发超市、盒马鲜生、友谊商城等）

2.请您仔细回想最近一次，您在这家零售商店购买的3种不同类别的商品名称_____（例如，面包、饮料、纸巾、牙膏等）

第二部分

请结合第一部分中提到的零售商店实际完成本部分调查，在您认为符合的选项中打"√"。

		非常 不同意	很不 同意	稍不 同意	不确定	稍同意	很同意	非常 同意
PRI1	该零售商店利用互联网提高运营效率，如开设线上门店、网络直播等							
PRI2	该零售商店利用市场调研及数据分析技术提升运营效率，如邀请消费者填写问卷、发起投票、大数据选址等							
PRI3	该零售商店产品种类更加齐全							
PRI4	该零售商店定期更新产品							
PRI5	该零售商店提供自助服务，如自助支付、自助购物							
PRI6	该零售商店提供配送服务							
PRI7	该零售商店提供配套服务，如食品加工、商品送货、使用指导等							
PRI8	该零售商店配有电子信息设备，如商品信息搜寻、楼层地图等							
PRI9	该零售商店有独特的装修风格							
PRI10	该零售商店在节日时会有独特的布置							
PRI11	该零售商店的货架/店铺陈列很有秩序或很有新意							
PRI12	该零售商店有时举办一些艺术展览或商业演出活动							
PRI13	该零售商店会组织多种促销活动							
PRI14	该零售商店有许多促销组合							
PRI15	该零售商店具有小规模、小业态趋势，店面比较小							
PRI16	该零售商店是新的零售形式，如无人便利店、新式便利店、生鲜超市等							

	极其不同意	很不同意	稍不同意	无意见	稍同意	很同意	极其同意
总体来说，我对这家零售商店怀有深情							
我对这家零售商店很友好							
我喜爱这家零售商店							

	极其不同意	很不同意	稍不同意	无意见	稍同意	很同意	极其同意
在这家零售商店购物是我为了让自己更好而做的事情							
在这家零售商店购物可以释放压力							
在这家零售商店购物就像逃离日常生活							

	极其不同意	很不同意	稍不同意	无意见	稍同意	很同意	极其同意
将来我愿意再次光顾这家零售商店							
将来我打算持续去这家零售商店购物							
我愿意将这家零售商店推荐给亲友							
我鼓励朋友和亲戚在这家零售商店买东西							
有人询问我的建议时，我推荐这家零售商店							
我向很多人推荐过这家零售商店							
我向朋友提起过这家零售商店							

	极其不同意	很不同意	稍不同意	无意见	稍同意	很同意	极其同意
这家零售商店的销售员能迅速回复我的询问							
这家零售商店的销售员能迅速满足我的需求							
这家零售商店的销售员能快速把商品交给我							

1.在您购物时，相比于其他同类型商店，您选择这家店的频率是：

A.从不　　　　　B.很少（偶尔）　　　　C.偶尔（有时）

D.经常　　　　　E.总是

2.您在这家店购买上述类别商品的支出占购买此类别商品总支出的比例是（最接近）：

A.0～10%　　B.20%　　　C.30%　　　D.40%　　　E.50%

F.60%　　　　G.70%　　　H.80%　　　I.90%　　　J.100%

3.在最近10次的线下购物中，您到这家商店购物的次数是（最接近）：

A.1次　　　　　B.2次　　　　C.3次　　　　D.4次　　　　E.5次

F.6次　　　　　G.7次　　　　H.8次　　　　I.9次　　　　J.10次

第三部分

1.性　　别：□女　　　　□男

2.年　　龄：□18岁及以下　　　□18～25岁　　　　□26～30岁

　　　　　　□31～40岁　　　□41～50岁　　　　□51～60岁

　　　　　　□60岁以上

3.受教育程度：

□初中（含中专）及以下　　□高中或技校　　□大专或本科

□研究生及以上

4.收入水平：

□1 500元以下　　　□1 501～3 000元　　□3 001～6 000元

□6 001～8 000元　　□8 000元以上

5.婚姻状况：□已婚　　□未婚

6.籍　　贯：_____（城市或县城、乡）

再次感谢您的参与！

附录 4

尊敬的先生/女士：

您好！非常感谢您抽出宝贵的时间参与此次问卷调查。请您根据自己的亲身经历与本人感受，真实客观地回答下述问题。请尽量按要求回答所有的问题，不要遗漏问题造成问卷无效。本次问卷调查结果仅供学术研究使用，并不涉及任何个人隐私问题。请您不要有任何顾虑，所作答案没有对错、好坏之分，旨在收集真实的数据信息。再次感谢您的帮助与支持！

第一部分

请您仔细回想最近一次的线下购物经历，并回答以下问题：

1.请写出这家店的全称_____（例如，罗森便利店、大润发超市、盒马鲜生、友谊商城、万达购物中心等）

2.请写出您在这家店购买的主要商品_____（例如，面包、牙膏、瓜果蔬菜、服装、电器等）

第二部分

请您根据实际行为和真实感受对以下题目进行作答。（在相应陈述的右边恰当的选项打"√"。1=非常不同意，2=很不同意，3=稍不同意，4=不确定，5=稍同意，6=很同意，7=非常同意）

		1	2	3	4	5	6	7
PRI1	该零售商店利用互联网提高运营效率，如开设线上门店、网络直播等							
PRI2	该零售商店利用市场调研及数据分析技术提升运营效率，如邀请消费者填写问卷、发起投票、大数据选址等							
PRI3	该零售商店产品种类更加齐全							
PRI4	该零售商店定期更新产品							
PRI5	该零售商店提供自助服务，如自助支付、自助购物							
PRI6	该零售商店提供配送服务							
PRI7	该零售商店提供配套服务，如食品加工、商品送货、使用指导等							
PRI8	该零售商店配有电子信息设备，如商品信息搜寻、楼层地图等							
PRI9	该零售商店有独特的装修风格							
PRI10	该零售商店在节日时会有独特的布置							
PRI11	该零售商店的货架/店铺陈列很有秩序或很有新意							
PRI12	该零售商店有时举办一些艺术展览或商业演出活动							
PRI13	该零售商店组织多种促销活动							
PRI14	该零售商店有许多促销组合							
PRI15	该零售商店具有小规模、小业态趋势，店面比较小							
PRI16	该零售商店是新的零售形式，如无人便利店、新式便利店、生鲜超市等							

		1	2	3	4	5	6	7
PU1	我认为在这家店购物，能够满足我与众不同的需求							
PU2	我认为在这家店购物，能彰显我的与众不同							
PU3	在这家店购物，让我觉得自己与众不同							

		1	2	3	4	5	6	7
SV1	我认为这家店能给他人留下好印象							
SV2	我认为在这家店购物，能提升我的社会地位							
SV3	我认为在这家店购物，能改善他人对我的看法							
SV4	我认为在这家店购物，能展现我独特的个人风格							
SV5	我认为在这家店购物，能得到其他顾客的认同							
SV6	我认为在这家店购物，能得到其他顾客的尊重							

		1	2	3	4	5	6	7
SS1	我喜欢继续做同样的事情，而不是尝试新的和不同的事情							
SS2	我喜欢在日常生活中体验新奇和变化							
SS3	我喜欢有变化、多样和可以旅行的工作，即使涉及一些危险							
SS4	我会不断寻求新的想法和体验							
SS5	我喜欢不断变化的活动							
SS6	当事情变得无聊时，我喜欢寻找一些新的和不熟悉的体验							
SS7	我喜欢常规的生活方式，而不是不可预测充满变化的生活方式							

		1	2	3	4	5	6	7
RPI1	这家店是我购物的首选商店							
RPI2	将来我可能会再次访问这家店							
RPI3	将来我打算再去这家店购物							
RPI4	将来我会持续去这家店购物							
RPI5	将来我绝不可能再去这家店购物							
WOM1	我鼓励朋友和亲戚在这家店买东西							
WOM2	有人询问我的建议时，我推荐这家店							
WOM3	我不遗余力地推荐这家店							
WOM4	我向很多人推荐过这家店							
WOM5	我向朋友提起过这家店							
WOM6	我会尝试传播关于这家店的正面消息							

1.在您购物时，相比于其他同类型商店，您选择这家店的频率是：

A.从不　　　　　B.很少（偶尔）　　　　　C.偶尔（有时）

D.经常　　　　　E.总是

2.您在这家店购买上述类别商品的支出占购买此类别商品总支出的比例是（最接近）：

A.0～10%　　B.20%　　　C.30%　　　D.40%　　　E.50%

F.60%　　　G.70%　　　H.80%　　　I.90%　　　J.100%

3.在最近10次的线下购物中，您到这家商店购物的次数是（最接近）：

A.1次　　　B.2次　　　C.3次　　　D.4次　　　E.5次

F.6次　　　G.7次　　　H.8次　　　I.9次　　　J.10次

第三部分

为了便于我们的研究分析，请您填写以下个人基本信息（本调查的目的只是学术研究，对您所说的内容绝对保密）：

1.您的性别：［单选题］

A.男　　B.女

2.您的年龄：［单选题］

A.15 岁以下　　　　　　　B.16~25 岁　　　　　　　C.26~35 岁

D.36~45 岁　　　　　　　E.46~55 岁　　　　　　　F.56 岁及以上

3.您的学历：［单选题］

A.高中及以下

B.大专或同等学力

C.本科或同等学力

D.研究生及以上

4.您的职业：［单选题］

A.学生

B.企业从业人员

C.事业单位人员

D.个体户/自由职业者

E.其他

5.您每个月的个人可支配收入是：［单选题］

A.1 500 元以下

B.1 501~3 000 元

C.3 001~6 000 元

D.6 001~8 000 元

E.8 000 元以上

6.您的婚姻状况是：［单选题］

A.已婚　　B.未婚

7.您的籍贯是：＿＿＿＿＿＿＿（城市或县城、乡）

本调查问卷到此结束，十分感谢您的填写！

主要参考文献

[1]   AJZEN L, FISHBEIN M. Attitude behavior relations: a theoretical analysis and review of empirical research [J]. Psychological Bulletin, 1977, 84: 888-918.

[2]   ALHIDARI A, IYER P, PASWAN A. Personal level antecedents of eWOM and purchase intention on social networking sites [J]. Journal of Customer Behaviour, 2015, 14 (2): 107-125.

[3]   ANDERSON R E, SRINI S. E-satisfaction and E-loyalty: a Contingency Framework [J]. Psychology and Marketing, 2003, 20 (2): 123-138.

[4]   ANDERSON R E, SRINI S S. E-satisfaction and E-loyalty: a contingency framework [J]. Psychology and Marketing, 2003, 20 (3): 123-138.

[5]   ANDREWS J, SMITH D C. In search of the marketing imagination: factors affecting the creativity of marketing programs for mature products [J]. Journal of Marketing Research, 1996, 33 (2): 174-187.

[6]   ANSELMSSON J, JOHANSSON U. Retailer brands and the impact on innovativeness in the grocery market [J]. Journal of Marketing Management, 2009, 25 (1): 75-95.

[7]   ARORA R, SINGER J. Customer Satisfaction and Value as Drivers of Business Success for Fine Dining Restaurants [J]. Services Marketing Quarterly, 2006, 28 (1): 89-102.

[8]   BABIN B J, DARDEN W R, GRIFFEN M. Work and/or fun: measuring

hedonic and utilitarian shopping value ［J］. Journal of consumer research, 1994（4）：644-656.

[9]　　BABIN B J, BABIN L. Seeking something different? a model of schema typicality, consumer affect, purchase intentions and perceived shopping value ［J］. Journal of Business Research, 2001, 54（2）：89-96.

[10]　BAGOZZI R P, LEE K H, VAN LOO M F. Decisions to donate bone marrow：the role of attitudes and subjective norms across cultures ［J］. Psychology and Health, 2001, 16：29-56.

[11]　BAGOZZI R P, YI Y. On the evaluation of structural equation models ［J］. Journal of the Academy of Marketing Science, 1988, 16（1）：74-94.

[12]　BAGOZZI R P, GOPINATH M, NYER P U. The role of emotions in marketing ［J］. Journal of the Academy of Marketing Science, 1999, 27（2）：184-206.

[13]　BAKER J, GREWAL D, PARASURMAN A. The influence of store environment on quality inferences and store image ［J］. Journal of the Academy of Marketing Science, 1994, 22（4）：328-339.

[14]　BAKER J, LEVY M, GREWAL D. An experimental approach to making retail store environmental decisions ［J］. Journal of Retailing, 1992, 68（4）：445-460.

[15]　BERGER C R, CALABRESE R J. Some explorations in initial interaction and beyond：toward a developmental theory of interpersonal communication ［J］. Human Communication Research, 1975, 1（2）：99-112.

[16]　BICHESCU B, RATURI A. The antecedents and consequences of plant closing announcements ［J］. International Journal of Production Economics, 2015, 168：197-210.

[17]　BITNER M J. Servicescpes：the impact of physical surroundings on customers and employee ［J］. Journal of Marketing, 1992, 56（2）：57-71.

[18]　BOISVERT J, ASHILL N J. How brand innovativeness and quality impact attitude toward new service line extensions：the mod erating role of consumer involvement ［J］. Journal of Services Marketing, 2011, 25（7）：517-527.

[19]　BREWER M B. The social self：on being the same and different at the

same time [J]. Personality and Social Psychology Bulletin, 1991, 17: 475-482.

[20] CABER M, ALBAYRAK T, CRAWFORD D. Perceived value and its impact on travel outcomes in youth tourism [J]. Journal of Outdoor Recreation and Tourism, 2020, 31: 1-10.

[21] CAI H, ZOU X, FENG Y, et al. Increasing need for uniqueness in contemporary China: empirical evidence [J]. Frontiers in psychology, 2018, 9: 554.

[22] CAPON N, FARLEY J U, HULBERT, et al. Profiles of product innovators among large U.S.manufacturers [J]. Management Science, 1992, 38 (2): 157-169.

[23] CARLSON J, RAHMAN M M, TAYLOR A, et al. Feel the VIBE: examining value in the brand page experience and its impact on satisfaction and customer engagement behaviors in mobile social media [J]. Journal of Retailing Consumer Service, 2019, 46: 149-162.

[24] CERVANTES A V, FRANCO A. Retailing technology: do- consumers care? [J]. Spanish journal of marketing, 2020, 3: 355-375.

[25] CHANDON P, WANSINK B, LAURENT G A. Benefit congruency framework of sales promotion effection [J]. Journal of Marketing, 2000, 64 (4): 65-67.

[26] CHEN C F, CHEN F S. Experience quality, perceived value, satisfaction and behavioral intentions for heritage tourists [J]. Tourism management, 2010, 31 (1): 29-35.

[27] CHEN H J, WONG S W, BILGIHAN A. Capsule hotels: offering experiential value or perceived as risky by tourists? an optimum stimulation level model [J]. International Journal of Hospitality Management, 2020, 86: 1-10.

[28] CHEN P T, HU H H.The effect of relational benefits on perceived value in relation to customer loyalty: an empirical study in the Australian coffee outlets industry [J]. International journal of hospitality management, 2010, 29 (3): 405-412.

[29] CHEN Z, GUAN J. The impact of small world on innovation: an empirical study of 16 countries [J]. Journal of Informetrics, 2010, 4 (1): 97-106.

[30] CHIU C L, HO H C, YU T, et al. Exploring information technology

success of augmented reality retail applications in retail food chain [J].
Journal of Retailing and Consumer Services, 2021, 6: 1-11.

[31] CHO H, PUCIK V. Relationship between innovativeness, quality, growth, profitability, and market value [J]. Strategic Management Journal, 2005, 26 (6): 555-575.

[32] CHOI B, KIM H S. Online customer-to-customer interactions, customer-firm affection, firm-loyalty and participation intention [J]. Asia Pacific Journal of Marketing and Logistics, 2020, 32 (8): 1717—1735.

[33] CHUAH H W, MARIMUTHU M, RAMAYAH T. The contribution of perceived firm marketing innovation initiatives to customer perceived value and loyalty: does switching experience really matter? [J]. Asian Academy of Management International Conference, 2016, 21 (1): 1-23.

[34] COUCHEN W, SAN-SAN H. Less is more: how scarcity influences consumers, value perceptions and purchase intents through mediating variables [J]. Journal of American Academy of Business, 2006, 9 (2): 125-132.

[35] COX D F, RICH S U. Perceived risk and consumer decision-making-the case of telephone shopping [J]. Journal of Marketing Research, 1964, 4: 32-39.

[36] CRONIN J J, BRADY M K, BRAND R R. A cross-sectional test of the effect and conceptualization of service value [J]. Journal of Services Marketing, 1997, 11 (6): 375-391.

[37] DABHOLKAR P A, THORPE D I, RENTZ J O. A measure of service quality for retail stores: Scale Develo [J]. Journal of the Academy of Marketing Science, 1996, 24 (1): 3-16.

[38] DAMANPOUR F. Organizational innovation: a meta-analysis of effects of determinants and moderators [J]. Academy of Management Journal, 1991 (3): 555-590.

[39] DANNEEL E, KLEINSCHNIDT E J. Product innovativeness from the firm's perspective: its dimensions and their relation with project selection and performance [J]. Journal of Product Innovation Management, 2010, 18 (6): 357-373.

[40] DAVIES G. Positioning, image and the marketing of multiple retailers [J]. International Review of Retail Distribution & Consumer Research,

2006 (1): 13-34.

[41] DAY G. A two dimensional concept of brand loyalty [J]. Journal of Advertising Research, 1969, 9 (3): 29-35.

[42] DE WULF K, ODEKERKEN-SCHRÖDER G, LACOBUCCI D. Investments in consumer relationships: a cross-country and cross-industry exploration [J]. Journal of Marketing, 2001, 65 (4), 33-50.

[43] DICHTER. How Word-of-mouth advertising works [J]. Harvard Business Review, 1966, 16 (6): 147-166.

[44] DICK A S, BASU K. Customer loyalty: toward an integrated conceptual framework [J]. Journal of the Academy of Marketing Science, 1994, 22 (2): 99-113.

[45] DODDS W B, MONROE K B, GREWAL D. Effects of price, brand, and store information on buyers' product evaluations [J]. Journal of Marketing Research, 1991, 28 (3): 307-319.

[46] DUBOIS D, BONEZZI A, DE ANGELIS M. Sharing with friends versus strangers: how interpersonal closeness influences word - of - mouth valence [J]. Journal of Marketing Research, 2016, 53 (5): 712-727.

[47] DUNN B. Family enterprises in the UK: a special sector? [J]. Family Business Review, 1996 (2): 221-235.

[48] EGGERT A, ULAGA W. Managing customer share in key supplier relationships [J]. Industrial Marketing Management. 2010, 39 (8): 1346-1355.

[49] FALKENRECK C, WAGNER R. The impact of perceived innovativeness on maintaining a buyer-seller relationship in health care markets: a cross-cultural study [J]. Journal of Marketing Management, 2011 (3/4): 225-242.

[50] FORNELL C, LARCKER D F. Structural equation models with unobservable variables and measurement error: algebra and statistics [J]. Journal of Marketing Research, 1981, 18 (3): 382-388.

[51] FORNELL C, JOHNSON M D, ANDERSON E W, et al. The American customer satisfaction index: nature, purpose and findings [J]. Journal of Marketing, 1996, 60 (4): 7-18.

[52] FRANKE N, SCHREIER M. Product uniqueness as a driver of customer utility in mass customization [J]. Marketing Letters, 2008, 19: 93-107.

［53］ FREDRICKSON B L.What good are positive emotions？［J］. Review of General Psychology, 1998, 2（3）：300-319.

［54］ FROMKIN H L, SNYDER C R. The Search for Uniqueness and Valuation of Scarcity［M］. In GERGEN K J, GREENBERG M S, WILLIS R H（Eds.）, Social Exchange, Springer US, 1980：57-76.

［55］ FUENTES-BLASCO M, MOLINER-VELÁZQUEZ B., SERVERA-FRANCÉS D, et al. Role of marketing and technological innovation on store equity, satisfaction and word-of-mouth in retailing［J］. Journal of Product & Brand Management, 2017, 26（6）：650-666.

［56］ GARLINGTON W K, SHIMOTA H E.The change seeker index：a measure of the need for variable stimulus input［J］. Psychological Reports, 1964, 14：919-924.

［57］ GREWAL D, AILAWADI K L, GAURI D, et al. Innovations in retail pricing and promotions［J］. Journal of Retailing, 2011, 87S（1）：S43-S52.

［58］ GU R, OH L B, WANG K. Multi-homing on SNSs：the role of optimum stimulation level and perceived complementarity in need gratification［J］. Information and Management, 2016, 53（6）：752-766.

［59］ HELM S, KIM S H, VAN-RIPER S. Navigating the "retail apocalypse"：a framework of consumer evaluations of the new retail landscape［J］. Journal of Retailing and Consumer Services, 2020, 54：1-9.

［60］ HIPP C, GRUPP H. Innovation in the service sector：the demand for service-specific innovation measurement concepts and typologies［J］. Research Policy, 2005, 34（4）：517-535.

［61］ HOGG M A. Subjective uncertainty reduction through self-categorization：a motivational theory of social identity processes［J］. European Review of Social Psychology, 2000, 11（1）：223-255.

［62］ HOLBROOK M B, SCHINDLER R M. Nostalgic bonding：exploring the role of nostalgia in the consumption experience［J］. Journal of Consumer Behavior, 2003, 3（2）：107-127.

［63］ HONG S Y, YANG S U. Effects of reputation, relational satisfaction, and customer-company identification on positive word-of-mouth intentions［J］. Journal of Public Relations Research, 2009, 21（4）：381-403.

［64］ HRISTOV L. Innovating as a retailer：executive perspectives［J］. European Retail Digest, 2007, 55：1-7.

[65] HRISTOV L, REYNOLDS J. Perceptions and practices of innovation in retailing: challenges of definition and measurement [J]. International Journal of Retail & Distribution Management, 2015 (2): 126-147.

[66] HSU S H. Human capital, organizational learning, network resources and organizational innovativeness [J]. Total Quality Management & Business Excellence, 2007, 18 (9): 983-998.

[67] HUGHES D E, LE BON J, RAPP A. Gaining and leveraging customer-based competitive intelligence: the pivotal role of social capital and salesperson adaptive selling skills [J]. Journal of the Academy of Marketing Science, 2013, 41 (1): 91-110.

[68] HURLER R F, HULT G T M. Innovation, market orientation, and organizational learning: an integration and empirical examination [J]. Journal of Marketing, 1988 (3): 42-54.

[69] HWANG J, LEE K W, Kim D. et al. Robotic restaurant marketing strategies in the era of the fourth industrial revolution: focusing on perceived innovativeness [J]. Sustainability, 2020 (12): 32-35.

[70] LACOBUCCI D, HIBBARD J D. Toward an encompassing theory of business marketing relationship and interpersonal commercial relationship [J]. Journal of Interactive Marketing, 1999, 13 (3): 13-33.

[71] JEONG D, KO E. The influence of consumers'self-concept and perceived value on sustainable fashion [J]. Journal of Global Scholars of Marketing Science, 2021, 31: 511-525.

[72] JIN N, GOH B, HUFFMAN L, et al. Predictors and outcomes of perceived image of restaurant innovativeness in fine-dining restaurants [J]. Journal of Hospitality Marketing & Management, 2015, 24 (5): 457-485.

[73] JÖRESKOG K G, SÖRBOM D. Prelis: a program for multivariate data screening and data summarization. a preprocessor for LISREL [J]. Scientific Software, Mooresville, 1988.

[74] KATZ D. The functional approach to the study of attitudes [J]. Public Opinion Quarterly, 1960, 24, (2): 163-204.

[75] KEININGHAM T L, COOIL B, AKSOY L, et al. The value of different customer satisfaction and loyalty metrics in predicting customer retention, recommendation, and share-of-wallet [J]. Managing Service

Quality, 2007, 17 (4): 361-384.

[76] KIM E. Understanding customer perception of restaurant innovativeness and customer value co-creation behavior [D]. Ames: Lowa State University, 2016.

[77] KIM K H, PARK D B. Relationships among perceived value, satisfaction, and loyalty: community-based ecotourism in Korea [J]. Journal of Travel and Tourism Marketing, 2016, 34 (2): 171-191.

[78] KIM Y K, LEE M Y, PARK S H. Shopping value orientation: conceptualization and measurement [J]. Journal of Business Research, 2014, 67 (1): 2884-2890.

[79] KIM W, OK C, CANTER D D. Contingency variables for customer share of visits to full-service restaurant [J]. International Journal of Hospitality Management, 2010, 29: 136-147.

[80] KNOX S D, DENISON T J. Store loyalty: its impact on retail revenue, an empirical study of purchasing behaviour in the UK [J]. Journal of Retailing and Consumer Services, 2000, 7 (1): 33-45.

[81] KOISTINEN K, JÄRVINEN R. Consumer observations on channel choices—competitive strategies in Finnish grocery retailing [J]. Journal of Retailing and Consumer Services, 2009, 16: 260-270.

[82] KONUK F A. The impact of retailer innovativeness and food healthiness on store prestige, store trust and store loyalty [J]. Food research international, 2019 (4): 724-730.

[83] KONUK F A. The influence of perceived food quality, price fairness, perceived value and satisfaction on customers' revisit and word-of-mouth intentions towards organic food restaurants [J]. Journal of Retailing and Consumer Services, 2019, 50: 110-121.

[84] KOO D M. Impact of tie strength and experience on the effectiveness of online service recommendations [J]. Electronic Commerce Research & Applications, 2016, 15: 38-51.

[85] KUMAR V, PANSARI A. Competitive advantage through engagement [J]. Journal of Marketing Research, 2016, (4): 497-514.

[86] LAPIERRE J. Customer-perceived value in industrial contexts [J]. Journal of Business & Industrial Marketing, 2000, 15 (2/3): 122-142.

[87] LEE W L, LIU C H, TSENG T W. The multiple effects of service innovation and quality on transitional and electronic word-of-mouth in

predicting customer behavior [J]. Journal of Retailing and Consumer Services, 2022, 64: 400-409.

[88] LUDE M, PRÜGL R. Why the family business brand matters: brand authenticity and the family firm trust inference [J]. Journal of Business Research, 2018, 89: 121-134.

[89] LYNN M R. Determination and quantification of content validity [J]. Nursing Res, 1986, 35 (6): 382-385.

[90] LYNN M, HARRIS J. The desire for unique consumer products: a new individual differences scale [J]. Psychology and Marketing, 1997, 14 (6): 601-616.

[91] LYNN M. Scarcity effects on desirability-mediated by assumed expensiveness [J]. Journal of Economic Psychology, 1988, 10 (2): 257-274.

[92] LYNN M. Scarcity effects on value: a quantitativereview of the commodity theory literature [J]. Psychology and Marketing, 1991, 8 (1): 43-57.

[93] LYNN M. Scarcity's enhancement of desirability: the role of naïveeconomic theories [J]. Basic & Applied Social Psychology, 1992, 13 (1): 67-78.

[94] MATANDA M J, NDUBISI N O, JIE F. Effects of relational capabilities and power asymmetry on innovativeness and flexibility of Sub - Sahara Africa small exporting firms [J]. Journal of Small Business Management, 2016, 54 (1): 118-138.

[95] MATHEW M, KUMAR D, PERUMAL S. Role of knowledge management initiatives in organizational innovativeness: empirical findings from the it industry [J]. Vikalpa the Journal for Decision Makers, 2011 (2): 31-44.

[96] MEHRABIAN A, RUSSELL J A. An approach to environmental psychology [M]. Cambridge: MIT Press, 1974.

[97] MENCARELLI R, LOMBART C. Influences of the perceived value on actual repurchasing behavior: empirical exploration in a retailing context [J]. Journal of Retailing and Consumer Services, 2017, 38 (4): 12-21.

[98] MILLER D, FRIESEN P H. Innovation in conservative and entrepreneurial firms: two models of strategic momentum [J]. Strategic Management Journal, 1982, 3 (1): 1-25.

[99] MITTELSTAEDT R A, GROSSBART S L, CURTIS W W, et al.Optimum stimulation level and the adoption decision process [J]. Journal of Consumer Research, 1976, 3: 84-94.

[100] MOHARANA T R, PRADHAN D.Shopping value and patronage: when satisfaction and crowding count [J]. Marketing Intelligence and Planning, 2020, 38 (2): 137-150.

[101] MONROE K B, KRISHNAN R.The effect of price on subjective product evaluations, in perceived quality: how consumers view stores and merchandise [J]. Journal of Marketing, 1985, 48 (2): 56-78.

[102] MOORE R L, GRAEFE A R.Attachments to recreation settings: the case of rail-trail users [J]. Leisure Sciences, 1994, 16 (1): 17-31.

[103] MOSTAFA M.Factors affecting organizational creativity and innovativeness in Egyptian business organizations: an empirical investigation [J]. Journal of Management Development, 2005, 24 (1): 7-33.

[104] MUKHERJEE A, HOYER W D.The effect of novel attributes on product evaluation [J]. Journal of Consumer Research, 2001, 28 (3): 462-472.

[105] NAYLOR G, FRANK K E.The impact of retail sales force responsiveness on consumers'perception of value [J]. Journal of service marketing, 2000, 14 (4): 310-322.

[106] NUNNALLY J C, BERNSTEIN I H.Psychometric theory [M]. New York: McGraw-Hill, 1994.

[107] O'CASS A, CARLSON J.An e-retailing assessment of perceived website-service innovativeness: implications for website quality evaluations, trust, loyalty and word of mouth [J]. Australasian Marketing Journal, 2012, 20 (1): 28-36.

[108] OLSEN S O, SKALLERUD K.Retail attributes'differentail effcets on utilitarian versus hedonic shopping value [J]. Journal of Consumer Marketing, 2011, 28 (7): 532-539.

[109] OMAR N A, KASSIM A S, ALAM S S., et al.Perceived retailer innovativeness and brand equity: mediation of consumer engagement [J]. Service Industries Journal, 2021, 41 (5-6): 355-381.

[110] OVERSTREET R E, HANNA J B, BYRD T A, et al.Leadership style and organizational innovativeness drive motor carriers toward sustained performance [J]. International Journal of Logistics Management,

2013, 24（2）: 247-270.

［111］ OZTURK E, KOSEOGLU H, KARABOYACI M, et al. Sustainable textile production: cleaner production assessment/eco - efficiency analysis study in a textile mill［J］. Journal of Cleaner Production, 2016, 138: 248-263.

［112］ PAN Y, ZINKHAN G M. Exploring the impact of online privacy disclosures on consumer trust［J］. Journal of Retailing, 2006, 82（4）: 331-338.

［113］ PANTANO E, VANNUCCI V.Who is innovating? an exploratory research of digital technologies diffusion in retail industry［J］. Journal of Retailing and Consumer Services, 2019, 49: 297-304.

［114］ PARASURAMAN A, ZEITHAML V A, BERRY L L.A conceptual model of service quality and its implications for future research［J］. Journal of Marketing, 1985, 49（4）: 41-50.

［115］ PARRA-REQUENA G, RUIZ-ORTEGA M J, GARCÍA-VILLAVERDE P M, et al. The mediating role of knowledge acquisition on the relationship between external social capital and innovativeness［J］. European Management Review, 2015, 12: 149-169.

［116］ PENNEY R K, REINEHR R C. Development of a stimulus - variation seeking scale for adults［J］. Psychological Reports, 1966, 18: 631-638.

［117］ PILAWA J, WITELL L, VALTAKOSKI A., et al. Service innovativeness in retailing: increasing the relative attractiveness during the COVID-19 pandemic［J］. Journal of Retailing and Consumer Services, 2022, 67: 69-89.

［118］ POPHAL L. Tips for building wallet share to gain market share［J］. Customer Relationship Management, 2021, 25（9）: 32-47.

［119］ POUWELS I, KOSTER F.Inter-organizational cooperation and organizational innovativeness: a comparative study［J］. International Journal of Innovation Science, 2017, 9（2）: 184-204.

［120］ PRASAD B, JUNNI P.A contingency model of CEO characteristics and firm innovativeness: the moderating role of organizational size［J］. Management Decision, 2017, 55（1）: 156-177.

［121］ RAGHUBIR P, INMAN J, MARSHALL T, et al. The three faces of price promotions: economic, informative and affective［J］. California

Management Review, 2004, 46 (4): 1-19.

[122] RAJ R, SRIVASTAVA K B L.Mediating role of organizational learning on the relationship between market orientation and innovativeness [J]. Learning Organization, 2016, 23 (5): 370-384.

[123] RAJU P S. Optimum stimulation level: its relationship to personality, demographics, and exploratory behavior [J]. Journal of Consumer Research, 1980, 7: 273-282.

[124] RANAWEERA C, KARJALUOTO H.The impact of service bundles on the mechanism through which functional value and price value affect WOM Intent [J]. Journal of Service Management, 2017, 28 (4): 707-723.

[125] RAO A R, MONROE K B.The moderating effect of prior knowledge on cue utilization in product evaluations [J]. Journal of Consumer Research, 1989, 15 (2): 253-264.

[126] REINARTZ W, DELLAERT B, KRAFFT M, et al. Retailing innovations in a globalizing retail market environment [J]. Journal of Retailing, 2011 (1): S53-S66.

[127] RIEGGER A S, KLEIN J F, MERFELD K, et al. Technology-enabled personalization in retail stores: understanding drivers and barriers [J]. Journal of Business Research, 2021, 123: 140-155.

[128] RINTAMÄKI T, KANTO A, KUUSELA H, et al. Decomposing the value of department store shopping into utilitarian, hedonic and social dimensions: evidence from Finland [J]. International Journal of Retail & Distribution Management, 2006, 34 (1): 6-24.

[129] ROGERS E M. Diffusion of innovations (5th ed.) [M]. New York: Free, 2003.

[130] ROSENBAUM M S, OTALORA M L, RAMÍREZ G C.The dark side of experience-seeking mall shoppers [J]. International Journal of Retail & Distribution Management, 2016, 44 (12): 1206-1222.

[131] ROY R, RABBANEE F K. Antecedents and consequences of self-congruity [J]. European Journal of Marketing, 2015, 49 (3-4): 444-466.

[132] RUBERA G, KIRCA A H. Firm innovativeness and its performance outcomes: a meta-analytic review and theoretical integration [J]. Journal of Marketing, 2012, 76: 130-147.

[133] RUIZ-MOLINA M E, GALLARZA M, GIL-SAURA I.A review of value

drivers in service settings [J]. Journal of Services Marketing, 2018, 32 (7): 850-867.

[134] RUVIO A A, SHOHAM A, VIGODA - GADOT E, et al. Organizational innovativeness: construct development and cross-cultural validation [J]. Journal of Product Innovation Management, 2013, 31 (5): 1004-1022.

[135] SANT T G. Distribution channel coordination in green supply chain management in the presence of price premium effects [J]. International Journal of Services and Operations Management, 2020, 41: 1-10.

[136] SANTOS C P D, BASSO K. Do ongoing relationships buffer the effects of service recovery on customers' trust and loyalty? [J]. International Journal of Bank Marketing, 2012, 30 (3): 168-192.

[137] SCHUMPETER J A. The theory of economic development [M]. Cambridge, MA: Harvard University Press, 1934.

[138] SCOTT S G, BRUCE R A. Determinants of innovative behavior: a path model of individual innovation in the workplace [J]. Academy of Management Journal, 1994, 37 (3): 580-607.

[139] SHAIKH A A, KARJALUOTO H, HAKKINEN J. Understanding moderating effects in increasing share-of-wallet and word-of-mouth: a case study of Lidl grocery retailer [J]. Journal of Retailing and Consumer Services, 2018, 44: 45-53.

[140] SHANKAR V, INMAN J J, MANTRALA M, et al. Innovations in shopper marketing: current insights and future research issues [J]. Journal of Retailing, 2011, 87 (4): S29-S42.

[141] SHARMA P, NAYAK J K. Dark tourism: tourist value and loyalty intentions [J]. Tourism Review, 2019, 74 (4): 915-929.

[142] SHETH J N, NEWMAN B I, GROSS B L. Why we buy what we buy: a theory of consumption values [J]. Journal of Business Research, 1991, 22: 159-170.

[143] SHIN S S, LEE S. An examination of firms' strategic orientations, innovativeness and performance with large Korean companies [J]. Asia Pacific Journal of Innovation and Entrepreneurship, 2016, 10 (1): 183-202.

[144] SHOHAM A, VIGODA-GADOT E, RUVIO A, et al. Testing an organizational innovativeness integrative model across cultures [J]. Journal of

Engineering & Technology Management, 2012, 29（2）：226-240.

[145] SINHA S K, VERMA P. Impact of sales promotion's benefits on perceived value：does product category moderate the results?［J］. Journal of Retailing and Consumer Services, 2020, 52（C）：56-76.

[146] SIOMKOS J. Linking innovation to design consumer responses to visual product newness［J］. Journal of Marketing Research, 1985, 48（6）：1008—1019.

[147] SIRDESHMKH D, SINGH J, SABOL B. Consumer trust, value, and loyalty in relational exchanges［J］. Journal of Marketing, 2002, 66, 15-37.

[148] SIRGY M J, SAMLI A C. A path analytic model of store loyalty involving self-concept, store image, geographic loyalty and socioeconomic status ［J］. Journal of the Academy of Marketing Science, 1985, 13（3）：265-291.

[149] SIRGY M J. Self-concept in consumer behavior：a critical review［J］. Journal of Consumer Research, 1982, 9：287-300.

[150] SIRGY M J, GREWAL D, MANGLEBURG T. Retail environment, self-congruity, and retail patronage：an integrative model and a research agenda［J］. Journal of Business Research, 2000, 49：127-138.

[151] SLADE E L, DWIVEDI Y K, PIERCY N C, et al. Modeling consumers' adoption intentions of remote mobile payments in the united kingdom：extending UTAUT with innovativeness, risk, and trust［J］. Psychology and Marketing, 2015, 32（8）：860-873.

[152] SNOJ B, KORDA A P, MUMEL D. The relationships among perceived quality, perceived risk and perceived product value［J］. Journal of Product & Brand Management, 2004, 13（3）：156-167.

[153] SNYDER C R, FROMKIN H L. Abnormality as a positive characteristic：The development and validation of a scale measuring need for uniqueness ［J］. Journal of Abnormal Psychology, 1977, 86（5）：518-527.

[154] SÖDERLUND M. Customer satisfaction and its consequences on customer behaviour revisited：the impact of different levels of satisfaction on word-of-mouth, feedback to the supplier and loyalty［J］. International Journal of Service Industry Management, 1998, 9（2）：169-188.

[155] SOLOMON M R, SUPRENANT C, CZEPIEL J A. A role theory perspective on dyadic interactions：the service encounter［J］. Journal

of Marketing, 1985, 49: 99-111.

[156] SORRENTINO R M, RONEY C J R. Uncertainty orientation, achievement-related motivation and task diagnosticity as determinants of task performance [J]. Social Cognition, 1986, 4: 420-436.

[157] SPARKS L.Seven-eleven Japan and the Southland corporation: a marriage of convenience? [J]. Internal Marketing Review, 2000, 17 (4/5): 401-415.

[158] SPENCE A M. Market Signaling: informational transfer in hiring and related screening processes [M]. Harvard University Press, Cambridge, MA, 1974.

[159] SREEJESH S, MITRA A, SAHOO D.The impact of customer' s perceived service innovativeness on image congru-ence, satisfaction and behavioral outcomes [J]. Journal of hospitality and tourism technology, 2015 (3): 288-310.

[160] SRIVASTAVA J, LURIE N H.Price-matching guarantees as signals of low store prices: survey and experimental evidence [J]. Journal of retailing, 2004 (2): 117-128.

[161] STEENKAMP J B E M, BAUMGARTNER H. Development and cross-cultural validation of a short form of CSI as a measure of optimum stimulation level [J]. International Journal of Research in Marketing, 1995, 12: 97-104.

[162] STEENKAMP J B E M, BAUMGARTNER H. The role of optimum stimulation level in exploratory consumer behavior [J]. Journal of Consumer Research, 1992, 19 (3): 434-448.

[163] STEPHEN A T, LEHMANN D R.Why do people transmit word-of-mouth? the effects of recipient and relationship characteristics on transmission Behaviors.working paper [D]. Columbia University, New York, NY, 2009.

[164] STEPHENSON M T, SOUTHWELL B G.Sensation seeking, the activation model, and mass media health campaigns: current findings and future directions for cancer communication [J]. Journal of Communication, 2006, 56: 38-56.

[165] STIGLITZ J E. The contributions of the economics of information to twentieth century economics [J]. Quarterly Journal of Economics, 2000, 115 (4): 1441-1478.

［166］STOCK R M，ZACHARIAS N A.Patterns and performance outcomes of innovation orientation ［J］. Journal of the Academy of Marketing Science，2011，39：870-888.

［167］SUBRAMANIAN A，NILAKANTA A. Organisational innovativeness：exploring the relationship between organisational determinants of innovation，types of innovations，and measures of organisational performance ［J］. Omega International Journal Management Science，1996，24（6）：631-647.

［168］SWAN J E，OLIVER R L.Postpurchase communications by consumers ［J］. Journal of Retailing，1989，65（4）：516-533.

［169］SWEENEY J C，SOUTAR N.Consumer perceived value：the development of a multiple item scale ［J］. Journal of Retailing，2001，77（2）：203-220.

［170］SWEENEY J C，WYBER F.The role of cognitions and emotions in the music-approach-avoidance behavior relationship ［J］. Journal of Services Marketing，2002，16（1）：51-69.

［171］SWEENEY J C，SOUTAR G N，JOHNSON L W.The role of perceived risk in the quality-value relationship：a study in a retail environment ［J］. Journal of Retailing，1999，75（1）：77-105.

［172］SZMIGIN I，FOXALL G.Three forms of innovation resistance：the case of retail payment methods ［J］. Technovation，1998，18（6）：459-468.

［173］TAJFEL H，TURNER J.An integrative theory of intergroup conflict ［J］. Monterey C A：Brooks/Cole，1979.

［174］TALKE K，SALOMO S，ROST K.How top management team diversity affects innovativeness and performance via the strategic choice to focus on innovation fields ［J］. Research Policy，2010，39（7）：907-918.

［175］HASSAN M U，MALIK A A，HASNAIN A，et al.Measuring employee creativity and its impact on organization innovation capability and performance in the banking sector of Pakistan ［J］. World Applied Sciences Journal，2013，24（7）：949-959.

［176］TEAS R K，AGARWAL S. The effects of extrinsic product cues on consumers'perceptions of quality，sacrifice，and value ［J］. Academy of Marketing Science Journal，2000，28（2）：278-90.

［177］TEHSEEN S，SAJILAN S，ADAHA N M A，et al. Barriers to retail innovation: evidence from malaysian retail SMEs [J]. Australian Academy of Business and Economics Review, 2016, 2 (1): 21.

[178] TEPPER K, HOYLE R H.Latent variable models of need for uniqueness [J]. Multivariate Behavioral Research, 1996, 31 (4): 467-494.

[179] TERBLANCHE N S.Revisiting the supermarket in-store customer shopping experience [J]. Journal of Retailing and Consumer Services, 2018, 40: 48-59.

[180] THEOHARAKIS V, SAJTOS L, HOOLEY G. The strategic role of relational capabilities in the business-to-business service profit chain [J]. Industrial Marketing Management, 2009, 38 (8): 914-924.

[181] TIAN K T, BEARDEN W O, HUNTER G L.Consumers'need for uniqueness: scale development and validation [J]. Journal of Consumer Research, 2001, 28 (1): 50-66.

[182] TIAN K T, MCKENZIE K.The long-term predictive validity of the consumers' need for uniqueness scale [J]. Journal of Consumer Psychology, 2001, 10 (3): 171-193.

[183] TIDD J.Innovation management in context: environment, organization and performance [J]. IEEE Engineering Management Review, 2017, 45 (2): 43-55.

[184] TOTARO P, MARINHO T A.The duality of social self-categorization in consumption [J]. Journal of Consumer Culture, 2019, 19 (2): 189-212.

[185] TSAI H U, YANG S Y.Firm innovativeness and business performance: the joint moderating effects of market turbulence and competition [J]. Industrial Marketing Management, 2013, 42: 1279—1294.

[186] TUNG V W S, CHEN P J, SCHUCKERT M. Managing customer citizenship behaviour: the moderating roles of employee responsiveness and organizational reassurance [J]. Tourism Management, 2017, 59: 23-35.

[187] ULAGA W, CHACOUR S. Measuring customer-perceived value in business markets—a prerequisite for marketing strategy development and implementation [J]. Industrial Marketing Management, 2001, 30 (6): 525-540.

[188] VAN DOORN J, VERHOEF P C. Critical incidents and the impact of satisfaction on customer share [J]. Journal of Marketing, 2008, 72

(7)：123-142.

[189] VAN ROMPAY T J, TANJA-DIJKSTRA K, VERHOEVEN J W, et al.On store design and consumer motivation：spatial control and arousal in the retail context [J]. Environment and Behavior, 2012, 44 (6)：800-820.

[190] VAN-DOESELAAR L, BECHT A I, KLIMSTRA T A, et al. A review and integration of three key components of identity development [J]. European Psychologist, 2018, 23 (4)：278-288.

[191] WALSH G, SHIU E, HASSAN L M. Replicating, validating, and reducing the length of the consumer perceived value scale [J]. Journal of Business Research, 2014, 67 (3)：260-267.

[192] WALSH G, BEATTY S E.Customer-based corporate reputation of a service firm：scale development and validation [J]. Journal of the Academy of Marketing Science, 2007, 35 (1)：127-143.

[193] CHOI B, CHOI B J.The effects of perceived service recovery justice on customer affection, loyalty, and word-of-mouth [J]. European Journal of Marketing, 2014, 48 (1/2)：108-131.

[194] WAN E W, XU J, DING Y.To be or not to be unique? the effect of social exclusion on consumer choice [J]. Journal of Consumer Research, 2014, 40：1109—1122.

[195] WANG C L, AHMED P K. The Development and validation of the organisational innovativeness construct using confirmatory factor analysis [J]. European Journal of Innovation Management, 2004, 7 (4)：303-313.

[196] WANG X C, DASS M.Building innovation capability：the role of top management innovativeness and relative-exploration orientation [J]. Journal of Business Research, 2017, 76：127-135.

[197] WATCHRAVESRINGKAN K, KARPOVA E E, HODGES N N, et al.The competitive position of Thailand's apparel industry：Challenges and opportunities for globalization [J]. Journal of Fashion Marketing and Management, 2010, 14 (4)：576-597.

[198] WHAN P C, IYER E S, SMITH D C.The effects of situational factors on in-store grocery shopping behavior [J]. The Journal of Consumer Research, 1989, 15 (4)：422-433.

[199] WILLEMS K, LEROI-WERELDS S, SWINNEN G.The impact of customer

value types on customer outcomes for different retail formats [J]. Journal of Service Management, 2016, 27 (4): 591-618.

[200] WILLIAMS J, GAZLEY A, ASHILL N.Children's perceived value: conceptualization, scale development, and validation [J]. Journal of Retailing, 2021, 97 (2): 301-315.

[201] WONG A, DEAN A. Enhancing value for Chinese shoppers: the contribution of store and customer characteristics [J]. Journal of Retailing and Consumer Services, 2009, 16 (2): 123-134.

[202] WOOD C M, SCHEER L K.Incorporating perceived risk into models of consumer deal assessment and purchase intention [J]. ACR North American Advances, 1996 (1): 399-404.

[203] WOODRUFF R B. Customer value: the next source for competitive advantage [J]. Journal of the Academy of Marketing Seience, 1997, 25 (2): 139-153.

[204] WU L, CHEN K, CHEN P. Perceived value, transaction cost, repurchase-intention in online shopping: a relational exchange perspective [J]. Journal of Business Research, 2014, 67 (1): 2768-2776.

[205] WU S I, HO L P. The influence of perceived innovation and brand awareness on purchase intention of innovation product—an example of iPhone [J]. International Journal of Innovation and Technology Management, 2014, 11 (4): 1-22.

[206] WU W Y, WU Y Y.The effects of product scarcity and consumer's need for uniqueness on purchase intention [J]. International Journal of consumer studies, 2012, 36 (3): 263-274.

[207] WU W Y, LU H Y, WU Y Y, et al.The effects of product scarcity and consumers' need for uniqueness on purchase intention [J]. International Journal of Consumer Studies, 2011, 36 (3): 263-274.

[208] YANG Z, PETERSON R T.Customer perceived value, satisfaction, and loyalty: the role of switching costs [J]. Psychological Marketing, 2004, 10 (21), 799-822.

[209] YIM C K, TSE D, CHAN K. Strengthening customer loyalty through intimacy and passion: Roles of customer-firm affection and customer-staff relationships in services [J]. Journal of Marketing Research, 2008, XLV (December): 741-756.

[210] ZEITHAML V A, BERRY L L, PARASURAMAN A. The behavioral

consequences of service quality [J]. Journal of Marketing, 1996, 60: 31-46.

[211] ZEITHAML V A. Consumer perceptions of price, quality, and value: a means-end model and synthesis of evidence [J]. Journal of Marketing, 1988, 52 (3): 2-22.

[212] ZOLFAGHARIAN M A, PASWAN A. Do consumers discern innovations in service elements? [J]. Journal of Services Marketing, 2008, 22 (2): 338-352.

[213] ZOLFAGHARIAN P A, PASWAN A. Perceived service innovativeness, consumer trait innovativeness and patronage intention [J]. Journal of Retailing and Consumer Services, 2009, 16: 155-162.

[214] ZUCKERMAN M, KOLIN E A, PRICE L, et al. Development of a sensation seeking scale [J]. Journal of Consulting Psychology, 1964, 28: 477-482.

[215] ZUCKERMAN M. Behavioral expressions and biosocial bases of sensation seeking [M]. New York: Cambridge University Press, 1994.

[216] ZUCKERMAN M. Sensation seeking and risky behavior [M]. Washington: American Psychological Association, 2007.

[217] 白云涛, 王亚刚, 席酉民. 多层级领导对员工信任、工作绩效及创新行为的影响模式研究 [J]. 管理工程学报, 2008 (3): 24-29.

[218] 曹鸿星. 零售业创新研究述评 [J]. 北京工商大学学报 (社会科学版), 2010, 25 (1): 18-21.

[219] 曹琪格, 任国良, 骆雅丽. 区域制度环境对企业技术创新的影响 [J]. 财经科学, 2014 (1): 71-80.

[220] 曾旺明, 李蔚. 产品伤害事件对消费者品牌忠诚度的影响机制研究 [J]. 中国流通经济, 2008 (7): 63-66.

[221] 晁钢令. 商业业态创新是新一轮流通现代化的重要标志 [J]. 中国流通经济, 2013 (9): 14-17.

[222] 陈丽娟, 刘蕾. 消费4.0升级驱动下零售业模式创新及转型路径 [J]. 企业经济, 2021, 40 (4): 80-87.

[223] 陈明亮. 客户忠诚决定因素实证研究 [J]. 管理科学学报, 2003 (5): 72-78.

[224] 陈姝, 刘伟. 王正斌. 消费者感知创新性研究述评与展望 [J]. 外国经济与管理, 2014 (10): 3-12.

[225] 崔占峰, 陈义涛. 线下体验特性对消费者感知价值与再惠顾意愿的实证考

察［J］. 企业经济，2020（2）：84-91.

［226］ 邓婉莹，杨秀刚. 连锁超市服务质量创新管理研究［J］. 中外企业家，2015（26）：88-91.

［227］ 丁宁，马宝君. 实体零售商业模式创新研究的知识图谱——基于Citespace的文献计量分析［J］. 牡丹江大学学报，2019，28（10）：9-13.

［228］ 丁宁，王雪峰. 内部属性、域元质量与零售企业流通创新扩散——以县域中心地市场为例［J］. 财贸经济，2013（11）：100-106.

［229］ 董晓舟. 感知产品创新为顾客带来灵感还是风险：基于享乐购物动机的调节作用［J］. 管理工程学报，2020，34（5）：95-104.

［230］ 杜传文，聂冲，霍俊杰. 超市购物环境对顾客感知及惠顾行为影响的实证研究——基于杭州市大型超市的调研数据分析［J］. 现代管理科学，2011（4）：42-44.

［231］ 冯华，陈亚琦. 平台商业模式创新研究——基于互联网环境下的时空契合分析［J］. 中国工业经济，2016（3）：99-113.

［232］ 甘春梅，许嘉仪. 感知价值对社会化商务用户行为意愿的影响研究［J］. 情报科学，2020，33（10）：68-73.

［233］ 耿黎辉，姚佳佳. 网上促销中折扣和稀缺性对购买意愿的影响［J］. 经济与管理，2020，34（6）：14-21.

［234］ 宫秀双，张红红. "别人家的孩子" vs.平庸的自己：社会比较对独特性寻求行为的影响［J］. 心理学报，2020，52（5）：645-658.

［235］ 龚雪. 供应链战略联盟下的零售业创新分析——以零供动态战略联盟为例［J］. 改革与战略，2015（3）：56-59.

［236］ 郭守亭，李万方，蔡佳佳. 基于模块化思想的零售商业模式构成及创新路径研究［J］. 宏观经济研究，2016（2）：113-119.

［237］ 侯志强，曹咪. 游客的怀旧情绪与忠诚——历史文化街区的实证［J］. 华侨大学学报（哲学社会科学版），2020（6）：26-42，79.

［238］ 胡蓓明. 服务失误、负面情绪与服务补救效果的关系——基于珠三角地区酒店业的实证研究［J］. 暨南学报（哲学社会科学版），2014，36（6）：112-119，163.

［239］ 胡永铨，刘厚安. "互联网＋"环境下中国零售企业创新体系构建——基于顾客体验视角［J］. 企业经济，2015（12）：85-92.

［240］ 胡永仕. 实体零售与网络零售融合发展：研究现状与展望［J］. 中国流通经济，2020（7）：25-33.

［241］ 黄嘉涛. 零售企业创新行为模式：珠三角地区的实证研究［J］. 管理学家（学术版），2011（11）：19-28.

[242] 黄鹏，刘艳．具有投资属性的旅游纪念品感知价值影响因素研究——以玉制旅游纪念品为例［J］．旅游科学，2015，29（4）：61-77．

[243] 黄雨婷，刘向东．消费者需求与实体零售商分销服务策略创新——基于消费者异质性的实证分析［J］．财贸研究，2019（9）：1-15．

[244] 贾平．我国零售企业服务创新能力研究［J］．经济纵横，2007（16）：76-78．

[245] 江积海，阮文强．新零售企业商业模式场景化创新能创造价值倍增吗？［J］．科学学研究，2020（2）：346-356．

[246] 赖红波．顾客感知差异化视角下设计驱动"新零售"创新的影响机理［J］．中国流通经济，2019（3）：31-39．

[247] 赖红波．数字技术赋能与"新零售"的创新机理［J］．中国流通经济，2019，33（3）：31-39．

[248] 李炳全．论情绪与认知的整合［J］．徐州师范大学学报（哲学社会科学版），2011（3）：148-151．

[249] 李飞，陈浩，曹鸿星，等．中国百货商店如何进行服务创新——基于北京当代商城的案例研究［J］．管理世界，2010（2）：114-126，187-188．

[250] 李飞，米卜，刘会．中国零售企业商业模式成功创新的路径——基于海底捞餐饮公司的案例研究［J］．中国软科学，2013（9）：97-111．

[251] 李飞，王高，汪旭晖，等．中国零售管理创新［M］．北京：经济科学出版社，2007．

[252] 李飞．零售业态创新的路线图研究［J］．科学学研究，2006（A2）：654-660．

[253] 李冠艺．服务主导逻辑下的社区便利店创新动力与价值创造——基于信息流演进的视角［J］．当代财经，2016（2）：85-91．

[254] 李骏阳．改革开放以来我国的零售革命和零售业创新［J］．中国流通经济，2018（7）：3-11．

[255] 李凯，李伟，崔哲．什么因素抑制了本土小型零售商自主创新？——基于纵向市场势力的分析［J］．经济评论，2016（3）：122-134，160．

[256] 李琪，王璐瑶．基于 ABC 态度模型的消费者重复购买意愿研究［J］．商业研究，2016（11）：17-23，52．

[257] 李先国，陈宁颉，张新圣．虚拟品牌社区感知价值对新产品购买意愿的影响机制——基于群体认同和品牌认同的双中介视角［J］．中国流通经济，2017，31（2）：93-100．

[258] 李颖慧．零售服务方式创新内容、模式与路径——基于四维度模型［J］．企业经济，2012（7）：90-93．

[259] 李智慧，沈志锋，焦媛媛．社交支持对早期用户的新产品采纳意愿影响研究——基于同侪影响和感知价值的多重中介效应［J］．科学学与科学技术管理，2019，40（11）：82-97.

[260] 刘建兵，柳卸林．服务业创新轨道的形成机制及对追赶的战略意义［J］．科学学与科学技术管理，2008（9）：81-86.

[261] 刘建新，李东进，吴波，等．广告信息框架对消费者虚位产品预订意愿的影响——基于感知稀缺性与感知欺骗性中介模型［J］．营销科学学报，2017，13（1）：1-21.

[262] 陆卫明，李红．人际关系心理学［D］．西安交通大学，2010.

[263] 马伟伟，依绍华．零售企业技术创新对品质消费的影响研究——以零售企业便利蜂为例［J］．价格理论与实践，2019（9）：20-23，166.

[264] 梅雪芹．消费者感知老字号品牌创新性对购买意愿的影响机制研究［D］．华侨大学，2018.

[265] 彭虎锋，黄漫宇．新技术环境下零售商业模式创新及其路径分析——以苏宁云商为例［J］．宏观经济研究，2014（2）：108-115.

[266] 彭娟．新媒体时代零售业态创新［J］．中国流通经济，2016（10）：89-96.

[267] 彭岚．"新零售"下企业信息服务与订单履行全渠道整合策略研究述评与展望［J］．中国流通经济，2020，34（10）：17-27.

[268] 任海云，聂景春．企业异质性、政府补助与R&D投资［J］．科研管理，2018（6）：37-47.

[269] 沈鹏熠，许基南，朱建斌．混合服务质量对双线服务忠诚的影响——线上线下融合视角［J］．商业经济与管理，2021（2）：16-33.

[270] 盛亚．零售创新：基于系统的思想与方法［M］．杭州：浙江大学出版社，2007.

[271] 孙路平．消费者善因营销感知对其忠诚意愿的影响机制研究［D］．山东大学，2017.

[272] 孙永波，杨洁．顾客满意视角下零售企业服务创新路径探析——基于五维度分析模型的研究［J］．商业时代，2014（33）：16-18.

[273] 唐雪莲．零售商创新行为对其创新绩效的作用效果研究［J］．商业经济研究，2021（1）：171-180.

[274] 涂荣庭，朱华伟，余波．产品满意与服务满意对顾客忠诚的双维模型［J］．营销科学学报，2008（1）：86-106.

[275] 王德章，王艳红．影响零售业态选择和发展的主要因素［J］．商业研究，2001（7）：88-89.

[276] 王德章，朱正杰. 消费行为与企业战略的融合——不同零售业态的价格定位及其市场细分战略 [J]. 商业研究，2005（24）：176-180.

[277] 王福，王科唯. "新零售"供应链场景化价值逆向重构 [J]. 中国流通经济，2020，34（2）：27-35.

[278] 王小艳. 基于模块化的零售商业模式创新驱动因素研究 [J]. 商业时代，2017（9）：17-20.

[279] 王永贵，韩顺平，邢金刚，等. 基于顾客权益的价值导向型顾客关系管理——理论框架与实证分析 [J]. 管理科学学报，2005，8（6）：27-36.

[280] 王永贵. 顾客关系活动、关系质量与顾客资产的关系研究——基于顾客视角的实证剖析 [J]. 经济管理，2005（24）：40-46.

[281] 吴泗宗，揭超，熊国钺. 感知差异化对零售店顾客惠顾与支付意愿影响机理研究 [J]. 经济与管理研究，2011（4）：86-95.

[282] 吴泗宗，揭超. 零售企业顾客感知差异化因素及惠顾意愿的形成 [J]. 当代财经，2011（5）：66-75.

[283] 吴雨桐. 大数据背景下商贸流通企业创新营销体系研究 [J]. 北方经贸，2021（8）：126-129.

[284] 徐健，汪旭晖. 零售企业创新活动对自主创新能力及市场绩效影响的实证研究 [J]. 兰州学刊，2010（8）：46-50.

[285] 徐岚. 顾客为什么参与创造？——消费者参与创造的动机研究 [J]. 心理学报，2007，39（2）：343-354.

[286] 杨德锋，李清，赵平. 品牌特性对品牌至爱的影响：品牌借用倾向和物质主义价值观的调节作用 [J]. 北京工商大学学报（社会科学版），2012，27（5）：12-19.

[287] 杨柳，黄敏儿. 情绪分享和感知恋人回应对亲密关系满意度的影响 [J]. 心理科学，2022，45（1）：126-132.

[288] 杨宜苗，郭佳伟. 线上服务互动如何影响口碑推荐——行为惯性的中介作用和优惠待遇的调节作用 [J]. 北京工商大学学报（社会科学版），2019，34（6）：12-22.

[289] 杨宜苗. 店铺形象对顾客感知价值与交叉购买意愿的影响研究 [D]. 东北财经大学，2009.

[290] 杨宜苗. 消费者感知零售商创新性量表的重新开发与验证 [J]. 中国流通经济，2022，36（6）：37-48.

[291] 杨宜苗. 依恋理论视角下消费者交叉购买的形成机制研究 [M]. 北京：中国社会科学出版社，2015.

[292] 杨永芳，张艳，李胜. 新零售背景下实体零售数字化转型及业态创新路径

研究 [J]. 商业经济研究, 2020 (17): 33-36.

[293] 依绍华, 郑斌斌. 价值创造视角下百货店商业模式创新——基于日本百货店的经验证据 [J]. 中国软科学, 2021 (1): 98-113.

[294] 张国良, 陈宏民. 关于组织创新性与创新能力的定义、度量及概念框架 [J]. 研究与发展管理, 2007, 19 (1): 42-51.

[295] 张红宇, 周庭锐, 严欢, 等. 网络口碑对消费者在线行为的影响研究 [J]. 管理世界, 2014, 246 (3): 178-179.

[296] 张千帆, 王程珏, 张亚军. 异业合作与口碑传播: 客户体验及产品创新度的影响——以 "互联网+" 背景下的企业合作为例 [J]. 管理评论, 2018, 30 (9): 132-142.

[297] 张群. 大型零售业过度竞争判断标准——以大型超市为例 [J]. 中国流通经济, 2015, 29 (9): 73-82.

[298] 张秀慧. 刺激寻求动机、休闲意愿、休闲无聊感及偏差行为之相关研究 [D]. 高雄师范大学, 2001.

[299] 张喆, 胡冰雁. 感知风险对创新产品信息搜寻的影响——消费者创新性的调节作用 [J]. 管理评论, 2014, 26 (8): 145-157.

[300] 章冀, 陈明敏, 彭兴莲. O2O 和顾客体验视角下实体零售业态小型化创新实践 [J]. 商业经济研究, 2019 (13): 37-40.

[301] 钟琦, 曲冠桥, 唐加福. O2O 外卖价格促销策略对消费者购买意愿的影响研究 [J]. 中国管理科学, 2022, 32 (2): 254-264.

[302] 朱强, 王兴元. 产品创新性感知对消费者购买意愿影响机制研究——品牌来源国形象和价格敏感性的调节作用 [J]. 经济管理, 2016, 38 (7): 107-118.

索引